21世纪高职高专规划教材·商贸类系列

工学结合、校企合作开发教材

管理学基础

主　编　李　静　唐　丽

副主编　刘　利　彭　维　王　颖

参　编　李思逸　李　锐　肖定菊　黄　昊　刘洪均

主　审　刘丰友

中国人民大学出版社

·北京·

图书在版编目（CIP）数据

管理学基础/李静，唐丽主编. —北京：中国人民大学出版社，2014.7
21 世纪高职高专规划教材·商贸类系列
ISBN 978-7-300-19642-8

Ⅰ.①管… Ⅱ.①李…②唐… Ⅲ.①管理学-高等职业教育-教材 Ⅳ.①C93

中国版本图书馆 CIP 数据核字（2014）第 143833 号

21 世纪高职高专规划教材·商贸类系列
工学结合、校企合作开发教材
管理学基础
主编 李 静 唐 丽
主审 刘丰友
Guanlixue Jichu

出版发行 中国人民大学出版社
社　　址 北京中关村大街 31 号　　邮政编码 100080
电　　话 010－62511242（总编室）　　010－62511770（质管部）
010－82501766（邮购部）　　010－62514148（门市部）
010－62515195（发行公司）　　010－62515275（盗版举报）
网　　址 http://www.crup.com.cn
http://www.ttrnet.com(人大教研网)
经　　销 新华书店
印　　刷 北京东君印刷有限公司
规　　格 185 mm×260 mm 16 开本　　版　　次 2014 年 9 月第 1 版
印　　张 14.75　　印　　次 2018 年 6 月第 2 次印刷
字　　数 297 000　　定　　价 28.00 元

前　言

管理学是一门以实践为基础的综合性学科，它是学习管理学专业的必备基础知识，在现代经济社会中发挥着举足轻重的作用。正如美国著名管理大师彼得·德鲁克所说："在人类历史上，还很少有什么比管理学的出现和发展更为迅猛，对人类具有更为重大和更为激烈的影响。"

"管理学基础"是经管类各专业的重要基础课程之一，是一门理论性和实践性都很强的课程。本教材紧紧围绕高职高专高技能人才培养目标，根据近年来管理学的发展和实践情况，以及编者多年经验编写而成。本书较为系统地介绍了管理学的基本知识和理论，全书分为九章两个部分，第一部分为管理概述和管理理论；第二部分围绕管理活动的主要职能（计划、预测与决策、组织、领导、控制、激励、沟通）而展开，这是本书的重点与主体部分。

本书注重适用性，以"面向职业教育，突出实践性"为原则，详略得当，做到注重理论联系实际，力求满足应用型人才培养的需要；注重学习效果，每章设有学习目标、引例、知识链接、课堂讨论、本章小结、管理小故事、技能训练、同步测试等模块，同时在正文部分适当地插入了一些有针对性的管理案例及图表，力求为学生提供一份系统、全面的学习资料。

本书在编写过程中主要体现以下三大亮点：

亮点之一：理论联系实际，突出管理学的实践性和可操作性。本书在编写过程中针对高职高专这一教育层次，理论立论深入浅出，语言通俗易懂，体系简洁，结构合理，突出了实践性与可操作性的特色。本书能帮助学生从企业实际问题的角度理解当前管理学面临的困惑，尤其对提高学生的管理实践能力具有很强的针对性和可操作性。

亮点之二：案例丰富、考究，体现管理学的趣味性、知识性和科学性。本书根据管理学知识点的需要精心选编了大量案例，如每一章均设置有案例导入、正文案例、章后案例讨论和管理小故事等，从而增强了管理学的趣味性、知识性和科学性，有助于引导学生对管理学学习兴趣的培养和管理能力的提高，也有助于学生对管理学知识内容的理解与掌握。

亮点之三：本教材主要以培养管理学职业技能和职业素养为重点，坚持“理论系统，注重应用”的课程建设原则，重新建构了管理学基础的教材章节结构，充分体现了教材的专业性、职业性和实践性。

本书由重庆城市管理职业学院李静、唐丽担任主编，重庆城市管理职业学院刘利、彭维及重庆机电职业学院王颖担任副主编。具体的编写分工为：重庆城市管理职业学院李静、彭维、李思逸、唐丽分别编写第一章、第五章、第七章、第九章，刘利和刘洪均合编第二章，重庆机电职业学院王颖、李锐分别编写第三章、第四章，重庆工商职业学院肖定菊编写第六章，重庆商务职业学院黄昊编写第八章。李静负责大纲的拟定及全书的统稿、修改和定稿工作，重庆华丰铝业（股份）有限公司董事长刘丰友负责全面审阅本书，并提出了许多有价值的修改意见。

本书在编写过程中，参阅了大量的相关著作和教材，借鉴并引用了相关资料和案例，在此谨向这些著作、教材和资料的作者、译者深表谢意。同时也得到了中国人民大学出版社的大力支持，在此一并表示衷心的感谢。

由于编者水平有限，时间仓促，本书难免有错漏和不妥之处，恳请专家和读者批评指正，以便不断完善。

编　者

2014 年 6 月

目　录

第一章

管理概述

1. 理解并掌握管理的含义。
2. 理解管理的重要性。
3. 理解管理的性质。
4. 掌握管理的基本职能。
5. 掌握管理者的含义、类型及素质。
6. 了解管理学的研究对象、特点及研究方法。

第一节

管　理

引例——如何进行管理

在一次管理经验交流会上，有两个公司的总经理分别交流了他们各自对有效管理的看法。

总经理甲认为，企业首要的资产是员工，只有员工们都把企业当成自己的家，都把个人的命运与企业的命运紧密联系在一起，才能充分发挥他们的智慧和力量为企业服务。因此，管理者有什么问题，都应该与员工们商量解决；平时要十分注重对员工需求的分析，有针对性地给员工提供学习、娱乐的机会和条件；每月的黑板报上应公布出当月过生日的员工的姓名，并祝他们生日快乐；如果哪位员工生儿育女了，公司应派车接送，总经理应亲自送上贺礼。在甲公司里，员工们都普遍地把公司当作自己的家，全心全意地为公司服务，公司日益兴旺发达。

总经理乙则认为，只有实行严格的管理才能保证实现企业目标所必须开展的各项活动的顺利进行。因此，企业要制定严格的规章制度和岗位责任制，建立严格的控制体系；注重上岗培训；实行计件工资制等。在乙公司里，员工们都非常注意遵守规章制度，努力工作以完成任务，公司发展迅速。

启示：甲、乙两位总经理的管理方法同时执行是最好的。世上没有万能的管理方法，不同的行业、工种、所属地区的不同都会有不同的管理方法与之适应，管理人员的个人爱好和风格也会影响其对管理方法的选择。因此，对于两位总经理的管理方法来说，只有结合运用，企业才能取得长足的发展。

在人类社会发展的历史长河中，管理是伴随着组织的出现而产生的。它存在于一切领域、部门和组织之中，从治国安邦到生产经营，从产品的生产到跨国企业（集团）的发展，都需要进行有效的管理。几千年前，人们就懂得了管理，虽然当时并不把它称作“管理”。被称为世界奇迹的埃及金字塔、巴比伦古城、中国的万里长城等都是古代劳动人民勤劳和智慧的结晶，也是历史上伟大的管理实践。当时没有任何现代化工具，人们历经几十甚至上百年，完成规模浩大、由成千上万人参加的大型工程，足以体现出古人辉煌的管理思想和智慧火花。实践证明，如果管理得法，就会“三个臭皮匠，胜过一个诸葛亮”、“三人一条心，黄土变成金”、“众人拾柴火焰高”；反之，如果管理不得法，则“三个诸葛亮，不如一个臭皮匠”。随着生产力的发展、人类文明的进步、社会的高度现代化，管理作为不可缺少的社会机能，其作用日益凸显。

一、管理的含义

管理活动自古即有，那么究竟什么是管理？从不同的角度理解，可以有不同的解释。从字面上看，管理有“管辖”、“处理”、“管人”、“理事”等意，即对一定范围的人员及事务进行安排和处理。但是这种字面解释不可能严格地表达出管理本身所包含的内容。关于管理这一概念，至今仍未有一个权威的定义。长期以来，许多中外学者从不同的研究角度出发，对管理作出了不同的解读，其中较有代表性的有以下几种。

（1）《世界百科全书》的解释是：管理就是对工商企业、政府机关、人民团体及其他各种组织的一切活动的指导。它的目的是要使每一行为或决策有助于实现既定的目标。

（2）重视管理者个人领导艺术的管理学家认为：组织中一切有目的的活动都是在不同层次的领导者的领导下进行的，管理就是领导。

（3）重视决策作用的管理学家认为：组织中任何工作都是通过一系列决策完成的，管理就是决策。

（4）重视管理职能的管理学家认为：管理就是对被管理对象实施一系列管理职能的过程。

（5）重视工作效果的管理学家认为：管理就是由一个或更多的人来协调他人的活动，以便收到个人单独活动不能收到的效果而进行的各种活动。

（6）重视协调工作的管理学家认为：管理就是在某一组织中，为实现目标而从事的对人与物质资料的协调活动。

（7）我国许多学者提出：管理是组织中的管理者通过实施计划、组织、人员配备、指导与领导、控制等职能来协调他人的活动，使他人同自己一起实现既定目标的活动过程。

借鉴中外学者对管理概念的基本认识，本书把管理的含义明确为：管理是指在特定环境中，管理者通过计划、组织、领导、控制、协调和创新等职能，对组织所拥有的资源进行合理配置和有效使用，以实现组织既定目标的活动过程。对这个定义的理解，可以归纳为以下几点。

（1）管理是在一定的环境中进行的。由于同一组织以及不同组织在不同时期所处的内外环境不同，采取的管理战略和方法也不同。因此，管理必须首先考虑组织内外部环境的影响。

（2）管理的主体是管理者。在一个组织中，有各种各样的管理者。管理者的素质和能力的高低对于组织目标的实现至关重要。

（3）管理的对象是组织所拥有的资源。管理的对象是人、财、物和信息资源，其中人是管理的基本对象，管理应以人为中心。

（4）管理的目的是实现组织目标。管理是为了实现组织目标，是一个有意识、有目的的过程。因此，所有的管理行为都要紧紧围绕组织目标来进行。

（5）管理实现组织目标的手段是管理职能。即通过实施计划、组织、领导、控制、协调和创新等管理职能，合理配置和有效使用资源。

二、管理的重要性

随着生产力的发展、生产社会化程度的提高、企业规模的扩大，资源配置越来越复杂，生产各环节的相互依赖性越来越强，这些都要求有更大强度的管理。IBM公司的创办人沃森（Thomas J. Watson）曾经讲过一个故事，深入浅出地说明了管理的重要性。

一个小男孩校服裤子太长了，要求家人给裁短些。这个男孩先是要求母亲做这件事，但母亲说家务太忙，可能没有时间，他相继又对奶奶和姐姐提出了同样的要求，奶奶正好约人出去打牌，姐姐也恰好在参加一个同学聚会。结果，奶奶、母亲和姐姐三人都在忙完各自的事情后分别将这条裤子裁短了一截。第二天早上，男孩穿裤子时，发现了一个不可挽回的后果。

这一家庭生活中的小事，说明了管理协调是取得良好效果的客观需要，任何组织活动都需要管理。如果缺乏管理，组织中每个成员即使目标一致，由于没有整体的配合，也可能无法实现总体目标。

（一）管理有助于组织活动有序进行

在一个由若干人共同组成的特定组织中，管理能够保障组织活动有序进行，并获得有效成果。因此群体活动需要管理。任何组织都有着自己明确的目标与美好的愿景，各种组织活动都具有强烈的目的性。它们的实现有赖于组织成员的共同努力，有赖于组织的计划、组织、领导与控制。因此管理是组织目的性活动的客观需要。由于地球上的资源是有限的，不是取之不尽、用之不竭的，因而面对资源的相对稀缺性，组织必须合理有效地配置人、财、物等各种组织资源，以最大限度地发挥其效用。

（二）管理有助于社会经济的发展

现代科学技术和现代化管理是提高经济效益的决定性因素，是经济飞速发展的助推器。美国管理学家德鲁克指出：管理是促进社会经济发展的最基本的关键因素。所谓发展中国家，并非是发展落后，而是管理落后。经济发展最需要的是管理能力，即合理组织经济资源和利用先进技术的能力。

（三）管理有助于企业提高经济效益并实现组织目标

管理是一切组织正常发挥作用的前提，任何一个有组织的集体活动，不论其性质如何，都只有在管理者对它加以管理的条件下，才能按照所要求的方向进行，提高经济效益。组织是有目标的，组织只有通过有效管理，使组织系统的整体功能大于组织因素的个体功能，起到放大组织系统整体功能的作用，才能实现组织的目标。

三、管理的性质

管理的性质是指管理的属性。管理是围绕具体的管理职能而开展工作的，因此它有其独特的性质。

（一）管理的二重性

管理的二重性是指管理的自然属性和社会属性。管理的二重性是马克思主义关于管理问题的基本观点，它反映出管理的必要性和目的性。

1. 管理的自然属性

管理的自然属性是指管理是由许多人协作劳动而产生的，是有效组织共同劳动所必需的，具有同生产力和社会化大生产相联系的自然属性，它与具体的生产方式和特定的社会制度无关。管理要处理人与自然的关系，要合理地组织社会生产力，正确的管理方法可以产生效益，体现的是管理的自然属性。例如，某高科技企业的总经理曾经在其他非高科技企业做过成功的高级管理工作，但是他没有接受过相关高技术教育及从事相关领域工作的背景。然而，该企业在他的管理下，不到三年的时间便扭亏为盈，完成了早先董事会提出的盈利目标。

2. 管理的社会属性

管理的社会属性也称管理的生产关系属性，它是一定生产关系的体现，是为一定的生产关系服务的。管理的社会属性在不同的社会制度下有本质的区别，它主要取决于社会生产关系。因此，管理中关于维护生产关系的制度、原则和方法都是为适应和维护特定的生产关系需要服务的，并不是各种社会生产方式都适用。

由于社会生产过程是生产力和生产关系的统一体，要保证社会生产过程的正常进行，就必须要求一方面合理地组织生产力，另一方面又要维持和巩固生产关系。管理要实现这两个方面的要求，决定了它同时具有自然属性和社会属性的二重性。

（二）管理的科学性与艺术性

1. 科学性

管理是人类社会主要的实践活动，具有客观规律性。管理的科学性是对管理实践经验的总结，存在普遍适用的管理理论、管理原理和管理方法。实际上，从事管理工作，首先必须承认管理是一门科学，即人们发现、探索、总结和遵循客观规律，在逻辑基础上建立系统化的理论体系，并在管理实践中应用管理原理与原则，使管理成为在理论指导下的规律化的理性行为。企业在发展壮大之际，需要建立一系列科学的评价和绩效考核制度，使用严格的规章制度来进行管理。但是，在建章立制时又不可避免地出现一定的缺陷，这就要求管理者在处理难题时还要讲究一定的艺术性。

2. 艺术性

管理的艺术性是指管理更多地强调实践性、创造性、灵活性，在处理问题时灵活地运用相应的管理手段和方法。也就是说，管理者在实际工作中，面对千变万化的管理对象，在实践与经验的基础上，要灵活多变地创造性地运用管理技巧，解决实际问题。

3. 管理是科学与艺术的结合体

管理既是科学，又是艺术，两者并不相互排斥，而是相互补充，相互完善。管理是科学与艺术的有机结合体。说它是科学，是强调其客观规律性；说它是艺术，则是强调其灵活性与创造性。科学是基础，任何艺术都是建立在一定科学基础之上的，艺术性是科学性的实践和升华。只讲科学不讲艺术，那是纸上谈兵；只讲艺术不讲科学，也是一种错误的观点。美国管理学家哈罗德·孔茨提出：在现实管理工作中，只有把两者结合起来才能取得卓有成效的结果。

四、管理的基本职能

在产业革命之前的美国，毛毯都是由人们在家制作的，那时工人在家中剪羊毛、纺毛线、染毛线，在家中的手工织机上织毛毯，然后将织好的毛毯卖给走乡串户的商人，由他们再卖到地区性的集市或异地市场上。之后机械力的引入加上劳动分工，使得在工厂中采用动力驱动的大型高效率的设备进行生产成为可能。在有 100 个工人的毛毯厂中，有些工人专门纺线，有些工人专门染色，有些工人专门织毯，这样的工厂能制造大量的毛毯，而成本比原来低得多。但是，在这种工厂中需要管理技能，管理者需要预测需求，保证手头有足够的羊毛用于纺线，向每个工人分派任务，指挥每天的生产活动，保证机器正常运转和产品的质量，以及为产品寻找市场，等等。当每个家庭在制作毛毯时，人们很少关心效率，但是，当工厂雇用了 100 个工人，并且要按期支付他们工资时，如何使工人满负荷工作就变得非常重要了。于是，计划、组织、领导和控制就成为必不可少的管理职能。

管理职能是管理者实施管理的程序或过程，也是管理者为了进行有效的管理必须具备的能力。管理者的管理行为主要表现为管理职能。管理学界普遍认同的观点是四职能说，即把管理职能划分为计划、组织、领导和控制。任何管理者，为了实现目标，实施有效管理，都要履行上述四项基本职能以及正确处理各管理职能之间的关系。

（一）计划职能

所谓计划，就是指制定目标并确定为达成这些目标所必须采取的行动。计划职能是管理者为实现组织目标对工作所进行的预先筹划，它是管理的首要职能。它包括信息的获取和处理，对未来的预测，目标的选择，为实现这些目标所采取的策略、政策、规划、程序、步骤、时间、预算等。这个过程也是决策的过程，可以归纳为以下三点。

（1）计划从明确目标着手为实现组织目标提供保障。

（2）计划通过优化资源配置保证组织目标的实现。

（3）计划通过制定规划、政策、程序等保证组织目标的实现。

（二）组织职能

组织职能是管理者为实现组织目标而建立组织结构并推进组织协调而进行的工作过程，组织工作一般包括组织结构的设计与建立、组织关系的确立、人员的选拔与配置以及组织的协调与变革等。因此，不同层次以及不同类型的管理者总是或多或少地承担不同性质的组织职能。

（三）领导职能

领导职能就是利用组织赋予的权力和自身的能力去指挥、激励和影响下属为实现组织目标而努力工作的管理活动过程。它是管理过程中最经常、最关键的职能，主要包括：运用权威，指导和指挥下属活动；激励下属，调动其积极性；有效沟通以及营造良好的组织气氛等。凡是有下级的管理者都要履行领导职能，不同层次、类型的管理者领导职能的内容及侧重点各不相同。

（四）控制职能

控制职能是管理者为了保证实际工作与目标一致而进行的活动。它包括制定标准、衡量工作目标、纠正偏差等一系列工作过程。控制贯穿于整个管理活动的始末。组织的各项活动都离不开控制，控制工作能够保证组织活动的开展与预定的组织目标、计划协调一致，并最终保证组织目标的实现。

管理的四大基本职能各自发挥着独特的功能和作用，但它们之间并不是彼此孤立的，而是密切联系的，即管理活动是通过计划、组织、领导、控制这四个基本过程来展开和实施的。为了做好组织的各项工作，管理者首先要根据组织内外部环境条件，确立组织目标并制定出相应的行动方案。目标明确之后，就要组织力量去完成，为了落实计划，管理者要进行组织工作。由于目标的完成有赖于组织成员的共同努力，为了充分调动组织成员的积极性，在目标确定、计划落实下去以后，管理者还要加强领导工作。在设立目标、形成计划、建立组织、培训和激励员工以后，各种偏差仍有可能出现，为纠正偏差，确保各项工作顺利进行，管理者还必须对整个活动过程进行控制。管理就是这样一个不断循环的过程，如图1—1所示。

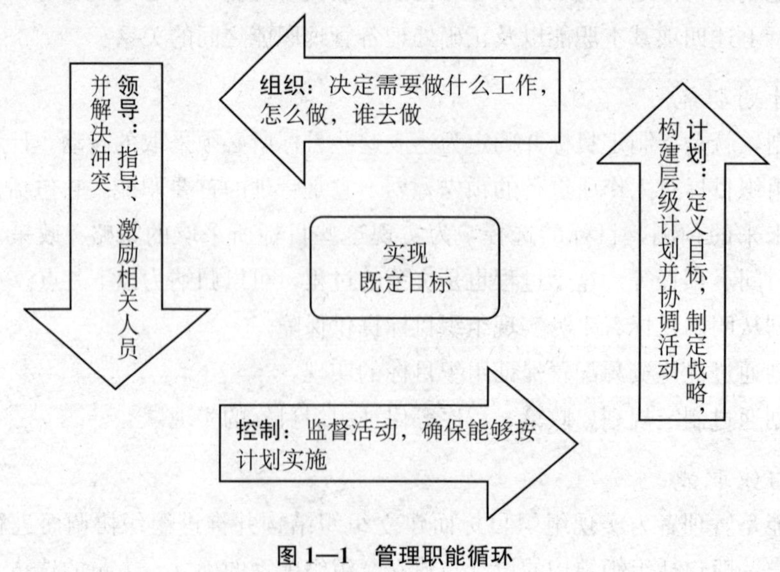

图1—1 管理职能循环

知识链接

PDCA 循环理论

PDCA 循环又叫“戴明环”，是美国质量管理专家戴明博士提出的。PDCA 由英语单词 Plan（计划）、Do（执行）、Check（检查）和 Act（纠正）的第一个字母组成，它是全面质量管理所应遵循的科学程序。全面质量管理活动的全部过程，就是质量计划制定和组织目标实现的过程。

任何管理活动的有效运行，都离不开管理循环的转动，要提高管理效率，不断提高管理水平，就要运用 PDCA 循环的科学程序。在管理过程中，首先制定好计划，这个计划不仅包括目标，而且也包括实现这个目标需要采取的措施；制定计划之后，要按照计划切实执行，执行过程中要按照计划进行检查，看是否达到了预期的目标；通过检查找出问题和原因；最后就要进行处理，将经验和教训制定成标准、形成制度。在下一个管理过程中继续按照 PDCA 循环，周而复始地运转。

课堂讨论

如何理解管理是科学与艺术的结合体？明确这一点有何意义？请列举身边的管理事例，说明在管理的各项职能活动中，哪些表现出更强的艺术性？管理的科学性在管理中有何具体表现？

管理者

引例

——一日厂长制

韩国精密机械株式会社实行了“一日厂长制”这一独特的管理制度，即让职工轮流当厂长管理厂务。一日厂长和真正的厂长一样，拥有处理公务的权力。当一日厂长对工人有批评意见时，要详细记录在工作日记上，并让各部门的员工收阅。各部门、各车间的主管，得依据批评意见随时调整自己的工作。这个企业实行“一日厂长制”后，员工的凝聚力增强了，管理成效显著提高，该制度实施的第一年就节约生产成本 300 多万美元。

启示：“一日厂长制”旨在让企业的每一个员工都深刻地体会自己也是企业这个大家庭中的一员，并身体力行地做一回管理者；通过这项制度，不仅可以充分调动员工的积极性，而且还可以从多方面看到管理上的不足。现代企业管理者的重大责任，就在于要实现企业目标与个人目标的一致，两者越一致，管理效果就越好。

一、管理者的含义

管理者是组织管理活动的主体，任何组织的管理活动都与管理者密切相关。大量事实证明，一个组织或者一项活动的成败，在很大程度上取决于管理者。

组织中的工作成员可以分为管理者和操作者两类。管理者是指那些在组织中指挥他人完成具体任务的人或在组织中承担协调他人活动职责的人。如工厂的厂长、商场的经理、学校的校长、医院的院长等。操作者是指在组织中直接从事具体业务，且不对他人的工作承担监督职责的人。如商场的营业员、工厂的工人、饭店的厨师、学校的教师、医院的医生等。区分管理者与操作者最明显的标志是看是否有下属向其汇报工作。

美国著名学者彼得·德鲁克曾给“管理人员”下过一个定义：在一个现代的组织里，每一个知识工作者如果能够由于他们的职位和知识，对组织负有贡献的责任，因而能够实质性地影响该组织经营及达成成果的能力者，即为管理人员。这一定义，强调作为管理人员的首要标志是必须对组织目标负有贡献的责任，而不是权力，即只要共同承担责任，对组织的成果有贡献，他就是管理人员，而不在于他是否有下属人员。综上分析，管理者的定义为：管理者是指履行管理职能，对实现组织目标负有贡献责任的人。

二、管理者的类型

组织中的管理者，由于他们的责任和权限不同，他们所处的地位和所起的作用也不同，因此，可以按不同的标志把一个组织中的管理者划分为不同的类型。

（一）按管理层次划分

按管理层次划分，管理者可以分为高层管理者、中层管理者和基层管理者，如图1—2所示。

1. 高层管理者

高层管理者是指一个组织中最高领导层的组成人员。他们对外代表组织，对内拥有最高职位和最高职权，并对组织的总体目标负责。他们侧重组织长远发展的规划、战略目标和重大方针政策的制定，拥有人事、资金等资源的控制权，因而最高管理层又称为决策层。例如，学校的校长、公司的总经理就属于高层管理者。

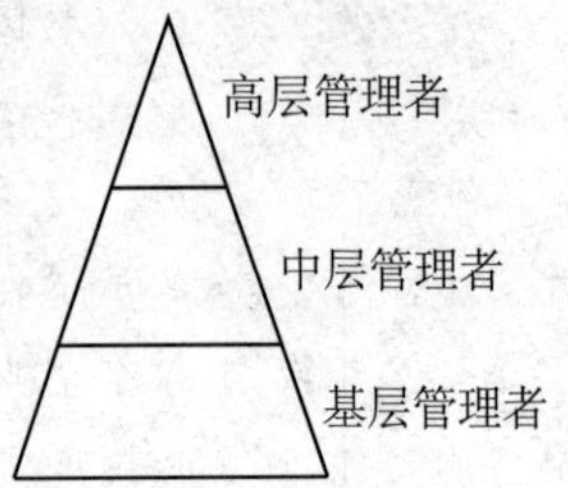

图1—2　管理者的层次

2. 中层管理者

中层管理者是指在一个组织中，他们是高层管理者决策的执行者，负责制定具体的计划、政策，行使高层管理者授予的指挥权，并向高层管理者报告工作，也称为执行层。例如，公司部门经理就属于中层管理者。

3. 基层管理者

基层管理者是指在生产经营第一线的管理人员。基层管理者负责将组织的决策在基层落实，制定作业计划，负责现场指挥与现场监督，保证上级下达的各项计划和指令的完成，同时接受中层管理者的指挥。例如，酒店的领班、生产小组的组长就属于基层管理者。

（二）按管理工作的性质与业务划分

按管理工作的性质与业务划分，管理者可以分为业务管理人员、财务管理人员、人事管理人员、行政管理人员、其他管理人员。

1. 业务管理人员

业务管理人员对组织目标的实现负有直接责任，负责计划、组织和控制组织内部的日常业务活动的开展，如企业中的生产部、市场经营部、技术设计部等部门的负责人都属于业务管理人员。

2. 财务管理人员

任何一个组织的运转都离不开资金的有效运作，财务管理人员主要从事与资金的筹备、预算、核算、投资和使用等相关活动的管理。

3. 人事管理人员

人事管理人员的主要职责是从事对人力资源的管理。具体地说，人事管理人员的任务是制定人力资源计划，招聘和选择组织所需要的合格人才，并对这些人才进行有效培训和合理使用，建立合理而有效的业绩评估、晋升、奖励、惩罚及报酬制度。

4. 行政管理人员

行政管理人员主要负责后勤保障工作，以保证其他各部门各项工作正常运转。

5. 其他管理人员

其他管理人员就是除了上述几类管理人员以外的各类管理人员。在许多组织中还有其他一些专职管理人员，这些专职管理人员就其人数、性质及重要性来看，因不同的组织而异。例如，公共关系人员负责处理组织与传媒之间的关系，以提高组织的形象。

（三）按职权关系的性质划分

按职权关系的性质划分，管理者可以分为直线管理人员、参谋人员、职能人员。

1. 直线管理人员

直线管理人员是指有权对下属进行直接指挥的管理者。他们与下级之间存在着直接隶属关系，是一种命令与服从的职权关系。直线管理人员的主要职能是决策和指挥，他们对组织目标的实现负有完全的责任。

2. 参谋人员

参谋人员是指对上级提供咨询、建议，对下级进行专业指导的管理者。他们与上级的关系是一种参谋、顾问与主管领导的关系，与下级是一种非领导隶属的专业指导关系，他们的主要职能是咨询、建议和指导。

3. 职能人员

职能人员是介于直接管理人员与参谋人员之间的一种管理者。当参谋人员在某些领域内具有一定的职权，而这种职权原属于直线管理人员，现由于参谋人员可在其专业领域内拥有部分指挥权和决策权时，参谋人员就变成了职能管理者。在实际管理中两者经常转化。例如，学校财务处处长对其他各部门来说是参谋性管理者，而对于财务部人员来说，财务处处长则是直线管理人员，因为他对本处工作人员有直接指挥的权力。

三、管理者的素质

（一）管理者的基本素质

管理者的基本素质是指管理者内在的与管理相关的基本属性，当代管理者必须具备一定的品德、知识、能力等方面的基本素质。

1. 品德

品德体现了一个人的世界观、人生观、价值观、道德观和法制观，持续有力地影响着他对现实的态度及其行为方式。管理者应具有强烈的管理意愿和良好的精神素质。

（1）强烈的管理意愿。如果一个人缺乏为他人工作承担责任，缺乏激励他人取得更大成绩的愿望，那么他就不可能学会管理。所以，管理者首先要有强烈的管理意愿。管理意愿是决定一个人能否学会并运用管理基本技能的主要因素。现代行为科学研究认为，缺乏管理意愿的人是不可能敢作敢为的，因此也就不可能在管理岗位上有所作为，有所贡献。

（2）良好的精神素质。由于管理工作的特殊性，管理者除了要有强烈的管理意愿外，还要有良好的精神素质，即要具有创新精神、实干精神、合作精神和奉献精神。面对复杂多变的管理环境，管理人员要有创新精神，勇于开发新产品、开拓新市场、引进新技术、起用新人、采用新的管理方式，要敢于冒险。在组织发展过程中，往往会遇到各种意想不到的困难，会遇到强大的竞争对手，甚至遭受挫折和失败，这就要求管理者具有百折不挠的拼搏精神和吃苦耐劳的实干精神；管理者的工作依赖于他人的努力程度，因此他要有与人合作共事的精神，善于团结群众、依靠群众；同时管理者要有服务于社会、造福于大众的奉献精神，对事业执着追求，愿意为此牺牲个人利益。

2. 知识

知识是提高管理者管理水平和管理艺术的基础与源泉。由于管理是一门综合性科学，涉及的学科较多，因此管理者不仅要掌握专业知识，还要掌握其他与工作相关的知识。一般来说，管理者应掌握以下几方面的知识。

（1）政治、法律方面的知识。掌握所在国家经济社会发展的路线、方针、政策，以及该国的法令、条例和规定，以把握组织的发展方向。

（2）经济学和管理学知识。了解当今管理理论的发展情况，掌握基本的管理理论与方法，按经济规律办事。

(3) 心理学、社会学方面的知识。学习心理学等知识，善于协调人与人之间的关系，调动员工的积极性。

(4) 工程技术方面的知识。如计算机及其应用、本行业科研及技术发展情况等。

3. 能力

能力是指管理者把各种管理理论与业务知识应用于实践、进行具体管理、解决实际问题的本领。能力与知识是相互联系、相互依赖的，基本理论和专业知识的不断积累与丰富，有助于管理者潜能的开发与实际能力的提高；实际能力的增长与发展，又能促使管理者对基本理论知识的学习、消化和具体运用。

对于管理者应具备的基本能力，管理学家们提出了各种观点。现在，许多学者认为管理者应具备的能力主要有：创新能力、沟通能力、观察能力、人际交往能力、组织管理能力和语言表达能力等。

(二) 管理者素质的培养

管理者可以通过以下途径培养和提高自身的素质。

1. 通过教育提高素质

事实证明，一个管理者要获得管理上的成功，接受正规的管理教育是非常重要的。近年来，许多在职的高级管理人员或一线管理人员利用业余时间走进学校，学习有关管理的课程。许多大型企事业单位内部设有专门培训管理人员的培训中心，对管理者的继续教育投入了大量的资金。

2. 通过实践锻炼提高素质

实践是提高管理技能最有效的方法。一个人即使把管理的理论、原则、方法背得滚瓜烂熟，也不一定能成为一名成功的管理者。要想成为一名成功的管理者，就必须参与到实践活动中。实践可以进一步深化理论知识，促进管理者对管理问题作深入的探索，提高管理者的综合素质。

(三) 管理者的技能

管理者的素质主要表现为实际管理过程中管理者的管理技能。

1. 管理者必需的技能

(1) 技术技能。技术技能是指管理者掌握与运用某一专业领域内的知识、技术和方法的能力。技术技能包括专业知识、经验；技术、技巧；程序、方法、操作与工具运用熟练程度等。这些是管理者对相应专业领域进行有效管理所必备的技能。管理者虽不能完全做到内行、专家，但必须懂行，必须具备一定的技术技能，特别是一线管理者，更应如此。

例如，美国某汽车公司总裁莫端要求秘书给他呈递的文件放在各种不同颜色的公文夹中。红色的代表特急，绿色的要立即批阅，橘色的代表这是今天必须要注意的文件，黄色的则表示必须在一周内批阅的文件，白色的表示周末必须批阅，黑色的则表示是必须要他签名的文件。由此可见，管理者只有发挥管理才能，分出工作的轻重缓急，条理清晰，才能在有效的时间内，创造出更大的价值。

（2）人际技能。人际技能是指管理者处理人事关系的技能。人际技能包括观察人、理解人，掌握人的心理规律的能力；人际交往，融洽相处，与人沟通的能力；了解并满足下属需要，进行有效激励的能力；善于团结他人，增强向心力、凝聚力的能力等。

例如，法国著名寓言作家拉·封丹写过一则寓言：北风和南风比威力，看谁能把行人身上的大衣脱掉。北风呼呼猛刮，寒风刺骨，行人紧紧裹住大衣。南风则徐徐吹动，温暖和煦，行人便解开纽扣，继而脱衣而行，结果南风获得胜利。这则寓言形象地说明了一个道理，温暖胜于严寒。管理者在管理中运用"南风"法则，就是要尊重和关心下属，以下属为本，多点人情味，使下属真正感觉到管理者给予的温暖，从而去掉包袱，减轻压力，激发工作的积极性。这是管理者处理与下级人际关系的技巧。

（3）概念技能，或称构想技能。它包括对复杂环境和管理问题的观察、分析能力；对全局性、战略性、长远性重大问题的处理与决断能力；对突发性事件的应变能力等。其核心是一种观察力和思维力。这种能力对于组织的战略决策和全局发展具有极为重要的意义，是企业高层管理者所必须具备的。

（4）行政技能。行政技能是管理者提高权威领导力、组织资源、协调活动的一种行政性能力。它包括构建组织内的权力平衡，加强个人地位，巩固权力基础的能力；依据目标，科学分配组织的人、财、物、时间、信息等资源的能力；灵活安排时间与空间要素，协调各种活动与工作过程的能力等。这是管理者最基本的技能，也是在管理实践中应用最普遍的一种管理技能。

2. 不同层次管理者对管理技能需要的差异性

上述四种技能，对任何管理者来说都是应当具备的，但是处于不同管理层次的管理人员，其所应具备的技能的侧重点各不相同。高层管理者尤其需要概念技能，而且所处层次越高，对这种概念技能的要求越高。高层管理者对技术技能的要求相对较低，而基层管理者则要求很高。由于基层管理者的主要职能是现场指挥与监督，所以若不能熟练掌握技术技能，就难以胜任管理工作。当今社会，人际技能对于每一个管理者来说，都是必须具备的基本技能，在各个管理层次上都显得同样重要，如图1—3所示。

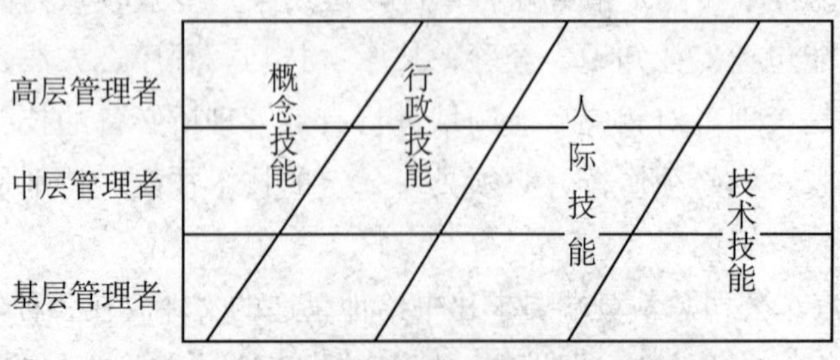

图1—3　不同层次管理者的管理技能需要结构图

知识链接

有效管理的15项原则

【第一项原则　追求利润】　企业寻求有效的管理是为了创造最好的经济效益。企业只有以效益为导向，切实把握好投入与产出的关系，千方百计降低成本，始终坚持以小博大的原则，真正实施“效益管理”，才能获得长足发展。

【第二项原则　制定制度和纪律】　严格的制度和纪律是企业良性运行的基础和根本，是企业实现生产大协作，提高工作高效率、经营好业绩的重要保证，是永远指引企业航行的明灯。

【第三项原则　严格目标管理】　明确的目标是绩效考核的重要依据，而目标的实现与否，则是兑现奖罚最具说服力的砝码。

【第四项原则　搞活岗位设计和明确职位分工】　千万不能设置拥有多个责任人的岗位，因为多人负责就等于没人负责。要保证“萝卜”与“坑”的一一对应，企业必须建立相关的责任制度，使每个员工的行为都处于有效的监督和控制之中。

【第五项原则　具体量化】　只有摆事实讲数据，处事才会公正，奖罚才会服人。

【第六项原则　注重结果】　评判工作的好坏不在于过程的复杂与否，而在于最终的绩效，因为没有业绩的工作就是无意义的付出，没有效益的管理就是人力的浪费。

【第七项原则　把握全局和重点】　只有抓住工作的“牛鼻子”，才能求得主动，抢占先机。

【第八项原则　发挥优点】　管人的关键在于用人，用人的关键又在于利用和发挥每一个人的优点和长处。

【第九项原则　奖罚分明】　任何时候，管理者都要明确地告诉每一个员工，任务完成好会获得什么利益，工作没干好将受到何种处罚。人人都有奖，就等没有奖；表扬每一个人，就等于没有表扬人。

【第十项原则　正确运用预算原则】　一个没有预算管理的企业，就好比一个在黑暗中摸索的夜行人，很容易迷失方向。

【第十一项原则　及时进行检查】　要把没有落实的事情落实到位，要将偏轨的行为及时予以纠正，要使错误的事情向着正确的方向转化。

【第十二原则　严格实施绩效考核】　绩效管理是通过目标管理中的“年度目标责任”这个载体来实现的。推行绩效管理与绩效考核，引导各职能部门改变传统管理手段和管理方式，最大限度地改善和提高绩效。

【第十三项原则　建立沟通体系】　良好的沟通具有直接有效的影响力，它不但能建立和谐的人际关系，还能使工作运行顺畅，提升组织的合力。

【第十四项原则　重诺言　守信用】　讲诚信固然需要代价，但失信将付出更大的代价。

【第十五项原则　提高团队战斗力】　顶尖的企业必定有顶尖的人才和顶尖的团队。

课堂讨论

1. 学校的老师是管理者吗？为什么？

2. 王勇是某快递公司业务部经理，该公司每天要处理大量的快递业务。在一般情况下，王勇要承担登记订单、按单备货、发送货物等工作。但在前一段时间里，接连发生了多起快件错发的事故，该公司多次收到客户不满意投诉。今天又有一大批快件要发送，王勇不想让这种事情再次发生。

问题：作为公司管理者，王勇应该如何处理这类事件？

第三节 管理学

引例——愚人熬汤

古时候有一个人，在家里熬一锅菜汤。熬得差不多了，他想试试咸淡是否合适，就用一把木勺舀出一勺汤来尝。这人喝了一口，觉得很淡，就随手把装着剩汤的木勺放到一边，抓了一把盐撒到锅里。这时，锅里的汤已经加上盐了，而木勺里的汤还是原来的汤，他不重新舀上一勺，又拿起原来的那勺汤来尝。尝过以后，他奇怪地摸了摸脑袋，又皱了皱眉头，自言自语地说："咦，明明加过盐了，这锅汤为什么还是这么淡呢?"于是这个人又抓了一把盐放进锅里，仍旧还是去尝勺里的汤。勺里的汤自然还是淡的，他就以为盐还是不够，于是又往锅里拼命加盐。就这样，木勺里的汤始终没有更换过，他也重复着尝一口汤、往锅里加一把盐的过程。一罐盐经他这么一折腾，已经见底了，可他还挠着头皮，百思不得其解地想：今天真是活见鬼了，为什么盐都快要加完了，锅里的汤却还是淡的呢?

启示：事物在不断发展，如果你始终用一成不变的老方法去处理新问题，总有一天会碰壁。优秀的管理者应该根据企业环境的变化，不断调整和创新管理方式、方法，总结管理经验，提高管理效率。

管理学是系统研究管理活动基本规律和一般方法的科学，是一门综合性的交叉学科。管理学是适应现代社会化大生产的需要产生的，它的目的是研究在现有的条件下，通过合理地组织和配置人、财、物等因素，促进生产力的发展，提高企业经济效益。

一、管理学的研究对象

管理学是以一般组织的管理为研究对象，具体包括管理的基本概念、原理、方法和程序，研究人、财、物、信息、技术、方法、时间的计划和控制问题以及组织结构的设计问题，研究如何领导与激励组织成员等问题的学科。由于管理活动总是在一定的社会生产方式下进行的，因此管理学研究对象的范围涉及社会的生产力、生产关系和上层建筑三个方面。

（一）生产力方面

生产力方面主要研究如何合理配置组织中的人、财、物，使各生产要素充分发挥作用；研究如何根据组织目标、社会需求，合理使用各种资源，以求得最佳的经济效益与社会效益。

（二）生产关系方面

生产关系方面主要研究如何处理组织内部人与人之间的相互关系；研究如何完善组织机

构与各种管理体制，从而最大限度地调动各方面的积极性和创造性，为实现组织目标服务。

（三）上层建筑方面

上层建筑方面主要研究如何使组织内部环境与组织外部环境相适应；研究如何使组织的意识形态（价值观、理念等）、规章制度与社会的政治、法律、道德等上层建筑保持一致，从而维持正常的生产关系，促进生产力的发展。

二、管理学的特点

（一）一般性

管理学从一般原理、一般情况的角度对管理活动和管理规律进行研究，不涉及管理分支学科的业务与方法的研究；管理学是研究所有管理活动中共性原理的基础理论科学；管理学是各门具体的或专门的管理学科的共同基础。

（二）综合性

从管理内容上看，管理学涉及的领域十分广阔，它需要从不同类型的管理实践中抽象概括出具有普遍意义的管理思想、管理原理和管理方法；从影响管理活动的各种因素上看，除了生产力、生产关系、上层建筑这些基本因素外，还有自然因素、社会因素等；从管理学科与其他学科的相关性上看，它与经济学、社会学、心理学、数学、计算机科学等都有密切关系，是一门综合性的学科。

（三）实践性

实践性也称实用性，管理学所提供的理论与方法都是实践经验的总结与提炼，同时管理的理论与方法又必须为实践服务，才能显示出管理理论与方法的强大生命力。管理学是应用性学科，是实践性科学，只有把管理理论同管理实践相结合，才能发挥管理学的作用。

（四）社会性

构成管理过程主要因素的管理主体与管理客体，都是社会中最活跃的因素，这就决定了管理的社会性；同时管理在很大程度上带有生产关系的特征，因此没有超阶级的管理学，这也体现了管理的社会性。

（五）历史性

管理学是对前人管理实践、管理思想和管理理论的总结、摒弃和发展。割断历史，不了解前人对管理经验的理论总结，就难以很好地理解、把握和运用管理学。

（六）不精确性

管理学所提供的理论、原则和方法，在实际应用中，不可能像数学、物理学等精确科学那样，在相同的条件下，必然得出同一种结果。管理是人类有意识、有目的的活动，管理的主体、管理的对象、管理的环境都不可能是完全相同的，影响管理效果的因素也是非常复杂且变化无常的。因此，即使在“相同”的条件下，运用相同的管理方法，不同管理者的管理活动的效果也会有很大的差别。但管理学的不精确性丝毫不影响管理理论对管理实践的指导作用。

三、管理学的研究方法

（一）历史研究法

历史研究法就是运用管理理论与实践的历史文献，全面考察管理的历史演变、重要的管理思想和流派，从中找出规律性的认识，寻求对现在仍有意义的管理原则、方式和方法。任何管理现象都不是孤立的，都有它产生的历史背景及其发生、发展的过程。因此，对管理学中的某一种管理理论、某一种定义、某一个规律的研究，都应放在一定历史条件下，从其发生和发展的过程中去考察，才能掌握它的来龙去脉，了解它的实质，并给予恰当的评价。

（二）比较研究法

比较研究法是通过对不同管理理论或管理方法异同点的研究，总结其优劣，以借鉴或归纳出具有普遍指导意义的管理规律的方法。管理学研究不仅要做纵向的历史考察，还要进行横向的比较研究。通过对世界各国的管理思想、管理理论、管理模式、管理方法和技术的全面比较分析，寻其异同，权衡优劣，取长补短。

（三）调查研究法

调查研究法即在现实的管理过程中，通过观察、调查、试验、实践，掌握第一手材料，进行归纳、分析、综合，从中找出规律性的认识。这种方法既适于从事实际管理工作的人采用，也适于进行理论研究的人采用，他们可以以调查者、观察者的身份实地参观访问，也可以用问卷等方式进行调查，其研究结论可靠性大。

（四）案例研究法

案例研究法是指在学习研究管理学的过程中，通过对现实中发生的典型管理案例进行整理并展开系统分析，从中总结出管理的经验、方法，以掌握管理原则，提高管理技能的方法。实践证明，案例研究法对于管理学的研究是行之有效的。通过这种方法得出的一般抽象的管理原理建立在大量的实际案例分析基础上，体现了理论联系实际的原则。

知识链接

“管理”的注解

“管理”（Management）这个词是极难理解的。首先，它是美国特有的一个词，很难译成其他语言，甚至难于译成英式英语。它表明一种职能，但同时又指承担这种职能的人。它体现一种社会地位和阶层，但同时也指一门学科和一种研究领域。不过，即使在美国的用法中，管理这个词作为一种术语也是不妥当的。因为，工商企业以外的其他一些机构通常并不叫管理（Management）和经理（Manager）。学校中叫校长，医院中叫院长，军队中叫司令官，其他机构叫主管等。但是，所有这些机构都有着共同的管理职能、共同的管理任务、共同的管理工作，这些机构都需要管理。在所有这些机构中，管理都是有效的、能动的器官。

（资料来源：［美］彼得·德鲁克：《管理——任务、责任、实践》，16页，北京，中国社会科学出版社，1987。）

课堂讨论

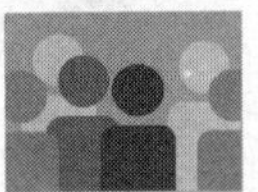

1. 如何理解管理学是一门不精确的科学？举例说明哪些学科可以达到精确性？管理学为什么做不到？

2. 张彬是某建筑公司安装部经理，王志是安装部下属的管道安装队队长。上个月，由于张彬要去国外出差，于是就吩咐王志带领一班人马去某工地安装一套管道系统。在工程验收时，发现这套管道系统存在着严重的渗透现象。公司总经理认为张彬应该对此负责，而张彬认为王志应该对此负责。

问题：张彬和王志究竟该由谁来承担责任？为什么？

本章小结

管理是指在特定环境中，管理者通过计划、组织、领导、控制、协调和创新等职能，对组织所拥有的资源进行合理配置和有效使用，以实现组织既定目标的活动过程。管理不仅有助于组织活动有序进行，而且有助于社会经济的发展和企业提高经济效益并实现组织目标。管理具有自然属性和社会属性双重性，管理是科学与艺术的有机结合体。管理学界通常把管理职能划分为计划、组织、领导和控制。

管理者是组织管理活动的主体，按不同的标准可以把一个组织中的管理者划分为不同的类型。当代管理者必须具备一定的品德、知识、能力等方面的基本素质。管理者的素质主要表现为实际管理过程中管理者的管理技能，即技术技能、人际技能、概念技能和行政技能。

管理学是系统研究管理活动基本规律和一般方法的科学，是一门综合性的交叉学科。它具有一般性、综合性、实践性、社会性、历史性及不精确性等特点。学习和研究管理学已经成为开展管理活动的必要条件和进入管理领域的必要准备。

管理小故事

小和尚撞钟

有一个小和尚担任撞钟一职，半年下来，觉得“做一天和尚撞一天钟”，无聊之极。

寺院主持看到这种情况。有一天，主持宣布调小和尚到后院劈柴挑水，原因是他不能胜任撞钟一职。

小和尚很不服气地问：“我撞的钟难道不准时、不响亮？”

主持耐心地告诉他：“你撞的钟虽然很准时也很响亮，但钟声空泛、疲软，没有感召力，那是因为你没有真正理解撞钟的意义。钟声不仅仅是寺里作息的时间标准，更为重要的是要起到唤醒沉迷的众生的作用，因此，撞出的钟声不仅要洪亮，而且要圆润、浑厚、深沉、悠远。一个人心中无钟，即是无佛；你如此不虔诚，怎能担当撞钟之职呢？”

小和尚不明白，为什么他明明做了主持交代的事，但却被指责为不称职呢？

启示：寺院主持犯了一个常识性管理错误，“做一天和尚撞一天钟”是由于主持没有提前公布工作标准。如果小和尚进入寺院的当天就明白撞钟的标准和重要性，他也不会因怠工而被撤职。在很多企业内部也是这样，企业管理者觉得下属办事不力、没有达到要求，可是下属更委屈，觉得自己做了该做的事，不合要求只是因为上级指示不明。之所以出现这样的情况，主要是因为企业内部并没有建立起完善的组织架构。

技能训练

观察你身边存在的管理现象，请举例说明并进行讨论：我们所学的管理学知识对这些管理现象的处理是否有用?

同步测试

一、单项选择题

1. 管理是伴随着（　　）的出现而产生的。

A. 计划经济　　B. 社会化大生产　　C. 组织　　D. 市场经济

2. 下列几项活动中，哪一项不属于管理活动?（　　）

A. 部队中的班长与战士谈心

B. 企业中的主审计师对财务部门进行检查

C. 钢琴家制定自己的练习计划

D. 医院的外科主任主持会诊

3. 管理是一种艺术，这是强调管理的（　　）。

A. 复杂性　　B. 有效性　　C. 实践性　　D. 精确性

4. 决定管理社会属性的基本因素是（　　）。

A. 生产方式　　B. 生产水平　　C. 生产关系　　D. 人际关系

5. 管理的首要职能是（　　）。

A. 计划职能　　B. 领导职能　　C. 控制职能　　D. 组织职能

6. 员工因公出差，必须先由直接主管签字，再由财务主管签字后方能到财务室报账，这属于管理的哪一项职能?（　　）

A. 计划职能　　B. 领导职能　　C. 控制职能　　D. 组织职能

7. 下面属于基层第一线管理人员的职位是（　　）。

A. 总经理　　B. 厂长　　C. 车间主任　　D. 领班

8. 一个管理者所处的层次越高，面临的问题越复杂，越无先例可循，就越需要具备（　　）。

A. 技术技能　　B. 领导技能　　C. 概念技能　　D. 人际技能

9. 高层管理者的主要工作是（　　）。

A. 领导　　B. 协调　　C. 决策　　D. 控制

10. 对管理者来讲，对事物进行全面分析、判断、洞察和概括的能力是（　　）。

A. 技术技能　　B. 行政技能　　C. 概念技能　　D. 人际技能

二、多项选择题

1. 下列（　　）属于管理学特点。

A. 综合性　　B. 实践性　　C. 不精确性　　D. 社会性

2. 管理的基本职能包括（　　）。

A. 计划职能　　B. 领导职能　　C. 控制职能　　D. 组织职能

3. 管理的二重性是指管理的（　　）。

A. 科学性　　B. 艺术性　　C. 自然属性　　D. 社会属性

4. 作为高层管理者所应掌握和应用的技能，按其重要性排列为（　　）。

A. 技术技能　　B. 人际技能　　C. 演说技能　　D. 概念技能

5. 管理人员按管理层次可以分为（　　）。

A. 高层管理者　　B. 中层管理者　　C. 基层管理者　　D. 业务管理者

三、简答题

1. 什么是管理？如何理解管理的含义？

2. 为什么说管理是科学与艺术的有机结合体？

3. 简要说明管理的基本职能之间的关系。

4. 简述管理者的基本素质和技能。

5. 小企业老板的工作与大公司总裁的工作有哪些相似与不同之处？

四、案例分析题

案例 1：“红包”风波

20 世纪 80 年代，某国有企业为了打破“吃大锅饭”的现象，学习国外先进的管理方法。单位领导在发年终奖时，采用发红包的形式。红包是员工从财务处领取的一笔奖金，它是根据一年中员工的出勤情况和工作业绩来发放的。单位在发放红包时要求员工相互不得询问对方的奖金。这种方法在国外很盛行。但事与愿违，单位采用这种模糊的奖金方式却引来员工议论纷纷，并表示对这种红包制度非常不满。

问题：为什么在国外盛行的红包制度在该企业行不通？请用管理的性质来分析这一现象。

案例 2：升任公司总裁后的思考

郭宁最近被一家生产机电产品的公司聘为总裁。在他就任此职位的前一天晚上，他回忆起自己在该公司工作二十多年的情况。

郭宁在大学里学的是工商管理专业，大学毕业后就到该公司工作，最初担任液压装配部门的助理监督。刚开始时他每天手忙脚乱，经过努力学习和监督长的帮助，最后胜任了此项工作。经过半年多的努力，他已有能力担任液压装配部的监督长工作。可是，当时公司没有提升他为监督长，而是直接提升他为装配部经理，负责包括液压装配部在内的四个装配单位的领导工作。

在他担任助理监督时，主要关心的是每天的作业管理，技术性很强。他担任装配部经理后，要求自己不仅要关心当天装配工作状况，还要作出此后数周乃至数月的规划，同时还要完成许多报告和参与很多会议，因而没有时间去从事技术工作。在他担任装配部经理后不久，就发现原有的装配工作手册已经过时，于是他花了整整一年时间去修订工作手册。由于该公司的生产工艺频繁发生变化，工作手册也不得不经常修订，郭宁对此都完成得很出色。几年后，他将工作手册交给助手，自己花更多的时间用于规划工作和帮助他的下属工作得更好，花更多的时间去参加会议、批阅报告和完成自己向上级的工作汇报。

在他担任装配部经理 6 年之后，公司负责规划工作的副总裁辞职，郭宁便主动申请担任这一职务。在同另外 5 名竞争者较量之后，郭宁被正式提升为负责规划工作的副总裁。他自信拥有担任这一职务的能力，但由于此职务工作的复杂性，仍给刚到任的他带来不少麻烦。经过努力，他逐渐适应了新职位，并获取了很好的成绩。之后，他又被提升为负责生产工作的副总裁，这一职位通常是由该公司资历最深、辈分最高的副总裁担任的。现在，郭宁又被提升为公司的总裁。他知道，一个当上公司最高主管的人应该相信自己有处理可能出现的任何情况的才能，但他也明白自己尚未达到这样的水平。想到自己明天就要上任了，今后数月的情况会怎么样？他不免为此而担忧。

问题：

1. 你认为郭宁当上公司总裁后，他的管理责任与过去相比有了哪些变化？他应当如何适应这些变化？

2. 你认为郭宁担任公司总裁后，哪些管理技能是最重要的？你觉得他具有这些技能吗？试加以分析。

3. 如果你是郭宁，你认为当上公司总裁后自己应该补上哪些欠缺，才能使公司取得更好的业绩？

第二章

管理理论的产生与发展

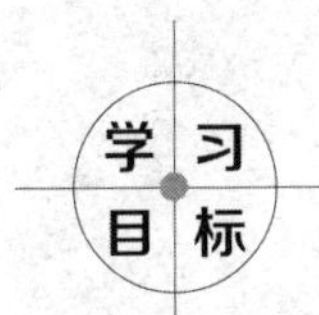

1. 了解国外和国内早期的管理思想。
2. 掌握古典管理理论、行为科学管理理论和现代管理理论的内容。
3. 理解现代管理理论的发展趋势。
4. 培养应用管理理论来处理一些简单问题的能力。

第一节

中外早期的管理思想

引例

《圣经》中的管理思想

《圣经》是一本集大成的百科全书，除了信仰层面的深刻教导外，它还涉及经济、文化、社会、管理等各个领域的知识。《圣经》中有很多小故事蕴含着管理思想。例如，《圣经·出埃及记》中有一段文字，它描述了摩西的岳父叶忒罗如何花了一整天时间，来观察摩西处理人民诉苦的问题。之后，叶忒罗对他处理政务事必躬亲的做法提出了批评和建议。他建议摩西，一个领导者不能管事太多，而应采取具体步骤来解除自身负担。一是必须制定法令，以“法令和法律”的形式约束人民；二是要责成专人专责管理，这主要是应当把有才能的人挑选出来。这些选举出来的人，应按所辖人数封以“千夫长，百夫长，五十夫长，十夫长”这一类职务；三是领导者只对最重要的政务亲自处理，即选举出来的官长处理一切日常事务，向摩西只汇报重大问题。这一经典故事充分表现了在管理工作中必须注意分权、授权、层级和权限划分的问题。

启示：叶忒罗的三个建议，就是现代管理中的对组织政策的阐述、权力的委任过程和管理程序的设计。这就是说，管理古已有之，在人类以群体的方式生活在一起的时候，就促成了原始管理的出现。同时这些管理原理至今仍然具有借鉴意义。

一、国外早期的管理思想

自从有了人类历史就有了管理，管理思想是随着生产力的发展而发展起来的。西方世界的一些文明古国，如古希腊、古罗马、古埃及和古巴比伦等都对管理思想有突出的贡献。

近代，随着工业革命以及工厂制度的发展，工厂以及公司的管理越来越突出。许多理论家，特别是经济学家，在其著作中越来越多地涉及有关管理方面的问题。人们对管理问题的关注和所进行的探索，导致了早期管理实践和管理理论的形成。

（一）亚当·斯密的管理思想

亚当·斯密是英国工场手工业开始向机器工业过渡时期的经济学家，是最早对经济管理思想进行系统论述的学者。他于 1776 年在《国富论》一书中提出了组织和社会将从劳动分工中获得巨大经济利益的著名论断。

斯密认为，劳动是国民财富的源泉。他同时指出，劳动创造的价值是工资和利润的源泉，并经过分析，得出了工资越低、利润越高，反之，工资越高、利润就会降低的结论，揭示了资本主义经营管理的中心问题是剩余价值的本质。斯密在分析增进劳动生产力的因素时，特别强调了分工的作用。所谓劳动分工，就是将工作分解成一些单一的和重复性的作业。斯密列举了制针行业的例子。他发现，如果 10 个工人每天各从事制针工序上的一项专门工作，则每天能生产 48 000 根针。但是，如果每个工人独立完成制针工序上的所有工作，那么这 10 个工人每天最多制作 200 根针。因为他们每个人都得拔丝、矫直、切段、敲针头、磨针尖、将针头和铁杆焊在一起，这样一个人每天能完成 20 根针，手艺就算不错了。由此，斯密得出结论，劳动分工的益处主要是：

（1）劳动分工使人重复完成单项操作，从而提高劳动熟练程度，提高劳动生产率。

（2）劳动分工可以减少由于变换工作而损失的时间。

（3）劳动分工可以简化劳动，使劳动者的注意力集中在一种特定的对象上，有利于创新工具和改造设备。

斯密的劳动分工理论不仅符合当时生产发展的需要，而且也成为以后企业管理理论中的一条重要原理。今天广泛普及的工作专业化（如服务业中的教学和医疗，以及制造业中的装配线等），无疑与斯密在 200 多年前就提出的劳动分工思想密不可分。

（二）查尔斯·巴贝奇的管理思想

产业革命后期，英国著名的数学家查尔斯·巴贝奇于 1832 年发表了《论机械和制造业的经济》，对早期管理思想做出了很大的贡献。他制定了一种“观察制造业的方法”。这种方法同后人提出的“作业研究的科学的、系统的方法”非常相似。他进一步发展了亚当·斯密关于劳动分工的思想，分析了分工能提高劳动生产率的原因。在劳资关系方面，他强调劳资协作，强调工人要认识到工厂制度对他们有利的方面。他提出一种固定工资加利润分享的制度，这与泰勒在几十年后发表的论点很相似。巴贝奇的这种工资奖金制度虽然有一定的历史局限性，但他的这种管理思想对我们今天的工作仍有一定的参考价值。

（三）罗伯特·欧文的管理思想

罗伯特·欧文是 19 世纪最伟大的空想社会主义者之一，也是一位杰出的管理先驱者。他在担任工厂经理期间所做的对人性方面的试验和研究，为后期行为科学的发展奠定了基础。他首先提出了在工厂中要重视人的因素，缩短工人的工作时间，改善工人的居住条件。他的管理实践证明，重视人的作用和尊重人的地位，可以使工厂获得很多的利润，因此人们也称其为“人事管理之父”。

二、中国早期的管理思想

中国古代出现了许多思想家，有着极为丰富的管理思想。其中，孔子、老子、商鞅、孙子等的管理思想最具有代表性。

（一）儒家学派的管理思想

儒家学派的代表人物是孔子和孟子，儒家管理思想的本质是“治人”。儒家十分重视人在管理过程中的地位。对于如何管理，儒家采取的是“仁”、“德”和“礼”。“仁”是儒家理论的核心，“德”是儒家重要的管理思想，“礼”则作为外在的管理规则。儒家以仁为核心，以礼为准则，以和为目标，以德治国的思想是其管理思想的精髓，是中国传统思想的主流。

（二）道家学派的管理思想

道家学说在中国几千年的发展历史上有着极其重要的作用。老子和庄周是道家学说的创始人。老子最为提倡的是水的模式（柔性管理和无为管理），他对水有着相当高的评价。老子认为，天地万物都具有永恒不变的规律，在这个规律下，道是万物的根源，当深刻地体悟到道以后，一个人就能学会道中所蕴涵的“德”。在道家学派中最为精练的也是最为重要的一个概念是“无为”。道家的无为而治是管理上的一个高境界。

（三）法家学派的管理思想

法家学派的代表人物是商鞅、韩非等。法家是战国时期的重要学派之一，因主张以法治国，故称之为法家。战国末期，韩非综合商鞅的“法”和申不害的“术”终成法家学说之大成。法家认为人不是依靠自觉就能遵守法律的，因此反对依赖那些不切实际的主观道德规范。他们主张使用客观具体的法律，通过铁面无私的奖惩制度，以确保每个人在各自的工作岗位上达到最高的工作效率；同时对于没有达到要求甚至消极怠工的现象进行最严厉的惩罚。法家管理思想的核心是以奖惩的强制手段来求得公平。

（四）兵家学派的管理思想

兵家学派的代表人物是孙子。孙子是中国著名的军事家，其军事思想和管理思想主要体现在他的传世之作《孙子兵法》中。在今天，国外的许多大学师生和企业家都把《孙子兵法》作为管理著作来研读。他的很多观点，对今天的社会经济管理实践仍具有重要的指导意义。如孙子的“道、天、地、将、法”，“凡此五者，将莫不闻，知之者胜，不知者不胜”等思想，就指出了管理中计划的重要性。

知识链接

美国的“管理运动”

19 世纪 40 年代，美国掀起了铁路建设的热潮，由此导致了美国铁路企业的成长。由于修筑铁路所需的巨额资本唯有通过资本市场才能筹集，使美国铁路企业几乎一开始就走上了公司制道路，从此公司作为一种组织创新形式风靡世界。其中具有里程碑意义的是，1841 年 10 月 15 日，美国马萨诸塞州的铁路上发生了一起两列客车迎头相撞的事故。经调查，列车相撞事件主要是由于调度人员凭经验而不是按照事先明文规定的时间发车造成的。当地议会做出决议：老板只拿红利，不管公司业务，聘请具有管理才能的人士担任企业领导，于是公司经营中首次出现所有权与经营权分离。这种变化导致了社会对职业管理者的需求不断增加，学校也开始创办管理专业教育满足社会需求。这就是美国历史上的“管理运动”。

美国“管理运动”随后又引发了三次高潮，第一次高潮是 1911 年美国东方铁路公司涨价的意见听证会，律师布兰戴斯提出，公司经营不好是由于管理不善造成的，在这次听证会上，“科学管理”被首次公开宣传；第二次高潮是 1920 年通用汽车公司的改组，采用新的组织结构形式——事业部制，在这次改组中，通用汽车公司靠管理而不是靠技术使公司转危为安并发展壮大起来；第三次高潮是霍桑实验，开辟了管理研究的新思路。

在管理思想和理论发展的历史上，美国“管理运动”具有里程碑式的意义。它是一种历史现象，是一个过程。“管理运动”使人们提高了对管理重要性的认识，它为提高组织工作效率提供了一种思路和解决问题的框架。因此，“管理运动”是现代管理的前奏，是古代管理走向现代管理的标志。

课堂讨论

秦国的法家管理思想

据《战国策》记载，在秦孝公掌权时期，商鞅来到了秦国，以变法富国强兵之道打动了秦孝公，并任命他为左庶长，开始推行变法。从秦代官吏墓葬中发现的法律文献可知，商鞅建立了一套军功制度。他对于军功有如下规定：秦国的士兵只要斩获敌人一个首级，就可以获得爵位一级、田宅一处和仆人数个。斩杀的首级越多，获得的爵位就越高。如果一个士兵在战场上斩获两个敌人首级，他做囚犯的父母就可以立即成为自由人，如果他的妻子是奴隶，也可以转为平民。在军中，爵位高低不同，每顿吃的饭菜都不一样。三级爵位的有精米一斗，酱半升，菜羹一盘，两级爵位的只能吃粗米，没有爵位的普通士兵只能填饱肚子。因此，秦国的士兵在作战过程中，凶猛勇敢，他们常常不穿盔甲，胳膊下夹着俘虏，身上挂着人头，上身赤裸地追杀逃跑的对手。六国的军队和秦军作战，如同鸡蛋碰石头一样。

请同学搜集关于法家管理思想的资料后回答以下问题：

1. 你认为在两千年前，秦军作战为什么如此勇敢？

2. 本案例反映了法家的什么管理思想？

管理理论的产生与形成

引例

——联合邮包服务公司（UPS）的科学管理

UPS雇用了15万员工，平均每天将900万个包裹发送到美国各地和180个国家。为了实现他们的宗旨——在邮运业中办理最快捷的运送，UPS管理当局系统地培训他们的员工，使他们以尽可能高的效率从事工作。让我们以送货司机的工作为例，介绍一下他们的管理效率。

UPS的工业工程师们对每一位司机的行驶路线进行了时间研究，并对每种送货、暂停和取货活动都设立了标准。这些工程师们记录了红灯、通行、按门铃、穿院子、上楼梯、中间休息喝咖啡的时间，甚至上厕所的时间，并将这些数据输入计算机中，从而给出每一位司机每天工作的详细时间标准。

为了完成每天取送130件包裹的目标，司机们必须严格遵循工程师设定的程序。当他们接近发送站时，他们松开安全带，按喇叭，关发动机，拉起紧急制动，把变速器推到1挡上……这一系列动作严丝合缝。然后，司机从驾驶室出溜到地面上，右臂夹着文件夹，左手拿着包裹，右手拿着车钥匙，看一眼包裹上的地址并记在脑子里，然后以每秒3英尺的速度快步跑到顾客的门前，先敲一下门以免浪费时间找门铃。送完货后，他们在回到卡车的路途中完成登录工作。

这种刻板的时间表是不是看起来有点烦琐？也许是，它真能带来高效率吗？毫无疑问！生产率专家公认，UPS是世界上效率最高的公司之一。举例来说吧，联邦捷运公司平均每人每天不过取送80件包裹，而UPS却是130件。在提高效率方面的不懈努力，对UPS的净利润产生了积极的影响。

请结合联合邮包服务公司的实际，讨论科学管理的核心内容。

由上节可知，管理活动源远流长，至今已有数千年的历史，但从管理实践到形成一套比较完整的理论，则经过了一段漫长的历史发展过程。管理理论的产生与形成，大致经历了三个阶段：古典管理理论阶段（20世纪初到20世纪30年代行为科学学派出现前）、行为科学管理理论阶段（20世纪30年代到20世纪80年代，主要指行为科学学派阶段）和现代管理理论阶段（20世纪80年代至今），如图2—1所示。

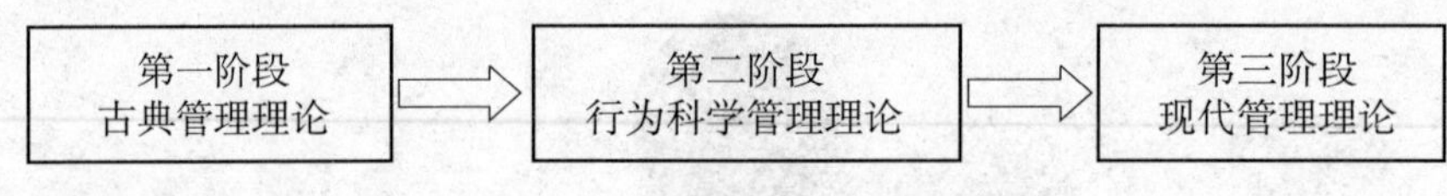

图 2—1　管理理论的发展阶段

一、古典管理理论

根据时间划分，古典管理理论由早期管理理论、传统管理理论、科学管理理论三个阶段的管理理论组成。早期管理理论和传统管理理论阶段被人们称为经验管理阶段，以泰勒的《科学管理原理》为代表，标志着企业管理由漫长的经验管理阶段，步入了科学管理阶段，泰勒也因此被后人尊称为“科学管理之父”。

（一）泰勒的科学管理理论

泰勒于 1856 年出生于美国宾夕法尼亚州。1878 年，22 岁的泰勒来到费城的米德维尔钢铁厂，在短短的六年时间里，泰勒从一个普通工人升为机工班长、车间工长、总技师，最后成为总工程师。1890 年，泰勒离开米德维尔钢铁厂，先后担任过投资公司总经理，从事过工厂的管理咨询工作。1906 年，泰勒担任了美国机械工程师协会的主席，同年获宾夕法尼亚大学名誉科学博士学位。

泰勒结合工厂的实践，致力于研究如何提高劳动效率。在今天，以泰勒为代表的科学管理思想仍在应用。在一个典型的制造型企业里，你能够看到科学管理的思想和技术正在车间使用着，仍支配着当今的工作设计，其背后的心理假设仍然影响着管理实践者。泰勒的科学管理思想主要内容如下。

1. 科学管理的中心问题是提高劳动生产率

泰勒的研究地点主要是在工作现场，最关注的就是劳动生产率的提高问题。他提出，“以高工资和低成本作为最良好的管理制度的基础”，其唯一途径就是提高生产率。因此，科学管理主要是围绕提高生产率进行研究的。

2. 劳动方法的标准化与工时研究

泰勒创造了用科学的观测分析方法对工人的劳动过程进行分析和研究，消除各种不合理的因素，将最好的因素结合起来，形成标准化的方法，在工作中加以推广。泰勒开展工时研究，主张用科学的方法对工人的操作方法、使用的工具、劳动和休息的时间，以及机器设备的安排和作业环境的布置进行分析，科学制定工作定额。

3. 科学挑选与培训工人

泰勒认为，为了提高劳动生产率，必须找出最适宜干这项工作的人，也就是挑选出“第一流的工人”。泰勒主张在劳动方法标准化的基础上对工人进行培训，教会他们科学的工作方法，使工人的能力同工作相配合，并激发他们的劳动热情。

4. 实行差别计件工资制

为了最大限度地刺激与激励工人的劳动积极性，泰勒创立并推行差别计件工资制。即按照工人是否完成其定额而采用不同的工资率。完成或超额完成定额就按较高的工资率付酬，反之则按较低的工资率付酬。

5. 管理职能与作业职能分离

泰勒主张设立专门的管理部门，专门研究、计划、调查、训练、控制和指导操作者的工作；而工人只负责第一线操作。其实质上是实现了管理职能的专业化。

6. 实行“例外管理”原则

泰勒主张高层管理者应把例行的一般日常事务授权给下级去处理；高层管理者应主要处理重要或例外事项。“例外管理”原则至今仍是一项重要的管理原则。

泰勒科学管理中的许多观点开了管理学的先河，在管理界的很多创举至今仍具有现实意义，但泰勒的科学管理存在明显的缺陷，其主要表现在：科学管理忽视了人的主体地位；科学管理过于强调“金钱万能”的物质刺激；科学管理只注意到个体及其行为，而忽视了组织管理中的社会性因素；科学管理把人视为有理性的经济人。

（二）法约尔的一般管理理论

亨利·法约尔（1841—1925）在管理实践中逐渐形成了自己的管理思想和管理理论，对管理学的形成和发展做出了巨大的贡献，后人称他为“管理过程之父”。法约尔的名著《工业管理与一般管理》概括起来大致包括以下内容。

1. 企业的基本活动

法约尔将管理活动从经营职能中提炼出来，将企业的全部活动分为以下 6 种：技术活动、商业活动、财务活动、安全活动、会计活动、管理活动（计划、组织、指挥、协调和控制）。

2. 法约尔的 14 条管理原则

为了使管理者能很好地履行各种管理职能，法约尔提出了管理的 14 项原则。

（1）劳动分工：将工作分解为具体的任务，并将责任分配给特定的个人。

（2）权力与责任：实际上，这就是现在我们讲的权、责、利相结合的原则。

（3）纪律：企业与下属人员之间的协定和人们对这个协定的态度及其对协定遵守的情况。

（4）统一指挥：无论什么时候，一个下级人员只能接受一个上级的命令。

（5）统一领导：对于力求达到同一目的的全部活动，只能有一个领导人和一项计划。

（6）个人利益服从整体利益：集体目标包含员工个人的目标，但个人不免有私心与缺点，这些因素常促使员工将个人利益放在集体利益之上。

（7）人员的报酬：对工人和管理人员工作所支付的报酬应以系统的奖励方向和正确的活动为基础。

（8）集中化：组织权力的集中与分散的问题。

（9）等级链与跳板原则：从上到下进行联系的各层权力等级称为等级链，它保证统一指挥原则的实施，也可以使信息传递有秩序进行。但当平级要进行沟通时，为了提高沟通效率，平级也可直接通过“跳板”沟通，但事后要汇报。

（10）秩序：规定组织中每个成员各自的岗位。

（11）公平：“公道”原则加上善意地对待职工。

（12）人员的稳定：如果人员不断变动，工作将得不到良好的运转。

（13）首创精神：鼓励雇员认真思考和实现某种行动计划，给人以发挥主动性的机会。

（14）人员的团结：通过利益的一致性实现行动的统一，一个组织内集体精神的强弱取决于组织内部员工间的团结。

法约尔强调，这些原则是灵活的，是可以适应一切需要的，但其真正的本质在于懂得如何运用它们。这是一门很难掌握的艺术，它要求智慧、经验、判断和注意尺度。法约尔关于管理过程和管理组织理论的开创性研究，特别是管理职能的划分以及管理原则的描述，对管理理论的发展具有非常深远的影响。

（三）韦伯的行政组织理论

马克斯·韦伯是德国著名的社会学家。他在管理理论上的研究主要集中在组织理论方面，主要贡献是提出了所谓理想的行政组织体系理论。这集中反映在他的代表作《社会组织与经济组织理论》一书中，这一理论的核心是组织活动要通过职务或职位而不是通过个人或世袭地位来管理。这一理论对工业化以来各种不同类型的组织产生了广泛而深远的影响，成为现代大型组织广泛采用的一种组织管理方式。其核心内容是：

1. 明确的分工

每个职位的权力和义务都应有明确的规定，人员按职业专业化进行分工。

2. 自上而下的等级系统

组织内的各个职位，按照等级原则进行法定安排，形成自上而下的等级系统。

3. 人员的任用

人员的任用要完全根据职务的要求，通过正式考试和教育训练来实行。

4. 职业管理人员

管理人员有固定的薪金和明文规定的升迁制度，是一种职业管理人员。

5. 遵守规则和纪律

管理人员必须严格遵守组织中规定的规则和纪律以及办事程序。

6. 组织中人员之间的关系

组织中人员之间的关系完全以理性准则为指导，只是职位关系而不受个人情感的影响。这种公正不阿的态度，不仅适用于组织内部，而且适用于组织与外界的关系。

韦伯认为，这种高度结构的、正式的、非人格化的理想行政组织体系是人们进行强制控制的合理手段，是达到目标、提高效率的最有效形式。这种组织形式在精确性、稳定性、纪律性和可靠性方面都优于其他组织形式，适用于所有的各种管理工作及当时日益增多的各种大型组织，如教会、国家机构、军队、政党、经济企业和各种团体。韦伯的这一理论，对泰勒、法约尔的理论是一种补充，对后来的管理学家们，尤其是组织理论学家产生了很大的影响，他被称为“组织理论之父”。

以泰勒、法约尔、韦伯等人为代表的古典管理学派是管理思想史上的第一个学派，他们的理论不但在当时对管理理论的形成起了重要作用，而且对后来管理理论的发展和管理学派的形成也有深远的影响，其中许多原理、原则和方法至今仍被人们重视和沿用。

二、行为科学管理理论

行为科学管理理论是西方管理理论的第二个阶段。行为科学学派代表人物有梅奥、马斯洛、麦格雷戈等，他们有的研究人际关系，有的研究人的需求与行为关系，也有的探讨人的本性及相应管理的问题，还有的研究正式组织中非正式组织问题以及双因素模式、管理方式方法等。前者可归结为组织的动力学过程，后者可归结为以人为本的管理方法。

（一）人际关系理论

人际关系理论是著名的霍桑实验得出的理论，其代表人物为美国的乔治·埃尔顿·梅奥（1880—1949）。梅奥，美国管理学家，原籍澳大利亚，早期的行为科学——人际关系学说的创始人，美国艺术与科学院院士。他出生在澳大利亚，20 岁时在澳大利亚阿德莱德大学取得逻辑学和哲学硕士学位，应聘至昆士兰大学讲授逻辑学、伦理学和哲学。1922 年在洛克菲勒基金会的资助下，梅奥移居美国，在宾夕法尼亚大学沃顿商学院任教。其间，梅奥曾从心理学角度解释产业工人的行为，认为影响因素是多重的，没有一个单独的要素能够起决定性作用，这成为他后来将组织归纳为社会系统的理论基础。

霍桑实验是心理学史上最著名的事件之一。这一系列实验由梅奥主持，在美国芝加哥西部电器公司所属的霍桑工厂进行。从 1924 年到 1932 年，霍桑实验持续了 8 年。1933 年，梅奥出版了《工业文明的社会问题》，对实验进行了总结，提出了一系列理论。

1. 社会人理论

以泰勒的科学管理理论为代表的传统管理理论认为，人是为了经济利益而工作的，因此传统管理理论也被称为“经济人”理论。而霍桑实验表明，经济因素只是第二位的东西，社会交往、他人认可、归属某一社会群体等社会心理因素才是决定工人工作积极性的第一位的因素，因此梅奥的管理理论也被称为“人际关系”理论或“社会人”理论。

2. 士气理论

以泰勒的科学管理理论为代表的传统管理理论认为，工作效率取决于科学合理的工作方法和好的工作条件。而霍桑实验表明士气也就是工人的满意感等心理需要的满足才是提高工作效率的基础，工作方法、工作条件之类的物理因素只是第二位的东西。

3. 非正式群体理论

以泰勒的科学管理理论为代表的传统管理理论认为，必须建立严格完善的管理体系，工人在工作场合中的非工作性接触不仅不会产生经济效益，而且还会降低工作效率。而霍桑实验表明，在官方规定的正式工作群体之中还存在着自发产生的非正式群体，非正式群体有着自己的规范和维持规范的方法，管理者不能只关注正式群体而无视或轻视非正式群体及其作用。

4. 人际关系型领导者理论

以泰勒的科学管理理论为代表的传统管理理论认为，管理者是规范的制定者和规范执行的监督者。而霍桑实验提出，必须有新型的人际关系型领导者，善于倾听意见和进行交流，善于理解工人的感情，培养一种在正式群体的经济需要和非正式群体的社会需要之间维持平衡的能力，使工人愿意为达到组织目标而协作和贡献力量。

总之，霍桑实验表明，人不是经济人，而是社会人。不是孤立的个人，而是处于一定社会关系中的群体成员。个人的物质利益在调动工作积极性上只具有次要的意义，群体间良好的人际关系才是调动工作积极性的决定性因素。

（二）需求层次理论

马斯洛需求层次理论（Maslow's Hierarchy of Needs），亦称“基本需求层次理论”，是行为科学的理论之一，是美国心理学家亚伯拉罕·马斯洛于1943年在《人类激励理论》中所提出的。该理论将需求分为五个层次，像阶梯一样从低到高，按层次逐级递升，分别为生理上的需求、安全上的需求、情感和归属的需求、尊重的需求、自我实现的需求，成金字塔形。马斯洛认为提高工作效率，激发人们努力工作，就要采取有效的管理措施去满足人们的需要。这一理论对于管理学的发展有很大的影响，成为管理学重要的基础理论。

（三）“X-Y”理论

美国工业心理学家麦格雷戈在他的《企业的人性面》一书中，提出了两种对立的管理理论：X理论和Y理论。他主张Y理论，反对X理论。

1. X理论

X理论是对“经济人”假设的概括，其基本观点如下。

（1）人类多数趋于天生懒惰，不愿多做工作。

（2）人类多数缺乏雄心，希望依赖他人，而不喜欢担负责任。

（3）人们多数喜欢以自我为中心而忽视组织目标。

（4）多数人安于现状，习惯于抵抗变革。

（5）人们易受欺骗，常有盲从举动。

麦格雷戈认为，按照X理论进行管理的方式，可归纳为以下几点。

（1）管理重点强调以工作任务为中心，完成生产任务，提高生产效率。简单地说，管理就是重视完成任务，而不考虑人的情感、需要、动机、人际交往等社会心理因素。

（2）管理的主要职能是计划、组织、经营、指导、控制、监督。他强调“阶梯原则”，通过权威的运用来实现对组织成员的督导和控制。

（3）领导方式是专制型的，认为管理工作是少数人的事，与广大职工无关。

（4）在奖惩制度方面，主要是“胡萝卜加大棒”的方法。即以金钱（增加工资、奖金）来刺激工人的生产积极性；用惩罚来对付工人的消极怠工行为。

2. Y理论

麦格雷戈在《企业的人性面》一书中，总结了马斯洛、阿基里斯以及其他人的“自我实现人”的人性假设观点，结合管理问题，提出了Y理论。Y理论与X理论是根本对立的。Y理论有如下假设。

（1）厌恶工作并不是普通人的本性（天性）。一般人都是勤奋的，如果环境条件有利，工作就如同游戏或休息一样自然。

（2）外来的控制和处罚的威胁不是促使人们努力达到组织目标的唯一手段。人们愿意实行自我管理和自我控制，完成应当完成的目标。

（3）逃避责任，缺乏抱负以及强调安全感通常是经验的结果，而不是人的本性。人可以学会接受职责与谋求职责。

（4）在人群中广泛存在着高度的想象力、智谋和解决组织中问题的创造性。

（5）在现代工业化社会条件下，普通人的智慧潜能只被利用了一部分，还有发挥的潜力。

三、现代管理理论

现代管理理论是继古典管理理论、行为科学管理理论之后，西方管理理论和思想发展的第三阶段。由于该理论内容丰富，篇幅较长，所以将其在下一节作详细阐述。

知识链接

郭翁种树

郭翁种树的手艺很好，远近闻名。有人向郭翁请教种树的手艺，郭翁说：“我并没有什么超人的技艺，能使树木活得长久，果子结得多，我只是顺应树木成长的天性，让树木随着本性发展罢了。种树的规律是：树根要舒展，培土要平整，要用原土，把土砸实，种完之后，不要动它，也不要担心，离开它不要管它。栽树的时候，要像抚育苗子一样精心，栽好以后，就要像抛弃它一样，这样树木的天性可以保全，它的本质得到自然的发展。因此，我没什么特殊的本事，只是不妨碍它而已。”

请教的人听了郭翁这番话，不解地问：“那为什么别人种树总不如你呢？区别在哪里呢？”

郭翁说：“有区别。其他种树的人不了解树木的本性，种树时让树根卷曲，不知用原土而换用新土，培土时超过限度，就是不足。有的种树人，对树木过分爱抚，过多地担忧，早晨看看，晚上摸摸，已经离开又要回头看一看，甚至还用指甲划破树皮来检验它活着还是枯死了，摇动树干来看一看栽得是松还是紧。这样做树木无法顺着自身的天性生长，不死也长得不好，这些人种树就不如我。他们虽说是爱树，其实是害树；虽说是关心树，其实是破坏树。”

启示：顺着树木的本性任其生长，既不能草率从事，也不能过分折腾。人也是这样，管理要顺应人的本性来管理，才能达到最好的效果。管理学的发展也正是重视人的因素与作用，顺应科学技术与生产力的发展而得以迅速发展的。

课堂讨论

新华服装厂两个车间的不同管理方法

新华服装厂把缝制一种新款式服装的任务同时分配给了第一车间和第二车间。两个车间工人的人数差不多。这些工人原来缝制服装的基本操作都已掌握，但缝制这种新式服装还是第一次。第一车间的李主任把缝制一套服装的过程分为30道工序，每个工人从事指定的一道工序，使工人的操作简单熟练。第二车间的王主任却把这些工序归并到7个岗位完成，并规定每人可以在这些岗位上轮换工作，使大家都能熟练缝制这种服装的全过程。开头两个月，第二车间的生产进度比第一车间慢。但第二车间的工人对自己车间的做法比较满意，他们努力提高自己的技术水平，加快了生产进度，到第三个月，第二车间的生产进度超过了第一车间。

按照管理学理论，第一车间和第二车间分别采取了什么样的管理方法？为什么第二车间到第三个月的生产进度会超过第一车间？

第三节 现代管理理论的形成与发展

引例

——华生集团的金融政策

华生集团是美国最大的银行企业，有3 300家分支机构。该集团被认为是创新银行业务的领导者，而且被认为是一个得力的领导团体。在整个20世纪80年代，这家银行机构几乎每年都有盈利。尽管华生集团在金融业拥有强大的实力，而且具有良好的管理力量，但它近年来还是受到了世界范围银行业危机的影响——许多银行纷纷倒闭，其数量创纪录。特别在以下三个领域，一直困扰着华生集团：美国政府债权交易中糟糕的业绩、公司伦敦分部的困境和投资银行业拓展的失败。

华生集团的管理者最近宣布：计划步其他许多美国公司的后尘，进行经济规模收缩。公司最近并没有财政困难，但公司希望通过积极主动的行为能够避免未来出现的问题。作为紧缩的一部分，公司决定削减2 000个职位。正如所预料的那样，公司雇员反应十分强烈，并有两名雇员自杀。此外，由于员工压力增大，工作事故和失误显著增加。

华生集团意识到了伴随紧缩出现的问题，并采取措施去帮助雇员应付面临的不确定性，收效还不错。

根据现代管理理论，分析华生集团是怎样应付环境变化的。

一、现代管理理论的主要学派

现代管理理论特指第二次世界大战以后出现的一系列学派。与前一阶段相比，这一阶段最大的特点就是学派林立，新的管理理论、思想、方法不断涌现。美国著名管理学家哈罗德·孔茨认为当时林林总总共有 11 个学派：管理过程学派、人际关系学派、组织行为学派、社会系统学派、管理科学学派、决策理论学派、系统管理理论学派、权变理论学派、经验主义学派、经理角色学派、经营管理学派。这里简单介绍部分管理学派的一些管理学理论。

（一）管理过程理论

管理过程理论的鼻祖是亨利·法约尔，当代代表人物是哈罗德·孔茨。该学派的主要观点是：

（1）管理是一个过程，即让别人或同别人一起实现既定目标的过程。

（2）管理过程的职能共五个，它由一些基本步骤（如计划、组织、控制等职能）组成。

（3）管理职能具有普遍性，即各级管理人员都执行着管理职能，但侧重点则因管理级别的不同而异。

（4）管理应具有灵活性，要因地制宜、灵活应用。

（二）决策理论

决策理论的代表人物是赫伯特·西蒙，其代表作是《管理决策新科学》。该学派是以社会系统论为基础，吸收行为科学和系统论的观点，运用计算机技术和运筹学的方法而发展起来的一种管理理论。该学派的主要观点是：

（1）突出决策在管理中的地位。决策管理理论认为，管理就是决策，决策贯穿于整个管理过程。

（2）系统阐述了决策原理。西蒙把决策分为程序化决策和非程序化决策，二者的解决方法一般不同；决策一般基于“满意原则”而非“最优原则”；组织设计的任务就是建立一种制定决策的“人—机系统”。

（3）强调了决策者的作用。认为组织是决策者个人所组成的系统，因此强调不仅要注意在决策中运用定量方法、计算技术等新的科学方法，而且要重视心理因素、人际关系等社会因素在决策中的作用。

（三）系统管理理论

系统管理理论用系统论和控制论的观念来考察和研究企业的管理活动，其主要代表人物是卡斯特和罗森茨韦克等人。它强调应用系统的观点，全面考察与分析、研究企业和其他组织的管理活动、管理过程等，以便更好地实现企业的目标。该理论认为：

（1）组织是由人们建立起来的相互联系并且共同工作着的要素所构成的系统。

（2）组织是一个为环境所影响，反过来也影响环境的开放系统。组织不仅本身是一个系统，它同时也是一个社会系统的分系统，它在与环境的相互影响中取得动态平衡。

（3）管理必须建立在系统的基础上。管理要善于将各种资源要素集合起来，在同一目标下形成一个整体。管理人员必须从组织的整体出发，研究组织各部分之间的关系，研究组织与外部环境的关系，以便做出正确的决策，进行组织与协调。

（四）权变理论

20 世纪 70 年代以来，出现了一系列具有权变思想的新理论。权变理论认为，在组织管理中要根据组织所处的环境和内部条件的发展变化随机应变，没有什么一成不变、普遍适用的、“最好的”管理理论和方法。权变管理就是依据环境自变量和管理思想及管理技术的因变量之间的函数关系确定的一种管理方式，它要求具体情况具体分析。权变管理理论的基本观点主要有：

（1）关于思想结构的观点：权变理论的思想结构就是认为管理同环境之间存在着一定的函数关系，但不一定是因果关系。函数关系就是作为因变量的管理思想、管理方法和技术随环境自变量的变化而变化。

（2）关于组织结构的观点：权变理论的基本观点是组织的有效设计取决于环境的特性，不存在一个最佳的组织结构模式。

（3）关于人的激励和管理的观点：权变理论以权变管理思想为基础，认为在不同的情况下要采取不同的激励和管理方式，不能千篇一律。

（4）关于领导方式的观点：权变理论学派认为并不存在一种普遍适用的“最好的”或“不好的”领导方式，一切以组织的任务、个人或小组的行为特点以及领导者和职工的关系而定。

权变理论的出现，对于管理理论有着某些新的发展和补充。这主要表现在它比其他一些学派与管理实践的联系更具体，与客观现实更接近。

二、现代管理理论的发展趋势

进入 20 世纪 80 年代，随着知识经济新时期组织管理实践的迅速发展，管理新思想不断涌现。其中一些具有代表性的管理思想如下。

（一）人本管理

人本管理顾名思义就是以人为本的管理，是一系列以人为中心的管理理论与管理实践的总称。它要求人们在管理实践中坚持一切以人为核心，以人的权利为根本，强调人的主观能动性，力求实现人的全面、自由发展。其实质就是充分肯定人在管理活动中的主体地位和作用。“以人为本”已是现代社会的潮流所向。从人性的视角来分析、考察人类社会中任何有组织的活动，就会发现人类社会中有一种较为普遍的管理方式，这种管理方式以人性为中心，按人性的基本状况进行管理，这就是所谓的“人本管理”。

（二）企业再造

企业再造也译为“公司再造”、“再造工程”，是20世纪90年代在美国出现的关于企业管理方式的一种新的理论和方法。所谓“企业再造”，简单地说就是以工作流程为中心，重新设计企业的经营、管理及运作方式。按照该理论的创始人原美国麻省理工学院教授迈克尔·哈默与詹姆斯·钱皮的定义，是指“为了飞越性地改善成本、质量、服务、速度等重大的现代企业的运营基准，对工作流程进行根本性重新思考并彻底改革”，也就是说，“从头改变，重新设计”。企业再造的原则是：

（1）以流程为中心。企业再造不同于以往的任何企业变革，企业再造的最终目标是将企业由过去的职能导向型转变为流程导向型。

（2）坚持以人为本的团队式管理。在激烈竞争中挣扎的现代企业，应以流程为中心组建工作团队，在这样的企业里，每个人都关心整个流程的运转情况。

（3）以顾客为导向。它意味着企业在判断流程的绩效时，是站在顾客的角度考虑问题的。

（三）学习型组织

“学习型组织”理论是美国麻省理工学院教授彼得·圣吉在其著作《第五项修炼》中提出来的。该书出版后，受到了管理学界和企业家们广泛关注，并于1992年荣获代表世界企业学会最高荣誉的“开拓者”奖。彼得·圣吉在《第五项修炼》中明确指出：“20世纪90年代最成功的企业将是‘学习型组织’，因为未来唯一持久的优势，是有能力比你的竞争对手学习得更快。”他认为：“未来真正出色的企业，将是能够设法使各阶层人员全心投入，并有能力不断学习的组织。”他同时提出，在学习型组织中，有五项新的技能正在逐渐汇集起来，这五项技能被他称为“五项修炼”。学习型组织的形成必须建立在组织成员五项修炼的基础上。这五项修炼是：自我超越、改善心智模式、建立共同愿景、团队学习、系统思考。

知识链接

管理理论真能解决实际问题吗

海伦、汉克、乔、萨利四个人都是美国西南金属制品公司的管理人员。海伦和乔负责产品销售，汉克和萨利负责生产。他们刚参加了为期两天的关于权变理论、系统理论方面学习的管理培训班，现正展开激烈的讨论。

乔首先说：“我认为系统管理理论对于像我们这样的公司是很有用的。例如，生产工人偷工减料或做手脚、原材料价格上涨等，都会影响我们的产品销售。系统理论中讲的环境影响与我们公司的情况很相似。一个公司会受到环境极大的影响。特别是在销售方面，每前进一步，都要经过艰苦的战斗。”

萨利插话说："你的意思我了解。我们公司的确有过艰苦的时期，但是我不认为这与系统管理理论之间有什么必然的联系。如果每个东西都是一个系统，而所有的系统都能对某一个系统产生影响的话，我们又怎么能预见到这些影响所带来的后果呢？所以，我认为权变理论更适用于我们，而系统管理理论不能帮我们什么忙。"

海伦对他们的争论表示了不同的看法。她说："我认为权变理论对我们销售是很有用的。虽然我们以前也经常采用权变理论，但是我没有认识到自己是在运用权变理论。例如，我经常听到一些家庭主妇顾客讨论关于孩子如何度过周末之类的问题，从她们的谈话中我了解了她们的采购意愿。因此，应对不同的顾客，我经常都在改变销售方式和风格，我每天都在运用权变理论。"

汉克插话说："关于系统管理理论和权变理论问题，我同意萨利的观点。我认为泰勒在很久以前就对激励问题有了正确的论述。要激励工人，就是要根据他们所做的工作付给他们报酬。如果工人什么也没做，就用不着付任何报酬。你们和我一样清楚，人们只是为钱工作，钱就是最好的激励。"

课堂讨论

1. 你同意哪个人的意见？他们的观点有什么不同？

2. 你认为汉克关于激励问题的看法怎样？他的观点属于哪一种管理理论的观点？

本章小结

管理思想来源于管理实践。在长期的管理实践中，中外都出现了许许多多的思想家，有着极为丰富的管理思想。其中在中国，孔子、老子、商鞅、孙子的管理思想最具有代表性。而在国外，随着亚当·斯密、查尔斯·巴贝奇、罗伯特·欧文管理思想的产生，逐渐形成了系统的管理理论。

管理理论的产生与形成大致经历了古典管理理论阶段、行为科学管理理论阶段和现代管理理论阶段三个阶段。古典管理理论阶段的泰勒、法约尔、韦伯提出的管理理论，为管理学的发展做出了重要贡献。行为科学管理理论阶段的代表人物为梅奥、马斯洛和麦格雷戈等。现代管理理论阶段是西方管理理论和思想发展的第三阶段，共有 11 个学派。进入 20 世纪 80 年代以后，又出现了人本管理、企业再造和学习型组织等新思潮。

管理小故事

海尔的人本管理

作为海尔的掌舵人，张瑞敏从一开始就认识到了企业人本管理的重要性。当海尔集团开始宣传"人人是人才"时，员工反应平淡。他们想：我又没受过高等教育，当个小工人算什么人才？但是当海尔把一个普通工人发明的一项技术革新成果，以这位工人的名字命名时，在工人中很快就兴起了技术革新之风。

海尔冰箱二厂总装车间的一位操作女工高云燕在给冰箱门体钻孔的实践中，发明了在钻台前面放置一面镜子的方法，操作时便可清楚地观察到钻孔情况。这一发明大大提高了加工质量和进度。于是张瑞敏大张旗鼓地将这面镜子命名为“云燕镜子”，还对发明者给予了丰厚的物质奖励。此后，工人李启明发明的焊枪被命名为“启明焊枪”，杨晓玲发明的扳手被命名为“晓玲扳手”。这一措施大大激发了普通员工创新的激情，后来不断有新的命名工具出现，仅电冰箱公司以这种方式命名的小发明即达 11 项。员工创造价值得到认可，员工的荣誉感得到极大的满足。让员工觉得工作起来有盼头，有奔头，进而进一步激发了员工更大的创造性。

启示：海尔设计和缔造了这样一种管理氛围：把人当作主题，一切以人为中心，把所有的员工都看做是可以造就的人才。在企业内部营造一种尊重人、信任人、关心人、理解人的文化氛围，让每一位员工都富有热情、积极自愿、富有责任感地去进行创造性实践，使客观的管理体制与个人的心理需求完美地统一起来。

技能训练

据统计，目前我国共有 150 多家老字号，如北京的同仁堂、全聚德，上海的老凤祥、冠生园等，这些老字号多数已过百年。请同学们上网查阅，找出一个你熟悉的老字号（至少在 50 年以上），并探讨其管理思想的演变过程，运用相关的管理理论进行分析与评价，并在课堂上分享你的观点。

同步测试

一、单项选择题

1. 在中国古代管理思想中，提倡柔性管理和无为管理的是（　　）的管理思想。

A. 儒家学派　　B. 法家学派　　C. 道家学派　　D. 兵家学派

2. 对资本主义管理理论第一个做出贡献的，即《国富论》的作者（　　）。

A. 亚当·斯密　　B. 查尔斯·巴贝齐　　C. 约翰·凯恩斯　　D. 保罗·萨缪尔森

3. 法约尔提出的管理原则有（　　）。

A. 5 项　　B. 6 项　　C. 10 项　　D. 14 项

4. 泰勒认为，科学管理的中心问题是（　　）。

A. 实行职能工长制　　B. 使用标准化工具

C. 挑选第一流的工人　　D. 提高劳动生产效率

5. 梅奥等人通过霍桑实验得出结论：人们的生产效率不仅受到物理的、生理的因素的影响，而且还受到社会环境、社会心理因素的影响。由此创立了（　　）学说。

A. 古典管理　　B. 人文关系　　C. 社会关系　　D. 人际关系

6. 被誉为“组织理论之父”的管理思想家是（　　）。

A. 欧文　　B. 韦伯　　C. 泰勒　　D. 西蒙

7. 决策理论学派的特点是（　　）。

A. 以人为中心　　B. 以决策为中心　　C. 以物为中心　　D. 以利润为中心

8. 权变理论认为，组织管理要（　　）。

A. 随机应变　　B. 随机不变　　C. 一成不变　　D. 一成多变

9. 美国麻省理工学院教授彼得·圣吉在其著作《第五项修炼》中提出了（　　）理论。

A. 人本管理　　B. 学习型组织　　C. 柔性管理　　D. 企业再造

10. 把管理理论的各个学派称之为“管理理论丛林”的管理学家是（　　）。

A. 泰勒　　B. 韦伯　　C. 孔茨　　D. 德鲁克

二、多项选择题

1. 古典管理理论的代表人物有（　　）。

A. 泰勒　　B. 韦伯　　C. 马斯洛　　D. 法约尔

2. 行为科学管理理论的代表理论有（　　）。

A. 需求层次理论　　B. 一般管理理论

C. 人际关系理论　　D. “X-Y”理论

3. 梅奥学说的主要观点是（　　）。

A. 企业的职工是“社会人”　　B. 满足工人的社会欲望，提高工人士气

C. 企业中存在着一种“非正式组织”　　D. 企业应采用新型领导方式

4. 按照 X 理论的观点，（　　）。

A. 凭借宽容和信任可以改进工作　　B. 人们都有从事生产的基本需要

C. 人天生懒惰，需要激励　　D. 金钱比地位重要

5. 随着社会的发展，促成了许多管理新思想的涌现，这包括（　　）。

A. 人本管理　　B. 科学管理　　C. 企业再造　　D. 学习型组织

三、简答题

1. 简述泰勒科学管理理论的基本内容和缺陷。

2. 简述理想行政组织体系的特点。

3. 简述梅奥的人际关系学说的基本内容。

4. 现代管理理论的主要学派有哪些？

5. “学习型组织”理论的五项修炼主要内容有哪些？

四、案例分析题

案例 1：某公司的管理变革困惑

某生产机械设备的制造企业，面对利润越来越薄的不利局面，下定决心准备向丰田公司学习，进行管理变革。但在准备期间却遇到了意想不到的困难。原来，他们为了保证新的生产、管理制度的顺利进行，首先通过板报、专栏等平台向员工们进行宣传，公司将要彻头彻尾地向丰田学习，全面提高生产效率，进而提高企业的经济效益。但当他们精心准备的内容在板报、专栏上公布后，竟然在一夜之间被工人们搞得千疮百孔，所有涉及提高生产效率、提高经济效益的地方全被员工抠掉。调查后发现，不少员工们认为，学习丰田

就意味着他们劳动强度会更大，他们会更辛苦，压力会更大，所以他们强烈抵制。

问题：这家公司在管理变革中出现问题的原因是什么？

案例 2："荣华鸡" 哪里去了

20 世纪 90 年代，面对洋快餐在大陆各大中城市登陆，上海一家快餐公司推出了荣华鸡中式快餐。它以其适合中国人的口味和比肯德基更便宜的价格，受到了消费者的欢迎。当荣华鸡扬起挑战肯德基大旗的时候，一时间门庭若市，北到黑龙江，南到江西，都有红底白字的荣华鸡的分店。在一些地段，荣华鸡生意超过了洋鸡，让中式快餐店真实地扬眉吐气了一番。可随着时光的推移，荣华鸡在与肯德基的较量中逐渐落入下风。到了 2000 年，随着荣华鸡快餐店从北京安定门撤出，荣华鸡为期 6 年的闯荡京城生涯，画上了一个不太圆满的句号。究其原因，主要在于荣华鸡缺乏标准化。在不同分店，口味不同，配料不同。即使同一分店不同季节，配料也不同，并且厨师的手艺也不同。与此相比，肯德基的真正优势在于其产品背后的一套严格的标准化的管理制度。肯德基在进货、制作、服务等所有环节中，每一个环节都有着严格的质量标准，包括配送系统的效率与质量、每种佐料搭配的精确（而不是大概）分量、切青菜与肉菜的先后顺序与刀刃粗细（而不是随心所欲）、烹煮时间的分秒限定（而不是任意更改）、清洁卫生的具体打扫流程与质量评价量化，乃至于点菜、换菜、结账、送客、文明规范用语等上百道工序都有严格的规定。比如肯德基规定它的鸡只能养七个星期，一定要杀，到第八星期虽然肉长得最多，但肉的质量就差了。而包括荣华鸡在内的所有中式快餐，恐怕就没有考虑到，或者即便考虑过也没有细致到这种份上。这正是荣华鸡在与肯德基的较量中败走麦城的原因。

问题：阅读上述材料后，根据泰勒的科学管理理论要点，分析荣华鸡为什么会失败，并提出发展中式快餐的道路。

第三章

计划职能

1. 理解并掌握计划的含义及内容。
2. 了解计划的作用、特点及制定程序。
3. 掌握计划的制定方法。
4. 理解目标的含义和性质。
5. 掌握目标管理的含义及实施过程。

第一节

计划概述

引例——和尚挖井

从前有两座相邻的山，每座山上都有一座庙，每座庙里各有一个和尚。在这两座山之间有一条小溪，住在两座庙里的和尚都吃这条小溪里的水，而且他们会在每天的同一时间下山挑水，时间一长，这两个和尚变成了好朋友。每天下山挑水已经成了他们约定俗成的事。

时间随着溪水潺潺流逝，一转眼，这两个和尚住在这里已经五年了。五年后的一天，左边山上的和尚没有下山挑水，右边山上的和尚心想：可能是睡过头了吧，以前他也起晚过。便没在意，挑完水就回自己的庙里了。

可是当他第二天来挑水的时候，左边山上的和尚还是没有下山挑水，第三天、第四天……一个星期过去了，左边山上的和尚还是没有下山挑水。右边山上的和尚终于忍不住了，心想：我的这位朋友是不是生病了，我得去看看他，一个人生病了没人照顾是不行的。

于是，右边山上的和尚准备了一些食物和药品，爬上了左边的这座山，去探望他相处了五年的朋友。

但当他到达左边山上的庙里时，却看到他的老朋友正在打拳。看来他没有生病，也不像一个星期没有喝水的人。于是他好奇地问："你已经有一个星期没有去山下挑水了，难道你不用喝水吗？"左边山上的和尚说："我怎么能不喝水呢，你随我来，我让你看一样东西。"于是左边山上的和尚带着右边山上的和尚走到寺庙的后院，原来他的后院有一口井。左边山上的和尚说："在过去的五年里，我每天做完功课后都会抽空挖这口井，即使有时很忙，我也尽量找时间去挖。如今终于挖出井水了，我就不用再下山挑水，我可以有更多时间锻炼身体。"

启示：左边山上的和尚五年来不断地挖井不是为了当下，而是为了未来每天都不必下山挑水就有水喝，所以，挖一口属于自己的井，这是他的长远目标。企业在经营时，应该有着明确的计划。培养新人，给未来投资，这就是企业的长远之"井"。做人也应如此，每个人都应该对自己的人生有一个长远的规划，定下自己的目标，按照计划一步一步实施。

计划职能是所有管理职能中最基本的职能之一，也是管理的首要职能。计划是人们为了实现一定目标而制定的未来行动方案，是企业管理中不可缺少的部分。计划工作为组织、领导和控制等一系列管理工作奠定了基础。

一、计划的含义及内容

关于计划的含义，管理学者们有不同的认识。有人认为，计划是事先对未来行动所做的规划和安排，是预先制定的行动方案；也有人认为，计划是一种结果，是计划工作所包含的一系列活动完成之后产生的，是对未来行动方案的一种说明；还有人认为，计划是一种普遍的和连续的执行功能，它包括复杂的领悟、分析、理性思考、沟通、决策和执行的过程等。这些解释从不同角度对计划做出了不同的诠释，综合上述这些解释，本书给出如下定义：计划是组织依据其外部环境和内部条件的现实要求，确定未来一定时期的目标，并通过计划的编制、执行和监督来协调各类资源以实现预期目标的过程。计划既是决策内容在时间和空间上的进一步展开，又是组织、领导、控制和创新等管理活动的基础。

对于计划工作，我们应该有一个正确的认识。一般而言，正式的计划工作和组织的较高利润、较高的资产回报以及其他正面的财务成果是相联系的；此外，高质量的计划工作和对计划的贯彻执行将导致更高的组织绩效。但是，在实践过程中仍有不少人对计划工作有许多误解，有必要对此进行澄清。

（1）计划不是策划未来。人类是无法预言和控制未来的，试图指挥和策划未来是幼稚的。管理者能做的就是立足现在，预测未来，然后决定为了实现将来的目标现在应该采取什么样的行动。

（2）计划不是做未来的决策。计划工作包含有决策，但不是做未来的决策，而是为了实现未来的目标现在就做出决策，即为了未来现在就做决策。

（3）计划不能消除变化。有道是“计划赶不上变化”，因为计划不能消除变化，无论管理者如何计划，变化总是要发生的。但是，不能因为计划不能消除变化就不做计划；相反，管理者制定计划的目的之一就在于预测变化并制定有效的应变措施，尽可能降低或消除变化可能带来的不利影响或抓住变化带来的机遇。如果不预测、不防范，灾难来临就会带来巨大的损失，机会来了却错失良机。例如，地震后，余震的发生是无法改变与避免的，人们不能因为无法准确预测余震发生的时间就不做防范；相反，人们唯一要做的就是做好各种应急预案，一旦余震来临，就能做到不慌不忙，尽可能减少损失。

（4）计划并不减少灵活性。传统意义上人们认为，计划意味着承诺，一旦制定出来，就不能修改，所以计划就成为一种约束。实际上，计划应该是一种持续进行的活动，推理明确、构想清晰、白纸黑字写出来的正式计划比存在于头脑中的、模糊的假设更容易修改。再者，在制定计划的过程中，也可以人为地增加其灵活性。因此，计划同样具有灵活性。

（5）准确的计划并不浪费管理者的时间。一般而言，不准确的计划可能体现在实际的最终结果与计划的结果不一致，但最终结果只是计划的目的之一，过程本身就很有价值，即使最终结果没有完全达到预期的目标，计划也会迫使管理者认真思考要干什么和怎么去干，搞清楚这两个问题本身就很有价值。因此，凡是认真执行计划的管理者都会有明确的方向和目标，而不会事到临头草率判断，从而将因偏离方向而引起的损失减到最小，这就是计划过程本身的意义。如果没有计划，管理者就会因盲目而做一些无用功，浪费时间和资源。反过来，“磨刀不误砍柴工”，计划虽然会占用管理者一定的时间，但并不能因此说计划会浪费管理者的时间。

明智的管理者在做任何一项工作时，都会有明确的计划。计划使我们的思想具体化，体现出我们期望做什么，什么时候做好，谁去做，以及如何做，计划使我们的工作更加有序。那么计划的内容究竟有哪些呢？

一项完整的计划必须清楚地确定和描述下述六个方面内容，西方管理学把这些概括为“5W1H”。

(1) 做什么（What）。明确计划的具体任务和要求，以此确定一定时期的工作任务和工作重点。

(2) 为什么做（Why）。明确实施计划的原因和目的，并论证其必要性和可行性。

(3) 谁去做（Who）。将计划所涉及的各项工作落实到具体的部门和负责人。

(4) 何时做（When）。确定计划中各项工作开始和完成的时间以及具体的工作进度。

(5) 何地做（Where）。合理安排计划实施的空间布局，明确规定计划实施的地点和场所。

(6) 如何做（How）。明确计划实施的方式方法，制定实现计划目标的措施。

二、计划的作用

组织中的各项管理活动都离不开计划，计划在整个管理过程中发挥着重要的作用。

（一）为组织成员指明方向，为组织管理活动提供依据

计划为管理工作提供了基础，是管理活动的依据，良好的计划能够为组织中的所有成员指明行动方向。计划工作通过明确组织的宗旨、目标和战略，制定出一整套分层次的计划体系，使组织中全体成员的活动方向趋于一致，从而形成一种协调的组织行为，保证实现计划所设定的目标。计划使监督、检查和纠正工作有了明确的依据。

（二）减少浪费和冗余，合理配置资源，提高组织运行效率

计划是将组织活动在时间、空间上进行分解，通过规定组织中不同部门在不同时间应从事何种活动，明确所需资源的时间、数量和种类等，从而为组织合理配置资源提供了依据。良好的计划可以通过协调工作流程，减少组织中的重复性和浪费性活动，提高组织整体运行效率。

（三）预见未来变化，降低风险，掌握主动

组织面临的未来充满变化和不确定性，比如，经济环境的变化、竞争者的变化、国家

方针政策的变化等。一个组织如果对未来的变化没有准确的预测，必然会导致组织行为的失败。计划工作可以促使管理者通过预测，主动预见未来的变化，并针对各种变化因素制定相应的对策，以最合理的方案安排组织各项活动，降低组织未来活动的风险；同时还可以利用变化所带来的机会，掌握主动权。

（四）设立控制标准，实施有效控制

整个管理活动起始于计划，而结束于控制，计划是控制的基础，而计划的实施也需要控制活动给予保证。在管理过程中，计划职能为组织活动设立目标，控制职能将组织活动所取得的实际绩效与原定目标进行比较，发现偏差，采取措施及时纠偏，以保证计划目标的实现。因此我们说，计划为控制提供了明确的标准，是控制的基础和前提，没有计划，控制就成为无本之木。

三、计划的特点

（一）目的性

计划的性质决定了计划必须设定一个目标，必须在管理工作中居于领先地位。这是因为计划可以给出方向，减少未来变化的冲击，并设立标准以便于控制，具体体现在以下几个方面。

（1）计划是一种协调过程，它给管理者和非管理者指明方向，当所有人明确目标后，可协调他们的活动，使他们团结协作。

（2）计划工作促使管理者预测未来，考虑变化因素的冲击，制定相应对策，以降低不确定性。

（3）计划工作设定目标和标准，以便于进行控制。通过计划设立目标，在实际管理过程中可以将实际成绩与目标进行比较，及时发现偏差和问题，以采取必要的调整。因此，没有计划就没有控制。

（二）首位性

首位性是指计划工作相对于其他管理职能处于首位。首位性表现在两个方面：一方面，计划职能在时间顺序上处在计划、组织、领导、控制四大管理职能的始发位置，即任何事情开始之前都需要先做计划；另一方面，计划职能对整个管理活动过程及其结果施加影响具有首要意义。例如，一项投资计划报告，当得出的结果不满意时，就不必进行随后的组织等工作了。所以，计划职能通常被称为管理的首要职能。

（三）普遍性

制定计划是各级主管人员的一个共同职责，但各级管理人员所制定的计划的范围、内容不同。高层管理人员制定组织的总体计划，把握全局方向和目标；中层管理人员制定部门计划，诸如财务计划、市场计划、人事计划等，确定在整体目标实现的过程中，实现各部门自身的具体目标；而基层管理人员则要制定具体的作业计划，以配合生产计划的最终

实现。

（四）效率性

效率性是指从组织目标所做贡献中扣除制定和执行计划所需要费用及其他因素后的总额，即在资源一定的情况下，如何使方案产生的效益最大化。计划工作的任务不仅要确保实现目标，而且要从众多的方案中选择最优的，以求资源的合理利用和提高效率。主要体现在三个方面：一是有效地实现组织与外部环境的协调，最大限度地减少由于这方面不协调给组织带来损失的可能性；二是有效地实现组织内部的协调，提高投入产出比；三是有效地实现组织目标与组织成员个人目标的协调。

（五）创新性

计划工作是针对需要解决的新问题和可能发生的新变化、新机会而做出的决定，因而它是一个创新过程。计划工作实际上是对管理活动的一种设计。因此，正如一种新产品的成功在于创新一样，成功的管理也依赖于计划。

综上所述，计划是管理者指挥的依据和进行控制的标准，是降低风险、掌握主动的手段，是减少浪费、提高效益的方法。因此，各个层次的管理者都必须进行计划。

四、计划的类型

计划的种类很多，根据不同的标准，可将计划分为不同的类型，常见的计划类型如表3—1所示。

表3—1　　计划的类型

分类标准	计划类型
时间跨度	长期计划、中期计划、短期计划
组织层次	高层管理计划、中层管理计划和基层管理计划
明确程度	具体性计划和指导性计划
综合程度	战略计划、生产经营计划和作业计划

（一）按时间跨度划分

财务人员习惯于将投资回收期分为长期、中期和短期。管理人员也采用同样的术语描述计划，即长期计划、中期计划和短期计划。长期计划一般在5年以上，短期计划一般在1年之内，而中期计划则介于两者之间。

长期计划描述了组织在较长时间内的发展方向和方针，规定了组织的各个部门在较长时间内从事某种活动应达到的目标和要求，绘制了组织长期发展的蓝图。

短期计划规定了组织的各个部门从目前到未来的各个较短的时间阶段，特别是在最近的时段中，应该从事何种活动，从事该种活动应达到何种要求，因而为该组织成员在近期的行动提供了依据。

（二）按组织层次划分

计划按组织层次一般分为高层管理计划、中层管理计划和基层管理计划。高层管理计划着眼于组织整体的、长远的安排与定位；中层管理计划着眼于组织内部各个组成部分的定位和相互关系的确定；基层管理计划则着眼于每一个岗位、每一个人员、每一段时间的具体工作的安排和协调。

一般情况下，高层管理者制定出高层管理计划之后，中层管理者再根据高层管理计划制定出中层管理计划，基层管理者则根据中层管理计划制定出基层管理计划。

（三）按明确程度划分

计划按明确程度可分为具体性计划和指导性计划。具体性计划指具有明确目标的计划，不存在模棱两可的情况；而指导性计划只规定一般的方针和行动原则，给予行动者较大的自由处置权，它指出重点但不把管理者限定在具体的目标或特定的行动方案上。

例如，一个增加利润的具体性计划可能规定未来 6 个月内，销售额要增加 6%，成本要降低 4%；而指导性计划则可能只规定未来 6 个月的利润要增加 5%～10%。显然，指导性计划具有内在的灵活性，而具体性计划相对更易于执行、考核和控制，但是缺少灵活性。

一般来讲，组织层次越高，计划越应该具有指导性，相反，计划越应该具有具体性；对于风险较小、预见性比较明显的工作，应该以具体性计划为主，而风险较大、可预见性较小的工作，则应以指导性计划为主；对于自觉性较强、素质较高的员工，一般可以以指导性计划为主，而理解能力、自觉性较差的员工，则具体性计划优于指导性计划。

（四）按综合程度划分

就企业而言，计划按综合程度可分为战略计划、生产经营计划和作业计划三种基本类型。

1. 战略计划

战略计划也叫战略规划，是企业在未来较长时间内的工作目标和发展计划，是企业最重要的一种计划，一般是由企业的高层管理人员制定。它有三个基本特征：一是长期性，一般涉及 5、10 年甚至更长时间；二是普遍性，即它的涉及面广，相关因素多，既包括企业内部的各部门和环节，也包括企业的外部环境；三是权威性，即战略计划是一种指导性计划，它一经制定且被批准实施，就对企业的其他计划具有指导、约束作用。

2. 生产经营计划

生产经营计划也叫管理计划，是企业各部门在战略计划的指导下，根据企业的经营目标、方针、政策等制定的计划。特点是整体性和系统性，一般包括利润计划、销售计划、生产计划、成本计划、物资供应计划等。另外，生产经营计划一般以年度计划为主。

3. 作业计划

作业计划也叫业务计划，是企业生产经营计划的实施计划，是企业的短期计划。特点是具体明确。它一般由基层管理人员或企业负责计划工作的职能人员制定，指标具体，任务明确。

生产经营计划和作业计划通常被称为战术性计划，是在战略计划指导下制定的，是落实战略计划的计划。

知识链接

偷鸡贼的理论

曾有这样一个人，他每天都要去偷邻居的鸡，有人告诉他："这样的行为，不符合君子之道。"那人回答说："那就减少一点好了，以后每月偷一只鸡，等到明年的时候，就完全不偷了。"

这种理论是不是很荒谬？但是我们有时候自己就做着这样的事情。吸烟有害健康，怎么办呢，戒掉吧，每天少抽点；企业的管理机制有问题，一步一步来解决。可是事情到了最后怎么样？烟依然还在抽，企业的问题还是没有彻底解决。而明智的管理者在制定一个最优的方案时，总会做这样一件重要的工作——计划，由此制定一个日程表，安排好该计划要做什么，什么时候做，谁去做，以及如何做。

课堂讨论

在实际生活中，你做过哪些计划？这些计划在你的学习、工作、生活中有什么作用？

计划的制定

引例

两只钟的对话

有一天，一只老钟对一只小钟说："你一年里要摆 31 536 000 下啦。"

小钟吓坏了，说："哇，这么多，这怎么可能？我怎么能完成那么多下呢！"

这时候，另一只老钟笑着说："不用怕，你只需一秒钟摆一下，每一秒坚持下来就可以了。"

小钟高兴了，想着：一秒钟摆一下好像并不难啊，试试看吧。果然，很轻松地就摆了一下。

不知不觉一年过去了，小钟已经摆了31 536 000下！

启示：当我们面对大困难的时候，往往望而却步，殊不知只要根据实际，做出计划，再分期制定小目标，一一完成就行了。制定目标不难，难的是如何分解目标，然后，一步步去实现，这就需要制定详细具体的计划。

一、计划制定的程序

一般来讲，所有的计划工作必须紧紧围绕两个基本问题：拟定目标及实现所制定的目标。围绕这两个问题，完整的计划制定程序如图3—1所示。

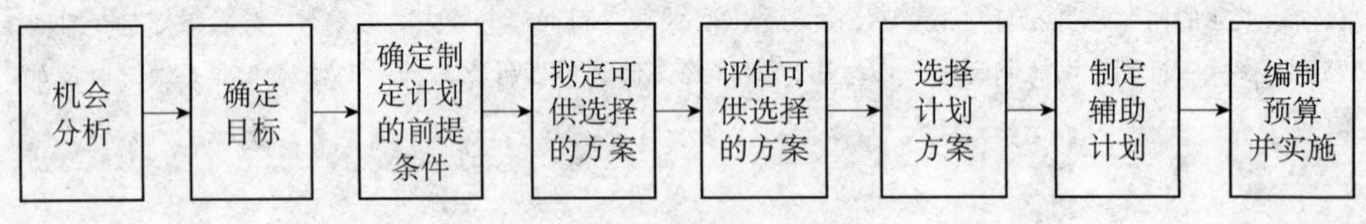

图3—1　计划制定的程序

（一）机会分析

机会分析是在编制实际计划之前进行的，虽然它不属于严格意义上的计划编制的一个组成部分，但却是编制计划的真正起点。机会分析的主要内容是要对将来可能出现的或预示的机会进行初步分析，根据自己的优势和劣势确定自己所处的地位。机会分析的主要任务是明确组织希望解决的问题及期望得到的效果，从而为下一步确立切合实际的目标奠定基础。

（二）确定目标

计划工作所要确定的目标是指组织在一定时期内所要达到的结果。具体说就是为整个组织确定总目标，然后为其所属的下级单位确定活动的目标。它指明所要做的工作有哪些，重点放在哪里，以及通过策略、政策、程序、预算和规划等所要完成的任务。为便于指导、检验自己的工作，一般设定目标时应尽量具体化、数字化、明确化。

（三）确定制定计划的前提条件

计划是以环境为前提的。这个环境是指未来计划实施的环境，为此必须对环境做出正确的预测。预测是计划编制的基础。计划是否合理，能否有效，关键在于对未来计划实施的环境的预测是否正确。确定制定计划的前提条件并不是对将来环境的每一细节都要预测，而是仅对对计划有重大影响的主要内容做出预测。

（四）拟定可供选择的方案

一般制定一个计划往往会有多个备选方案，因此关键的问题不在于发现备选方案的多少，而在于如何减少备选方案的数量，以便对一些最有希望的方案进行分析。

（五）评估可供选择的方案

“条条大路通罗马”、“殊途同归”，都描述了实现某一目标的途径是多条的。因此，在对各种备选方案进行考察并明确其各自的优缺点后，应按预先设定的目标来权衡各种因素，看哪种方案能够提供最佳机会，能以最低的成本实现最大的利润。

（六）选择计划方案

选择方案是采用计划的关键，是做出实质性决策的一步。在选择最佳方案时应考虑以下两个方面：一是应选出可行性、满意度和可能带来结果三者结合得最好的方案；二是方案的投入产出比率问题，应选择投入产出比率尽可能大的方案。对备选方案的分析和评估将表明，两个或更多的方案是合适的。这样管理者在选择方案时可以选择两个或两个以上合适的计划方案，一个作为主要方案执行，其他的作为后备方案，这样能更好地适应未来环境的变化。

（七）制定辅助计划

辅助计划是总计划的分计划。总计划要靠辅助计划来保证，辅助计划是总计划的基础。例如，当一家航空公司决定购买一批新飞机时，这个决策就需要制定多个辅助计划，如雇用和培训各种各样人员的计划；采购和安置零部件的计划；建立维修设施的计划；制订飞行时刻表的计划；广告、筹集资金和办理保险的计划。

（八）编制预算并实施

预算是计划工作的最后一步，在做出决策和确定计划后，赋予计划含义的最后一步就是要把计划转变成预算，使计划数字化。组织的全面预算表明其收入、支出和盈余的预算总额，组织的每一部门或每一方案都有自己的预算，这些预算确定后要汇总到总预算内。如果预算编得好，预算就成为汇总各种计划的一种手段，可以使得计划的人、财、物等资源和任务的分配变得容易，有利于授予下级适当的权力与责任，也可以作为计划执行过程的重要依据。

二、计划制定的方法

制定计划的方法有很多种，下面介绍三种常用的方法：滚动计划法、甘特图法和网络计划法。

（一）滚动计划法

滚动计划法是一种编制长期计划的方法，是在已编制出计划的基础上，根据本期计划的执行情况和客观环境的变化情况，逐期往后推移，连续滚动编制计划的方法。例如，图 3—2所示的是一个五年期滚动计划的编制过程。

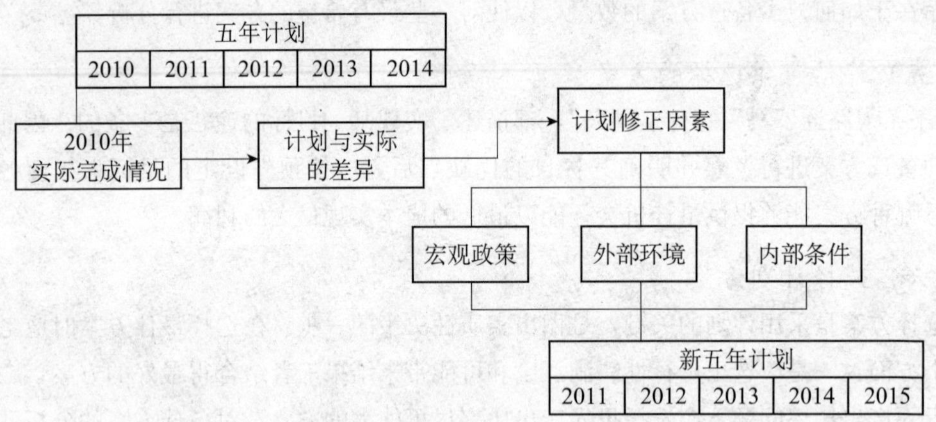

图 3—2　滚动计划法编制计划示意图

1. 滚动计划法的基本思路

由于长期计划时间跨度较长，很难准确地预测未来影响企业经营的各种变化因素，而且随着计划期的延长，这种不确定性就越大。所以，如果机械地按几年前的计划实施，则可能导致巨大的错误和损失。滚动计划法采用“近细远粗”的方法，即把计划分为若干段。前段是比较详细的实施计划，后段是比较粗略的远景计划。在执行一个计划期的计划后，根据实施计划的完成情况及滚动期内各种内外环境因素的变化情况，对远景计划进行调整，并继续编写下一段计划。这样，整个计划的长度仍未改变，而每一间隔期滚动一次，就能保持计划前后衔接和相互协调。

2. 滚动计划法的方法评价

滚动计划法虽然加大了计划编制工作的任务量，在一定程度上提高了计划工作的复杂性，但是随着计算机的广泛应用以及一些计划辅助工具的开发，这一方法越来越显示出其优势。首先，滚动计划法相对缩短了计划时期，加大了计划的准确性和可操作性。其次，滚动计划法能使长期计划、中期计划与短期计划相互衔接，保证了即使由于环境变化出现某些不平衡，也能及时地进行调整，使各期计划基本保持一致。同时，滚动计划法增强了计划的弹性，避免了计划的僵化，提高了计划的适应性和组织的应变能力。

（二）甘特图法

甘特图法是以发明人的名字命名的，又名线条图、展开图、横线工作图，实际上是一种常用的日程工作计划进度表。甘特图直观地表明任务计划在什么时候进行，以及实际进展与计划要求的对比。有了它，管理部门就可以从一张事先准备好的图表上看到计划执行的进展情况，并可以采取一切必要行动使计划按时完成，或使计划在预期的许可延误范围内得以完成。

（三）网络计划法

网络计划法又称网络计划技术或计划评审技术（PERT），是 20 世纪 50 年代由美国科学家首先开发的一种系统分析技术。这种技术以网络图的形式反映管理对象中各工作项目的相互关系，然后通过分析计算，找出完成任务最优的方案，最后以最优方案进行工作安排和控制工作进度，从而获得最好的经济效益。用这种技术进行计划管理和进度控制能有效地节约人力、物力、财力和时间。工程项目越复杂，网络计划技术的使用效果越明显。

知识链接

计划的层次体系

著名的管理理论大师哈罗德·孔茨和海因茨·韦里克从抽象到具体，把计划设计为一种层次体系：目的或使命、目标、战略、政策、程序、规则、方案以及预算，如图3—3所示。孔茨和韦里克的这种设计对我们理解计划及其工作是有裨益的。

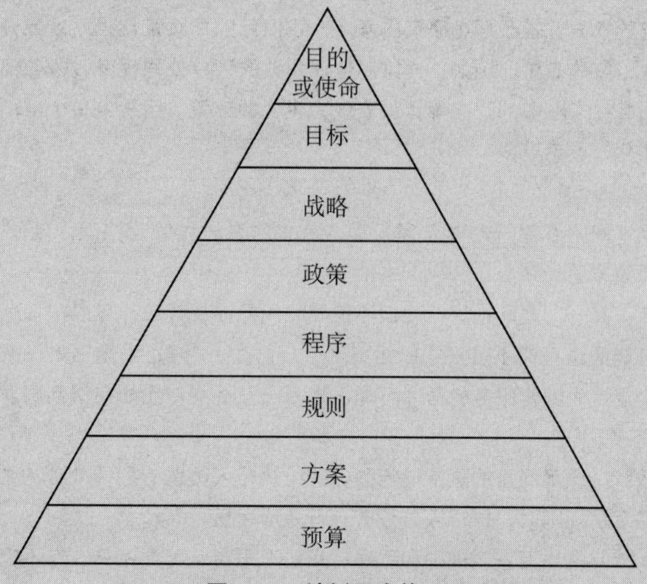

图3—3 计划层次体系

一、目的或使命

目的或使命即宗旨，它指明一定的组织机构在社会上应起的作用，所处的地位。它决定组织的性质，是此组织区别于彼组织的标志，表明组织是干什么的，应该干什么。各种有组织的活动，如果要使它有意义的话，至少应该有自己的目的或使命。如大学的使命是教书育人和科学研究，医院的使命是治病救人，法院的使命是解释和执行法律，企业的目的是生产、分配商品和服务。

二、目标

组织的目的或使命往往太抽象、太原则化了，它需要进一步具体为组织一定时期的目标和各部门的目标（在一定时期内要达到的具体成果）。组织的使命支配着组织各个时期的目标和各部门的目标，同时，组织各个时期的目标和各部门的目标是围绕组织的使命制定的，并为完成组织使命而努力。虽然教书育人和科学研究是一所大学的使命，但一所大学在完成自己的使命时会具体化为不同时期的目标和各二级院系的目标，如最近3年培养了多少人才，完成了多少科研项目等。

三、战略

战略是为了达到组织总目标而采取的行动和利用资源的总计划，主要指明奋斗方向和资源分配的优先次序，是思想的指南。其目的是通过一系列的主要目标和政策去决定和传达一个组织期望自己成为什么样的组织。

四、政策

政策是指导或沟通决策思想的全面的陈述书或理解书，是考虑问题的指南。但不是所有政策都是陈述书，政策也常常会从主管人员的行动中含蓄地反映出来。例如，主管人员处理某问题的习惯方式往往会被下属作为处理该类问题的模式，这也是一种含蓄的、潜在的政策。

五、程序

程序是制定处理未来活动的一种计划。它详细列出必须完成某类活动的方式，并按照时间顺序对必需的活动进行排列。它与战略不同，它是行动的指南，而非思想的指南。它与政策不同，它没有给行动者自由处理事务的权力。基于理论研究的考虑，我们可以把政策与程序区分开来，但在实践工作中，程序往往表现为组织的政策。例如，一家制造业企业的订单处理程序，财务部门批准给客户信用的程序，会计部门记载往来业务的程序等，都表现为企业的政策。组织中每个部门都有程序，尤其在基层，程序更加具体化，数量更多。

六、规则

规则详细、明确地阐明必需行动或无需行动，其本质是一种管理决策。规则没有酌情处理的余地，它通常是形式最简单的计划。

规则不同于程序。其一，规则指导行动但不说明时间顺序；其二，可以把程序看做是一系列的规则，但是一条规则可能是也可能不是程序的组成部分。例如，“禁止吸烟”是一条规则，但和程序没有任何联系；而一个规定为顾客服务的程序可能表现为一些规则，比如在接到顾客需要服务的信息后30分钟内必须给予答复。

规则也不同于政策。政策的目的是指导行动，并给执行人员留有酌情处理的余地；而规则虽然也起指导作用，但是在运用规则时，执行人员没有自行处理之权。

必须注意的是，就其性质而言，规则和程序旨在约束思想，因此，只有在不需要组织成员行使自行处理权时，才使用规则和程序。

七、方案

方案是一个综合性的计划，它包括目标、政策、程序、规则、任务分配、要采取的步骤、要使用的预算以及为完成既定目标所需的其他因素。通常情况下，一个主要方案可能需要很多支持计划。在主计划进行之前，必须把这些支持计划制定出来，并付诸实施。

八、预算

预算是一份用数字表示预期结果的报表，即数字化的计划。预算通常是为规划服务的，其本身也是一项规划。

课堂讨论

列举某一熟悉的公司的计划，分析并说说它采用的是哪种计划编制方法。

目标管理

引例——南辕北辙

魏王想去攻打邯郸。正出使别国的季梁听说后，走到半路赶紧折回来，急急忙忙去见魏王，说："这回我从外地回来，在太行山脚下碰见一个人，正坐在他的马车上，面朝北面，告诉我说，他要到楚国去。我对他说：'去楚国，楚国在南面，您为什么向北走呢?'他说：'我的马好。'我说：'您的马虽然好，但这不是去楚国的路啊!'他又说：'我的路费很充足。'我说：'您的路费虽然多，但这不是去楚国的路啊!'他又说：'给我驾车的人本领很高。'"

季梁紧接着对魏王说："他不知道方向错了，赶路的条件越好，离楚国的距离就会越远。现在大王动不动就想称霸诸侯，办什么事都想取得天下的信任，依仗自己国家强大、军队精锐，而去攻打邯郸，想扩展地盘抬高声威，岂不知您这样的行动越多，距离统一天下的目标就越远，这正像要去楚国却往北走的行为一样啊!"

启示：做人做事，必须要有正确的方向。选准方向，实施计划，事半功倍。若方向错了，条件越好，花的力气越大，离所要达到的目标就越远。

一、目标的含义与性质

（一）目标的含义

目标是个人、部门或整个组织在未来一段时间内要实现的目的或要达到的成果，个人、部门或整个组织需要通过一定的努力来实现既定目标。

（二）目标的性质

1. 层次性

组织目标是一个有层次的体系，高层是整个组织的战略目标，中层是各部门的目标，基层是各单位小组的目标和个人目标。同层次的管理人员负责相应目标的制定和实现。执行董事和最高层管理班子负责整个组织战略目标的制定与实现；中层主管（如部门经理、分部经理）负责各部门和分部目标的制定和实现；基层主管人员主要关心的是各自单位小组目标及其下属目标的制定和实现。

2. 网络性

目标的网络性主要表现在两方面：一方面，体现为目标的上下层次之间纵向的密切关联。上层目标需要下层目标的支持，下层目标需要由上层目标指明方向，这样，组织各层次的目标就形成了一个目标网络。另一方面，网络性体现的是各部门目标之间横向的密切关联。一个部门制定完全适合于该部门的目标是相对容易的，但这个目标常常会在经营上与另一个部门的目标相矛盾。现实中，组织成员往往会选择对本部门有利的目标。因此，组织中的各个部门在制定自己的目标时应与其他部门的目标相协调。

3. 多样性

企业的主要目标通常有多个。在目标层次体系中的每个层次的具体目标，也可能是多种多样的。考虑到过多的目标会使得执行的组织或个人应接不暇而顾此失彼，因此，应当尽量减少目标的数量，尽量突出主要目标。同时，对各个目标的相对重要性和完成时间序列作出合理的划定是非常有必要的。

4. 可考核性

目标考核的途径是将目标量化。目标定量化往往也会损失组织运行的一些效率，但是对组织活动的控制、成员的奖惩会带来很多方便。目标可考核性表达的是这样一个意思：人们必须能够回答这样一个问题，“在期末，我如何知道目标已经完成了?”比如，获取合理利润的目标，可以最好地指出公司是盈利还是亏损的，但它并不能说明应该取得多少利润。因为不同人对“合理”的理解是不同的，下属人员认为是合理的利润，上级领导不一定认为是合理的。如果意见不合，下属人员一般无法争辩。如果我们将此目标明确地定量为“在本会计年度终了实现投资收益率10%”，那么它对“多少？什么？何时?”就都作出了明确回答。有时用可考核的措辞来说明结果会有更多的困难，对高层管理人员以及政府部门尤其如此。但原则是，只要有可能，我们就应规定明确的、可考核的目标。

5. 可接受性

根据美国管理心理学家维克多·弗鲁姆的期望理论，人们在工作中的积极性或努力程度（激发力量）是效价和期望值的乘积，其中效价指一个人对某项工作及其结果（可实现的目标）能够给自己带来满足程度的评价，即对工作目标有用性（价值）的评价；期望值指人们对自己能够顺利完成这项工作可能性的估计，即对工作目标能够实现概率的估计。因此，一个目标对其接受者如果要产生激发作用，那么对于接受者来说，这个目标必须是可接受的、可以完成的。对一个目标完成者来说，如果目标超过其能力所及的范围，则该目标对其是没有激励作用的。

6. 挑战性

同样根据弗鲁姆的期望理论，如果一项工作完成所达到的目的对接受者没有多大意义，接受者也是没有动力去完成该项工作的；如果一项工作很容易完成，对接受者来说是件轻而易举的事，那么接受者也没有动力去完成该项工作。所谓“跳一跳，摘桃子”，说的就是这个道理。目标的可接受性和挑战性是对立统一的关系，在实际工作中，我们必须把它们统一起来。

7. 信息反馈性

信息反馈是把目标管理过程中，目标设置、目标实施情况不断地反馈给目标设置和实施的参与者，让参与者时时知道组织对自己的要求、自己的贡献情况。如果建立了目标再加上反馈，就能更进一步加强员工的工作表现。

二、目标管理的含义

目标管理（Management By Objectives，MBO）是美国管理学者彼得·德鲁克于1954年首先提出来的，现已被管理学界广泛应用。

目标管理是以目标作为管理手段的一种管理方式。其基本思想是：让组织内各层次、各部门、各单位的管理人员，以及每个工作人员都根据总目标的需要，自己制定或者主动承担各自的工作任务，并在实现目标的过程中进行“自我控制”。

目标管理的实质是：以目标作为各项管理活动的指南；以目标形成组织的向心力和综合力；以目标激励和调动广大组织成员的积极性；以目标的实现程度评价每个单位和个人的贡献大小和工作好坏。

三、目标管理的实施过程

目标管理的实施过程分三个阶段：第一阶段为目标的设置；第二阶段为实现目标过程的管理；第三阶段为总结和评估。

（一）目标的设置

目标的设置是目标管理最重要的阶段，这一阶段可以细分为四个步骤。

（1）高层管理预定目标。这是一个暂时的、可以改变的目标预案。即可由上级提出，再同下级讨论；也可以由下级提出，上级批准。无论哪种方式，必须共同商量决定。其次，领导必须根据企业的使命和长远战略，估计客观环境带来的机会和挑战，对本企业的优劣有清醒的认识，对组织能够完成的目标心中有数。

（2）重新审议组织结构和职责分工。目标管理要求每一个分目标都有确定的责任主体。因此预定目标之后，需要重新审查现有的组织结构，根据新的目标分解要求进行调整，明确目标责任者和协调关系。

（3）确立下级目标。首先下级要明确组织的总体规划和目标，然后再确定本级组织的分目标。在讨论中，上级要尊重下级，平等待人，耐心倾听下级意见，帮助下级确立与本单位总目标具有一致性和支撑性的分目标。分目标要具体量化，便于考核；分清轻重缓急，以免顾此失彼；既要有挑战性，又要有实现的可能性。每个员工和部门的分目标要和其他员工和部门的分目标协调一致，以支持本单位和组织总目标的实现。

（4）上级和下级就实现各项目标所需的条件以及实现目标后的奖惩事宜达成协议。分目标制定后，要授予下级相应的资源配置的权力，实现权责利的统一。由下级写成书面协议，编制目标记录卡片，整个组织汇总所有资料后，绘制出目标图。

（二）实现目标过程的管理

虽然目标管理重视结果，但管理者在目标实施过程中的管理也是不可缺少的。首先要进行定期检查，利用双方经常接触的机会和信息反馈渠道自然地进行管理；其次要向下级通报进度，便于互相协调；再次要帮助下级解决工作中遇到的困难，当出现意外、不可预测事件严重影响组织目标实现时，可以通过一定的程序，修改原定的目标。

（三）总结和评估

达到预定的期限后，下级首先进行自我评估，提交书面报告；然后上下级一起考核目标完成情况，决定奖惩；同时讨论下一阶段目标，开始新循环。如果目标没有完成，应分析原因，总结教训，切忌相互指责，以保持相互信任的气氛。

四、目标管理的评价

目标管理改变了以往的目标设定程序，使组织内目标制定的过程从单纯的自上而下转变为上下结合，使目标设定真正成为提高员工作绩效的内在动力。各级领导者对下属人员的领导，不是简单地依靠行政命令，而是运用激励理论，引导职工自己制定工作目标，自主进行自我控制，自觉采取措施实现目标，自动进行自我评价，从而激发员工的生产潜能，提高员工的工作效率，促进企业总体目标的实现。同时由于目标管理提供了一套具体的、可衡量的考核标准，使得责任更明确，控制更有效。

尽管目标管理方法有很多优点，但也有其不足之处。比如，目标难确定，过多强调短期目标，目标修正缺乏灵活性等。

知识链接

“目标管理”概念由来

“目标管理”的概念是管理学家彼得·德鲁克于1954年在其名著《管理实践》中最先提出的，其后他又提出“目标管理和自我控制”的主张。德鲁克认为，并不是有了工作才有目标，而是相反，有了目标才能确定每个人的工作。所以“企业的使命和任务，必须转化为目标”，如果一个领域没有目标，这个领域的工作必然被忽视。因此管理者应该通过目标对下级进行管理，当组织最高层管理者确定了组织目标后，必须对其进行有效分解，转变成各个部门以及各个人的分目标，管理者根据分目标的完成情况对下级进行考核、评价、奖惩。

目标管理提出以后，在美国迅速流传。时值第二次世界大战后西方经济由恢复转向迅速发展的时期，企业急需采用新的方法调动员工积极性以提高竞争能力，目标管理的出现可谓应运而生，后被广泛应用，并很快为日本、西欧国家的企业所仿效，在世界管理界大行其道。

某公司的目标管理

某公司从2012年7月开始实行目标管理，当时属于试行阶段，后来由于人力资源部人员的不断变动，这种试行也就成了不成文的规定执行至今，到现在运行了2年的时间。应该说执行的过程并不是很顺利，每个月目标管理卡的填写或制作似乎成了各个部门经理的任务或者说是累赘，总感觉占了或者说是浪费了他们许多的时间。所以每个月都必须由办公室督促大家填写目标管理卡。除此之外还存在一些其他问题，例如，财务部门每个月的常规项目占所有工作的90%，目标管理卡的内容重复性特别大；另外一些行政部门的临时性工作特别多，每个月之前很难确定他们的目标管理卡……

该公司的目标管理按如下几个步骤执行。

1. 目标的制定

(1) 总目标的确定。在上一年末的职工大会上公司总经理做总结报告，向全体职工讲明下一年的大体工作目标；在年初的部门经理会议上，总经理、副总经理和各部门经理讨论协商确定该年度的目标。

(2) 部门目标的制定。每个部门在前一个月的25日之前确定下一个月的工作目标，并以目标管理卡的形式报告给总经理，总经理办公室留存一份，本部门留存一份。目标分别为各个工作的权重以及完成的质量与效率。最后由总经理审批，经批阅后方可作为部门工作的目标。

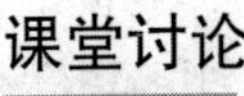

(3) 目标的分解。各个部门的目标确定以后，由部门经理根据部门内部的具体岗位职责以及内部分工协作情况进行分配。

2. 目标的实施

目标的实施过程主要采取监督、督促以及协调的方式，每个月月中由总经理办公室主任与人力资源部绩效主管共同或是分别到各个部门了解目标进行的情况。直接与各部门的负责人沟通，在这个过程中了解哪些项目进行到什么地步，哪些项目没有按规定的时间、质量完成，为什么没有完成，并督促其完成项目。

3. 目标结果的评定与运用

(1) 目标管理卡首先由各部门负责人自评，自评过程受人力资源部与办公室的监督，最后报总经理审批，总经理根据每个月各部门的工作情况，对目标管理卡及自评进行相应的调整。

(2) 目标管理卡最后以考评得分的形式作为部门负责人的月考评分数，部门员工的月考评分数的一部分来源于部门目标管理卡。这些考评分数作为月工资发放的主要依据之一。但是最近，大多数部门负责人反映不愿意每个月都填写目标管理卡，认为这没有必要。不过，在执行过程中，部门员工还是能够了解到本月自己应该完成的项目，而且能认识到每一个项目应该达到什么样的程度。当然，在最近的一次与部门员工的座谈中也了解到有的员工对本部门的目标管理卡不是很明确，其中的原因主要是部门的办公环境不允许把目标管理卡张贴出来（个别部门），如果领导每个月不向部门员工解释明白，员工根本就不知道自己的工作目标是什么，只是每个月领导叫干什么就干什么，显得很被动……

也就是说，部门领导如今不愿意做目标管理这一块，而且有一定数量的员工也不明白目标管理卡分解到他们那里的应该是什么。

问题：

1. 该公司的目标管理总体上存在哪些问题？

2. 如何解决这些问题？

本章小结

计划是组织依据其外部环境和内部条件的现实要求，确定未来一定时期的目标，并通过计划的编制、执行和监督来协调各类资源以实现预期目标的过程。计划的特点主要体现在目的性、首位性、普遍性、效率性和创新性五个方面。计划是管理者指挥的依据和进行控制的标准，是降低风险、掌握主动的手段，是减少浪费、提高效益的方法。计划的制定程序包括机会分析、确定目标、确定制定计划的前提条件、拟定可供选择的方案、评估可供选择的方案、选择计划方案、制定辅助计划、编制预算并实施。一项完整的计划，主要内容应该包括5W1H。常见的计划制定方法有滚动计划法、甘特图法和网络计划法。目标管理是以目标作为管理手段的一种管理方式，其实施过程可简单地归纳为目标的设置、实现目标过程的管理、总结和评估。

管理小故事

隐居修行者

有一位禁欲苦行的修行者，准备离开他所住的村庄，到无人居住的山中去隐居修行。他只带了一块布当衣服，就一个人到山中居住了。后来他想到当他要洗衣服的时候，他需要另外一块布来替换，于是他就下山到村庄中，向村民们乞讨一块布当衣服。村民们都知道他是虔诚的修道者，于是毫不考虑地给了他一块布，当作换洗用的衣服。当这位修道者回到山中之后，他发现在他居住的茅屋里面有一只老鼠，常常会在他专心打坐的时候来咬他那件准备换洗的衣服。他早就发誓一生遵守不杀生的戒律，因此他不愿意伤害那只老鼠，他向村民要了一只猫来饲养。得到了猫之后，他又想到："猫吃什么呢？我并不想让猫去吃老鼠，但总不能让它跟我一样只吃一些野菜吧！"于是他又向村民要了一头奶牛，这样那只猫就可以靠奶牛生活了。但是，在山中居住了一段时间以后，他发觉每天都要花很多的时间来照顾那头奶牛，于是他又到村庄中，找了一个可怜的流浪汉，带这无家可归的流浪汉到山中居住，帮他照顾奶牛。流浪汉在山中居住了一段时间后，他跟修道者抱怨："我跟你不一样，我需要一个太太，我要正常的家庭生活。"修道者想一想也有道理，他不能强迫别人一定要跟他一样，过着禁欲苦行的生活。这个故事就这样演变下去。半年以后，整个村庄都搬到山上去了。

启示：做任何事都要明确目标，并基于目标看待眼前的问题。现实工作中，千万不能为了解决一个问题，去创造一个更大的问题，最终南辕北辙！为此，决策者必须时刻谨记目标，并学会通过二次决策，来保证一次决策的质量。

技能训练

目的：理解计划的分类，领会计划制定的方法，并与目标管理知识相联系，整理出下列计划要实现的目标。

内容与要求：将班级内的学生按8～10人一组分组，各小组成员集体完成实训计划。

1. 通过各种渠道与企业联系，获得一份企业近期计划。

2. 了解该计划制定的相关背景，分析制定计划的方法，计划所属的类别以及制定此计划所要实现的目标。

3. 了解计划实施情况，分析讨论此计划的优缺点。

成果与检测：

1. 每个小组交一份讨论记录和一份计划方案，分析的内容如实训要求。

2. 班级组织一次交流会，各小组就调研体会进行交流，教师对各小组的综合表现给予评估打分。

同步测试

一、单项选择题

1. 狭义的计划工作是指（　　）。

A. 制定计划　　B. 执行计划
C. 检查计划执行情况　　D. 预测

2. 某营销计划中规定，2013年的销售额要比上年增加5%～10%，则该计划属于（　　）。

A. 战略性计划　　B. 具体性计划　　C. 指导性计划　　D. 长期计划

3. 以下对计划工作描述不正确的是（　　）。

A. 计划工作是为实现组织目标服务的
B. 计划工作具有普遍性和效率性
C. 计划工作是管理活动的基础
D. 由于环境的不确定性，所以计划再周详也是多余的

4. 虽然计划的特点和范围随管理层次不同而有所不同，但它是所有管理者的一个共同职能，这说的是计划的（　　）特点。

A. 首位性　　B. 普遍性　　C. 效率性　　D. 创新性

5. “计划工作是针对需要解决的新问题和可能发生的新变化、新机会做出决定”说的

是计划的（　　）特点。

A. 首位性　　B. 普遍性　　C. 效率性　　D. 创新性

6. 计划工作的第一步应该是（　　）。

A. 确定目标　　B. 机会分析

C. 寻求方案　　D. 确定重点问题

7. 在计划的 8 个层次体系中，处于最高层位置的是（　　）。

A. 目标　　B. 目的或使命　　C. 预算　　D. 战略

8. 下列各种说法中，错误的是（　　）。

A. 计划工作普遍存在　　B. 计划工作居首要地位

C. 计划是一种无意识形态　　D. 计划工作要讲究效率

9. 以下被称为数字化的计划的是（　　）。

A. 政策　　B. 目标　　C. 策划　　D. 预算

10. 战略性计划一般由（　　）负责制定。

A. 操作者　　B. 高层管理人员

C. 中层管理人员　　D. 基层管理人员

二、多项选择题

1. 以下对计划的认识，正确的有（　　）。

A. 计划不等于策划未来

B. 计划的灵活性不在于计划本身，而在于制定计划的人

C. 不管环境如何变化，计划都是必要的

D. 计划会浪费管理者一定的时间

2. 一般，高层管理计划还属于（　　）。

A. 战略计划　　B. 长期计划　　C. 战术计划　　D. 指导性计划

3. 以下说法正确的有（　　）。

A. 滚动计划法的原则是“近细远粗”

B. 滚动计划法主要用于长期计划的制定

C. 网络计划法主要用于短期计划的制定

D. 网络计划法特别适用于大型工程项目的生产进度安排

4. 在实行目标管理的过程中，目标的性质主要体现在它具有（　　）。

A. 方向性和激励性　　B. 层次性和网络性

C. 多样性和可考核性　　D. 细分性和时间性

5. 以下对目标管理的描述，正确的有（　　）。

A. 注重结果而不重视过程

B. 把目标作为管理的对象

C. 把目标作为管理的手段

D. 建立在“Y 理论”的人性假设基础之上

三、简答题

1. 解释计划内容的 5W1H。

2. 既然“计划不如变化”，那为什么还要制定计划？

3. 简述计划的制定程序。

4. 滚动计划法的基本思路是什么？

5. 简述目标管理的含义和实施过程。

四、案例分析题

10 分钟提高效率

美国某钢铁公司总裁舒瓦普向一位效率专家利请教：“如何更好地执行计划?”利声称可以给舒瓦普一样东西，在 10 分钟内能把他公司的业绩提高 50%。接着，利递给舒瓦普一张白纸，说：“请在这张纸上写下你明天要做的 6 件最重要的事。”舒瓦普用了约 5 分钟时间写完。利接着说：“现在用数字标明每件事情对于你和公司的重要性次序。”舒瓦普又花了约 5 分钟做完。利说：“好了，现在这张纸就是我要给你的。明天早上你要做的第一件事就是把纸条拿出来，做第 1 项最重要的。不看其他的，只做第 1 项，直到完成为止。然后用同样的办法对待第 2 项、第 3 项……直到下班为止。即使只做完一件事，那也不要紧，因为你总在做最重要的事。你可以试着每天这样做，直到你相信这个方法有价值时，请将你认为的价值给我寄支票。”一个月后，舒瓦普给利寄去一张 2.5 万美元的支票，并在他的员工中普及这种方法。5 年后，当年那个不为人知的小钢铁公司已成为世界上知名的钢铁公司。

问题：

1. 为什么总裁舒瓦普有计划却难以执行？效率专家利的方法的关键在哪里？

2. 效率专家利认为“即使只做完一件事，那也不要紧，因为你总在做最重要的事”。你认为制定计划仅仅只做最重要的事够吗？

3. 效率专家利执行计划的方法使这个不为人知的小钢铁公司成为世界上知名的钢铁公司。为什么计划能有这么大的作用？

第四章

预测与决策职能

1. 理解预测和决策的含义。
2. 了解预测与决策的分类。
3. 掌握预测和决策的方法。
4. 培养对管理问题进行科学决策的能力。

第一节

预测概述

引例——李嘉诚的预测

20世纪50年代，李嘉诚创办了长江塑胶厂生产塑料玩具。结果由于玩具市场饱和，工厂面临倒闭。一次偶然的机会，他在翻阅一份报纸时，发现了一则信息，说的是当地一家小塑料厂将制作的塑料花销往欧洲。李嘉诚眼前一亮，马上想到了自第二次世界大战以后，欧美生活水平虽有所提高，在经济上却还没有实力去种植草皮和鲜花。因此，在很长的一段时期里，塑料花必将被大量使用，成为他们用于各种场合的装饰必需品。有需求就有市场。李嘉诚认为，这是一个难得的机会，于是马上决定企业转产生产塑料花。正是依靠生产塑料花，几年后的李嘉诚成为了香港大富翁之一。

启示：李嘉诚善于预测，因而成就了自己辉煌的事业。在瞬息万变的市场大潮中，面对诸多的信息，你将怎样利用？一个优秀的企业家只有从纷繁杂乱的信息中预测出未来市场的走向，并马上将其转化为决策，才能最终取得事业的成功。

一、预测的含义和类型

（一）预测的含义

预测是以过去为基础推测未来，以昨天为依据估算今后。管理学中给它的定义是，运用科学方法对未来不确定因素进行分析，并预见发展趋势及可能发生的概率，为决策提供依据。预测主要可以帮助人们认识未来的不确定性，事先估计计划实施后可能产生的后果，由已知预测未知，作为决策的依据。

（二）预测的类型

预测从不同的角度进行划分，有不同的类型。一般而言，按时间长短可分为长期预测（5年以上），中期预测（1～5年），短期预测（3个月以上1年以下）和近期预测（3个月以下）。当然，预测时间跨度大小与预测结果的准确性有密切关系。按预测范围的不同可分为宏观预测和微观预测。宏观预测是对世界范围或整个国家发展变化趋势所做的预测，包括社会发展预测、科学技术预测、经济预测等；微观预测是对影响组织运行的直接环境发展变化趋势所做的预测，包括市场需求预测、市场占有率预测、价格预测等。按预测时是否考虑时间因素的影响，可以分为静态预测和动态预测。静态预测是对事物在同一时期内的因果关系分析，它不考虑时间因素；动态预测是由已知事件推测未来事件。

二、预测的方法及其选择

预测既是一门科学，也是一门艺术。说它是一门科学，是因为预测方法是建立在科学基础之上；说它是一门艺术，是因为预测方法的选择和运用包含了预测人员的经验、认知与判断能力，同时要求预测方法的选择要富有创新性。

（一）预测的方法

自 20 世纪至今，预测方法已经研究出 150 多种，现主要介绍以下几种。

1. 头脑风暴法

所谓头脑风暴，原意是指精神病患者的精神错乱状态，后引申为无限制的自由联想和讨论，其目的在于打破常规，创造性地思考问题和做出方案。一般而言，在预测中，由于群体成员心理相互作用的影响，很容易屈服于权威或大多数人意见，最后的结果往往是“随大流”。“头脑风暴”很好地保证预测的创造性，提高预测质量。采用头脑风暴法时，主要程序如下。

(1) 集中 5～15 名专家召开专题会议，主持者向所有参与者阐明会议主题，说明会议的规则，尽力营造融洽轻松的会议气氛。主持者一般不发表意见，以免影响会议的自由气氛。由专家们“自由”提出尽可能多的方案。

(2) 会议规则必须包含以下内容：

1) 自由畅谈。参加者不应该受任何条款限制，可随意从不同角度，不同层次，不同方位，大胆地展开想象，尽可能地与众不同，提出独创性的想法。

2) 延迟评判。必须坚持当场不对任何设想作出评价的原则，一切评价和判断都要延迟到会议结束以后才能进行。

3) 禁止批评。这是头脑风暴法应该遵循的一个重要原则。参加头脑风暴的每个人都不得对别人的设想提出批评意见。同时，发言人的自我批评也在禁止之列。

4) 追求数量。头脑风暴会议的目标是获得尽可能多的设想，追求数量是它的首要任务。

(3) 会后，将会议发言纪录进行整理，并向与会者了解大家会后的新想法和新思路，以补充会议记录。然后将大家的想法整理成若干方案，经过多次反复比较和优中择优，最后确定 1～3 个备选方案。这些方案往往是多种创意的优势组合，是大家集体智慧综合作用的结果。

2. 德尔菲法

德尔菲法又名专家意见法或专家函询调查法。操作时，主要是由调查者拟定调查表，按照既定程序，以函件的方式分别向专家组成员征询意见；而专家组成员又以匿名的函件方式提交意见。经过几轮反复征询和反馈，使专家小组的预测意见趋于集中，最后做出符合市场未来发展趋势的预测结论，如图 4—1 所示。

需要注意，专家之间互不见面，意见的提交以匿名方式进行，以隔绝群体间的相互影响，且需要多轮反馈。

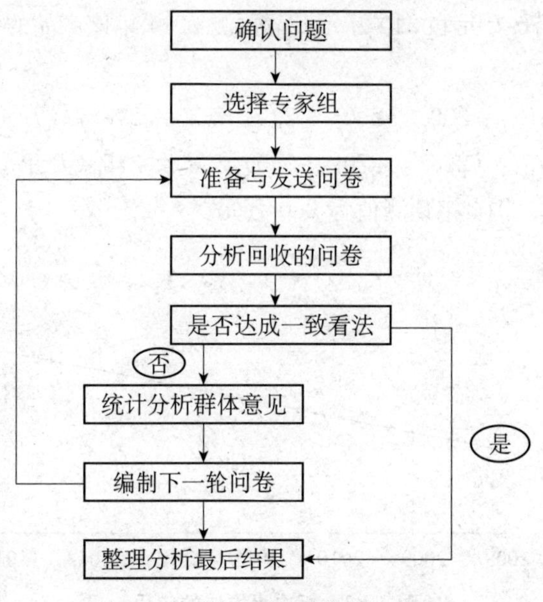

图 4—1　德尔菲法具体操作程序

3. 销售人员意见法

销售人员意见法是利用销售人员对未来的销售进行预测。有时是由每个销售人员单独做出预测，有时则与销售经理共同讨论做出预测。具体做法：各个销售人员先提出自己的预测期望值，再用求平均数的方法求总的预测值，如表 4—1 所示。

表 4—1　　销售人员意见法的应用

销售员		销售量（台）	成功概率	期望值（台）
甲：	最高销售量	800	0.3	240
	最可能销售量	700	0.5	350
	最低销售量	500	0.2	100
	期望数量			690
乙：	最高销售量	800	0.2	160
	最可能销售量	750	0.6	450
	最低销售量	600	0.2	120
	期望数值			730
丙：	最高销售量	700	0.2	140
	最可能销售量	500	0.5	250
	最低销售量	400	0.3	120
	期望数值			510

如果企业对三位销售人员意见的信赖程度是一样的，那么平均预测值为（690＋730＋510）÷3＝643（台）。

4. 折中平均法

折中平均法是把按时间排列的销售量数据一分为二，然后，取其前半部和后半部的算术平均值，在坐标图上标示出来。那么，该两点连线上与预测期对应的值就是预测值。

例如：已知某企业某种产品2008年至2013年的销售额分别为：200万元、250万元、230万元、225万元、270万元和240万元。请预测2014年该产品的销售额。

平均值的计算：

前三年的算术平均值：(200 + 250 + 230) ÷3 = 226.7（万元）

后三年的算术平均值：(225 + 270 + 240) ÷3 = 245（万元）

根据图4—2可知，2014年预测值为260万元。

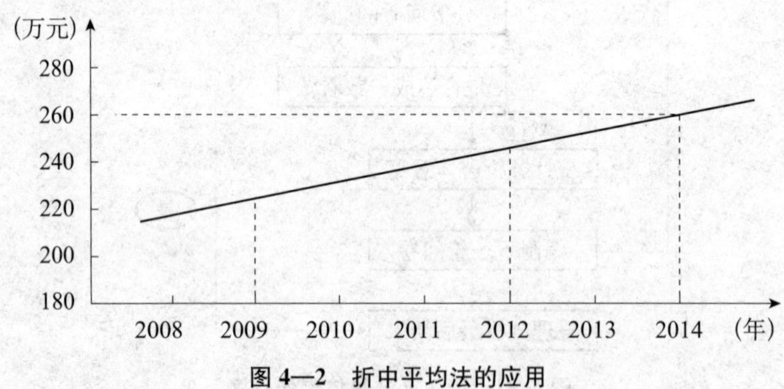

图4—2　折中平均法的应用

（二）预测方法的选择

预测方法决定着预测质量，任何一种预测方法都有其适用性。如何根据预测对象性质和内外部环境条件选择合适的预测方法，是个需要引起重视的问题。

一般来说，选择预测方法时应综合考虑下列六个因素。

1. 预测的期限

不同的预测方法适用于不同的期限。一般而言，头脑风暴法、德尔菲法多适用于长期预测；销售人员意见法多适于中、短期预测。

2. 数据的散布形式

根据所收集的观察数据的散布形式选择预测方法是很重要的。当存在明显的非线性增长（或下降）趋势时，就要考虑采用适当的非线性函数来进行拟合；当存在明显的季节性或周期性波动时，所选择的预测方法或模型应包含季节性和周期性变化因素。否则，将产生较大的预测误差。

3. 模型的适用范围

选择预测方法应使预测模型适合于预测目的和预测对象的性质。所以，要对各种模型的适用范围有清楚的了解，还要对模型统计所需的最低限度的数据样本有所了解。这样才能符合各种预测模型的应用条件。

4. 预测费用

就预测工作来说，涉及三种主要费用：调研和收集数据费用、建模和分析费用及计算费用。对预测精确度的过高要求会带来预测费用的大量增加。这些费用需要在选择方法时预先考虑到。

5. 精确度

一般来说，简单预测方法的精确度比较低，而复杂预测方法尽管可以达到很高的精确度，但对历史数据的数量和质量的要求也相应较高。因此，在确定预测精确度时，必须考虑到它对预测方法的选择和预测费用的影响。对精确度要求过高，不仅会带来预测费用的增加，而且也会给方法的选择造成一定困难。

6. 预测人员的素质

选择预测方法的另一个主要考虑的因素是预测人员的专业知识水平、能力和经验。

知识链接

头脑风暴法的典型应用

美国北部某地区冬季格外严寒，大雪纷飞，电线上积满冰雪，大跨度的电线常被积雪压断，严重影响了通信。

过去，许多人试图解决这一问题，但都未能如愿以偿。后来，电信公司经理应用头脑风暴法，尝试着解决这一难题。他召开了一次座谈会，参加会议的是不同专业的技术人员，同时他要求与会人员必须遵守以下四项原则。

1. 自由思考。即要求与会者尽可能解放思想，不受拘束地思考问题并畅所欲言，不必顾虑自己的想法或说法是否符合常规做法和逻辑。

2. 延迟评判。即要求与会者在会上不要对他人的设想品头论足，不要发表“这主意好极了”、“这种想法太离谱了”之类的贬抑或赞誉之词。至于对设想的评判，留给会后组织人员来考虑。

3. 以量求质。即鼓励与会者尽可能多地提出设想，以大量的设想来保证有价值的设想的产生。

4. 结合改善。即鼓励与会者积极进行智力互补，自己提出设想的同时，注意考虑如何把两个或更多的设想结合成一个更完美的设想。

按照这种会议规则，大家纷纷发表意见。有人建议设计一种专用的电线清雪机；有人想到用电热来化解冰雪；也有人建议用振荡技术来清除积雪；还有人提出能否带上几把大扫帚，乘坐直升机去扫电线上的积雪。对于这种“坐飞机扫雪”的设想，大家心里尽管觉得滑稽可笑，但在会上无人提出异议。

有一位工程师在百思不得其解时，听到用飞机扫雪的想法后，突发奇想，一种简单可行且高效率的清雪方法就此产生了。他想，每当大雪过后，出动直升机沿积雪严重的电线飞行，依靠高速旋转的螺旋桨产生的风力即可将电线上的积雪迅速吹落。于是他马上提出“用直升机扇雪”的新设想，这个设想又引起其他与会者的联想，有关用飞机除雪的主意一下子又多了七八条。不到一小时，与会的10名技术人员共提出90多条新设想。

会后，公司组织专家对设想进行分类论证。专家们认为设计专用清雪机、采用电热或电磁振荡等方法清除电线上的积雪，在技术上虽然可行，但研制费用大，周期长，一时难见成效。那种由“坐飞机扫雪”激发出来的几种设想，倒是一种大胆的新方案，如果可行，将是一种既经济又高效的好办法。经过现场试验，公司发现用直升机扇雪果然奏效，一个悬而未决的难题，终于巧妙地得到了解决。而这家电信公司经理提出参加会议的四项原则就是头脑风暴法的主要思想。

课堂讨论

在实际工作中，我们在使用头脑风暴法时需要注意哪些关键点？

第二节

决策概述

引例

——巴菲特和女性投资者有什么共同之处

卢安有一篇文章的标题是这样的："沃伦·巴菲特的投资像一个女孩"。那是一件好事吗？巴菲特是著名的投资者，众所周知的金融主宰伯克希尔·哈撒韦公司的创始人。他的投资决策是非常成功的，1956年他投资的1 000美元，到2006年年底价值2 760万美元。但他是否真的像一个女孩一样投资？

事实证明，巴菲特和女性投资者有共同之处，根据一个报道："女性投资者通常比男性投资者交易得更少，她们会做更多的研究，除了数字她们往往还会考虑其他方面来作为投资决策的基础。"而卢安说："男性投资者往往是疲惫不堪的、狂热的交易员，他们皮带歪斜，头发竖直并且睡眼惺忪。耐心和良好的决策方式使女性投资者并不会这样。"因此，根据卢安引用的一项研究，女性投资者的投资组合平均收益要比男性高出1.4%，而单身女性投资者的投资组合收益比单身男性的投资组合收益高出2.3%。至于传说中的巴菲特，他的方法是使用基本的算术分析年度报表和内部现成的财务文件，并寻找一种"从权益资本、低债务以及拥有一贯的、可预测的拥有可持续优势的业务上获取高回报，像可口可乐的软饮料特许权一样。"换言之，他尽力在做出决策之前做出正确的诊断。

思考：当你准备做决策，尤其是财务决策时，你会花很多时间设法做出正确的诊断，进行深入的研究（如女性投资者那样做），还是会追逐"热门"提示，并做出快速判断呢（像男性投资者那样做）？

（资料来源：安杰洛·基尼齐：《认识管理》，北京，世界图书出版公司，2013。）

一、决策的含义和特征

历数各类组织的管理活动，无论是公共事业管理还是企业管理，都包含计划、组织、控制、协调等主要职能，而各项职能最终执行都是由决策活动支配、导向的，每一项职能的成功实施都取决于正确的决策。正如决策理论学派先驱西蒙所言："决策贯穿管理的全过程"。事实上，任何人不论在何种组织或何种领域当中，都在制定决策，或者要在两个或者更多的方案中做出选择。例如，企业里的高层管理者在制定整个企业目标的决策，包括进入哪个新行业、新市场；中层管理人员在制定本部门的生产、管理决策；在学校里，教师在决策自己的未来职业发展方向，学生在思考毕业后是先就业还是先创业。

可以说，决策是做任何事情的第一步，即先要决定做什么，然后才是怎么做的问题。决策也是大多数企业或个人最费神，同时也是最具风险性的核心管理工作。实际上，近年来管理学上诸多经典案例，如 20 世纪 70 年代克莱斯勒汽车公司起死回生、90 年代巨人集团的死亡，如果仔细追究，源头大多是决策的问题。只要决策做正确了，大的方向定好了，其他的就变成细枝末节了。决策的实质是选择最有利的、最优秀的行动方案，但对于未来，任何人都不可能找到现成的答案。

那么究竟什么是决策？虽然决策很多时候被人认为就是从两个以上的备选方案中选择一个，比如，人们常说的"拍板"、"拿主意"等等。也有人认为，在不确定条件下，靠决策者个人态度和决心来进行的方案选择，才是决策。其实，这些都仅仅是决策全过程中的一个环节。没有"拿主意"的前期准备工作，如熟悉各个环节，了解整体部署，就"拍板"必将成为一个盲目而武断的行为。作为管理学的一个特定术语，决策的定义要宽泛得多。

"所谓决策，是指组织或个人为了实现某种目标而对未来一定时期内有关活动的方向、内容及方式选择或调整的过程。"（周三多等，1999）

"决策是指公司或政府在其制定政策或选择实施现行政策的有效方法时所进行的一整套活动，其中包括收集必要的事实以对某一建议做出判断，以及分析可以达到预定目标的各种可选择的方法等活动。"（《美国现代经济词典》）

"总的说来，决策就是对组织未来实践的方向、目标、原则和方法做决定的过程，它包括认识现状、识别问题、分析问题、拟订方案、选择方案、使方案生效等一系列环节。"（张康之，2005）

在本书中，我们采用张康之先生的定义。这一定义既可以从"过程"的意义来理解，也可以从"抉择"的意义来理解，较为合理、完善。为了完整地理解这一概念，我们还需要把握决策的几点特征。

（一）目的性

决策是为实现一定的目标服务的，在决策前，首先要回答"为什么要做这个决定"的问题。而在任何组织当中，都应当遵循高层次决策目的决定低层次决策目的这一原则，具体环节的决策目的应与组织的总体目的相一致。

（二）选择性

信息是决策的基础，没有全面、准确、适用、及时的信息，往往会导致决策失误，给组织带来不可挽回的损失。但同时也应当注意，信息并非越多越好，和决策对象无关、过时的信息，收集得越多只会增加决策的难度与偏差。对收集来的信息，往往需要经过筛选、整理才能作为决策者参考的对象。

（三）择优性

这里需要注意的是，决策通常根据满意性原则，而不是最优性原则。最优性原则一般要求决策者的完全理性，但真正意义上的完全理性是较难的。现实决策中，最优方案的实现，往往也需要极为严格的条件。因而最优的方案不一定导致最优的结果。所以我们应该在现实可行的条件下，选择一个相对优化的方案。就如西蒙所言：决策遵循的是满意原则，而不是最优原则。

（四）过程性

决策是一个复杂的过程。斯蒂芬·P·罗宾斯提到，整个决策开始于识别决策问题和确定决策标准，以及为每个决策标准分配权重；然后进入到分析、选择备选方案；接下来是实施备选方案，以及最终评估、调整决策结果。所以，决策并不是指做出选择的那一瞬间，而是一个包含了许多步骤的工作过程。

二、决策的类型

（一）根据对组织的影响程度，决策分为战略决策和战术决策

战略和战术问题产生于军事斗争，其区别要从两个方面理解，一是整体与局部；二是目标与方法。这两种类型的决策主要区别在于：从调整对象看，战略决策调整组织活动的方向和内容，解决“干什么”的问题，是根本性决策；战术决策调整在既定方向和内容下的活动方式，解决“如何干”的问题，是执行性决策。从涉及的时间范围来看，战略决策面对未来较长一段时期内的活动，而战术决策则是具体部门在未来较短时期内的行动方案。总的说来，战略决策是战术决策的依据，它的达成，要依靠一系列成功的战术决策组合，战术决策是在其指导下制定的，是为战略决策服务的，是战略决策的落实，是实现战略决策的手段和环节。

（二）根据决策问题的重复程度，决策分为程序化决策和非程序化决策

一般而言，组织里的问题可以分为两类：一是例行；二是例外。这里的程序化决策主要是解决例行问题，而非程序化决策则解决例外问题。特别是随着管理者地位的提高，面临的不确定性增大，决策的难度加大，所面临的非程序化决策的数量和重要性也都在逐步提高，进行非程序化决策的能力变得越来越重要。另外，非程序化决策不能是随意的、莽撞的、为所欲为的决策，要进行科学的决策分析，这也是保证决策质量的关键。

（三）根据决策问题的可控程度，决策分为确定型决策、风险型决策和不确定型决策

确定型决策是指决策者在确切了解决策对象的情况下做出的决策。例如，某企业可向

三家银行借贷，但利率不同，分别为 8%、7.5%和 8.5%。企业需决定向哪家银行借款。很明显，向利率最低的银行借款为最佳方案。这就是确定型决策。

风险型决策是指是指决策者对决策对象的自然状态和客观条件比较清楚，也有比较明确的决策目标，但是实现决策目标必须冒一定风险，有一定的成败概率。其主要方法有以期望值为标准的决策方法和以最大可能性为标准的决策方法等。

不确定型决策所处的条件和状态都与风险型决策相似，不同的只是各种方案在未来将出现哪一种结果的概率不能预测，因而结果不确定。其主要方法有保险法、乐观法、最大最小值法等。

（四）根据参与决策的人数，决策分为个人决策和群体决策

个人决策是指决策机构的主要领导成员通过个人决定的方式，按照个人的判断力、知识、经验和意志所做出的决策。个人决策一般用于日常工作中程序化的决策和管理者职责范围内事务的决策，它具有合理性和局限性。

群体成员制定决策的整个过程就称为群体决策。对于复杂的决策问题，不仅涉及多目标、不确定性、时间动态性、竞争性，而且个人的能力已远远达不到要求，为此需要发挥集体的智慧，由群体成员参与决策分析。

三、决策相关理论

（一）古典决策理论

古典决策理论是基于“经济人”假设提出来的，盛行于 20 世纪 50 年代以前。古典决策理论认为，应该从经济的角度来看待决策问题，即决策的目的在于为组织获取最大的经济利益。它有一个基本假设，即作为决策者的管理者是完全理性的。这一观点认为，决策者在充分了解有关信息情报的情况下，是完全可以做出实现组织目标最佳决策的。古典模型的价值在于它促使管理者在制定决策时具有理性。例如，过去许多高级管理人员仅仅依靠个人的知觉和偏好来制定决策。但古典决策理论忽视了非经济因素在决策中的作用，这种理论在指导实际的决策活动中具有一定的局限性，从而逐渐被更为全面的行为决策理论所代替。

（二）行为决策理论

行为决策理论认为，人的理性介于完全理性和非理性之间，即人是有限理性的，这是因为在高度不确定和极其复杂的现实决策环境中，人的知识、想象力和计算力是有限的。由于受决策时间和可利用资源的限制，决策者即使充分了解和掌握了有关决策环境的信息情报，也只能做到尽量了解各种备选方案的情况，而不可能做到全部了解，决策者的选择理性是相对的。作为行为决策理论的代表西蒙，制定了有限理性模型（或称西蒙满意模型），这是一个比较符合现实的模型。其主要观点有：

（1）决策者追求理性，但又不是最大限度地追求理性，决策者只要求“有限理性”。

（2）决策者在决策中追求“满意”标准，而非“最优”标准。在现代社会的复杂环境

中，“满意”标准具有明显的可执行性、可实现性，决策的最优化或最大化标准只是一种假设，很难实现。

(三) 当代决策理论

在上述两种理论的基础上，产生了当代决策理论。其中，渐进决策论的代表人物美国政治经济学家查尔斯·林德布洛姆认为：决策的时间、费用是有限的，而且决策者不可能拥有人类的全部智慧和有关决策的全部信息，故只能采用应付局面的方法，在“有偏袒的相互调整”中做出决策，即决策程序要简化，决策要实用、可行并符合利益集团的要求，才有利于解决现实问题。另外，还有组织决策论，其代表人物美国组织学家詹姆斯·马奇认为，通过组织分工，每个决策者可以明确自己的工作，了解较多的行动方案和行动结果。组织提供给个人一定的引导，使决策有明确的方向。组织运用权力和沟通的方法，使决策者便于选择有利的行动方案，进而增加决策的理性，而衡量决策者理性的根据是组织目标而不是个人目标。

四、决策的基本程序

决策是一个完整的过程，需要按照一定的程序和步骤进行，如图 4—3 所示。

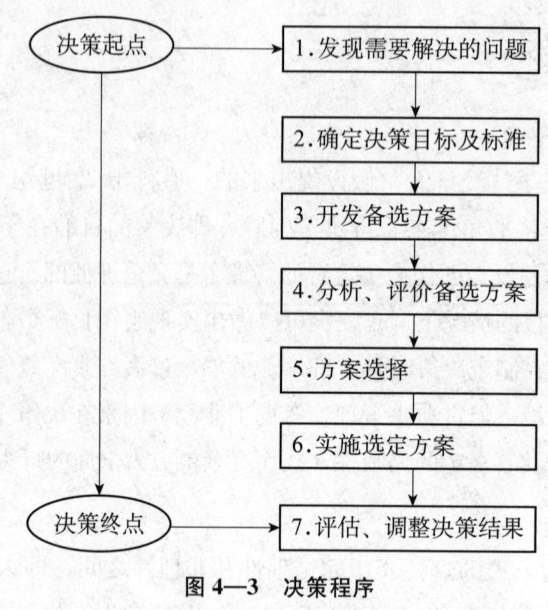

图 4—3 决策程序

(一) 发现需要解决的问题

一个问题的出现是决策过程的起点。及时发现问题，正视问题的存在，了解“期望”和“实际”的差距，追溯问题的形成原因和根源，是组织分析和进行相应决策的目的所在，是以后各步骤的基础。这就要求组织各层级管理者应具备发现问题的能力。有些问题很简单，比如机械故障需要排除。有些问题不容易发现，比如组织整体执行力低下等。

（二）确定决策目标及标准

一旦管理者发现了问题，必然需要“想办法”解决。在“想办法”的过程中，哪些因素和问题相关联，决策中哪些指标或标准是需要考虑的，就是重中之重了。仍以执行力低下为例，管理者就需要评估哪些是与其相关联的因素，如组织的机构设置、领导者的工作作风、工作人员的整体素质、组织的文化、组织的激励机制、人员的可持续发展等。若以上各项都会影响组织执行力，那还需要考虑各项在总体标准中所占权重，如表4—2所示。

表4—2　决策标准及其所占权重

决策标准	所占权重
组织的机构设置	20%
领导者的工作作风	10%
工作人员的整体素质	20%
组织的文化	10%
组织的激励机制	25%
人员的可持续发展	15%

（三）开发备选方案

在开发备选方案阶段，要求决策者尽可能列出可供选择的方案。由于一个问题往往可以通过各种不同的方法予以解决，所以，应当尽可能多地罗列方案。需要注意的是，这一阶段不需要对所列方案进行评估，只需列出即可。当然，方案数量越多，质量越高，选择的余地也就越大，决策的有效性就越高。

（四）分析、评价备选方案

分析、评价备选方案时，应该考虑各项方案可能涉及的有利或不利的因素，即评价方案优劣所带来的后果。制定出相关标准之后，接着进行评估。目前，随着计算机技术的发展及现代化评价方法的出现，这一过程相对简单。但始终离不开建立数学模型，利用定性或定量的分析方法，评估方案价值。当然还需权衡、比较各方案的利弊，按拟定的标准排序，提出取舍意见。

（五）方案选择

方案选择是整个决策程序中最为关键的环节。此时，决策者应将所有可能了解的信息都纳入考虑范围。当然，对某些较为复杂的问题，决策信息只能尽量周全，而不可能完全掌握。同时，还应避免决策者陷入主观偏见的陷阱，这是比信息不完全更严重的问题。这就需要决策者克服思维的某些缺陷或认知的偏差，尽量客观地完成方案选择。

另外，有一些决策者运用直觉来进行决策。这就意味着，此时决策者进行的是潜意识的决策，是基于决策者的经验或经历的积累所进行的决策。很多人对此嗤之以鼻。实际上，这一方法并不是完全脱离了理性的。例如，一个对某项特定问题的解决有丰富经验的管理者，当再次遭遇类似问题时，通常会迅速作出反应，虽然看起来他所掌握的信息非常有限，但往往事实证明他的决策是有效的。这就是典型的运用自己的经验、直觉来进行决策的事例。

（六）实施选定方案

实施选定方案时，往往是由决策者向基层执行人员宣布方案，并要求予以落实。人们发现，参与过决策制定的执行人员，或为方案提供过相应信息的，或熟悉相关方案的，选定的方案执行起来更为迅速、有利。相反，没有上述经历的执行者，会有执行不到位的情况。所以，为了保障方案的实施，通常需要注意做好下列工作。

（1）与方案有关的各项指令能被执行人员接受并充分了解。

（2）对选定方案制定更详细的具体措施，将各项措施层层分解，落实到组织每一层级或个人。

（3）上级组织及时了解方案进展，对不符合进度或实际情况的指标予以调整。

（七）评估、调整决策结果

方案时间较短的，很快就能看到结果。但方案时间较长的，例如半年方案或 5 年计划，在这期间，影响决策的各项因素可能会发生变化或实施方案的内外部条件已经消失，那就需要对方案随时进行调整。这是一项相对繁杂的工作。但我们应该意识到，如果这一步骤没有认真进行，前期所有努力和心血可能都会付诸东流。

所以，我们应该认真分析、评估，看看问题是否已经得到解决，方案实施的效果是否达到预期。如果评估结果表明，问题仍然存在甚至情况恶化，那就要分析问题出在哪个环节，是否需要回到之前的方案选择环节，甚至于重新定义问题，开始另一轮决策过程。

五、决策的方法

为了保证决策的正确性和有效性，除开决策者本身的素质和经验以外，还可以运用一些已被证明行之有效的方法。这些方法既可以是定性的，也可以是定量的；既可以是集体的智慧，也可以依靠计算机强大的运算能力得出概率。当然不同情况下运用的方法也是不同的。对于一些全局性的问题，往往需要集体决策。而对于约束条件明确，各方案结果唯一的确定性问题，则可以采用数学模型，得到相对满意的方案。

（一）电子会议法

电子会议法将群体预测与计算机技术相结合。只要会议所需硬件一旦具备，就可以运用。在使用这种方法时，先将 50 人左右的群体成员集中起来，每人面前有一个与中心计算机相连接的终端。成员将自己有关解决问题的方案输入终端，然后再将它匿名投影在会场大屏幕上，甚至对每个方案的评论都可以通过网络共享。它消除了闲聊和偏题，且不用担心会打断别人的发言。专家们一致认为，这种方法比传统的面对面的会议更有效率。例如，道奇采矿公司运用这种方法，使它们的年度计划会议从几天缩短到 12 小时。

但这种方法也有一定的局限性。如必须具备相应的计算机硬件条件；对于善于口头表达，而运用计算机技术却相对较差的专家来说，会影响他们的决策思维；想出最好建议的人也得不到相应的奖励；这种方式得到的信息不如面对面的沟通所能得到的信息丰富。

（二）期望值法

期望值法是采用比较各方案期望值来确定最优决策方案的方法。在这种方法中，对一个方案可能出现的各种结果，分别估算得失数和可能的概率，各种结果的得失数与概率的乘积的求和即为期望值。同理计算出每个方案的期望值，再进行选择。通常，期望值大的为最优方案。一般情况下，期望值的计算可以是收益期望值、损失期望值、机会期望值等。如某一企业产品销售情况如表 4—3 所示。

表 4—3　　某一企业产品销售情况　　单位：万元

概　率 / 行动方案	产品销路			期望值
	畅销	一般	滞销	
	0.3	0.5	0.2	
方案 1（小批生产）	50	40	30	41
方案 2（中批生产）	80	60	10	56
方案 3（大批生产）	120	80	—20	72

其计算过程如下：

方案 1 的期望值＝50×0.3＋40×0.5＋30×0.2＝41

方案 2 的期望值＝80×0.3＋60×0.5＋10×0.2＝56

方案 3 的期望值＝120×0.3＋80×0.5＋（—20）×0.2＝72

经过比较，方案 3 的期望值最大，即为最优方案。

（三）不确定型决策方法

不确定型决策是指未来事件的自然状态是否发生不能肯定，并且未来事件发生的概率也处于未知情况下的决策。一般需要依靠决策者的经验、分析判断能力来进行决策。使用不确定型决策方法的原则如下。

（1）悲观准则（小中取大准则）。悲观管理者常采用这种原则，他们认为未来会出现最差的自然状态，不论采取哪种方案都只能获取该方案的最小收益。实际操作中，往往通过比较各方案所产生的最小收益，而选取其中最大的一个。这是一种留有余地的方法，尽管比较悲观，但却稳妥可靠。

（2）乐观准则（大中取大准则）。持乐观态度的管理者常采用这种原则，他们认为未来会出现最好的自然状态，不论采取哪种方案都能获取该方案的最大收益。实际操作中，比较各方案所产生的最大收益，而选取其中最大的一个。

（3）最小最大后悔值法。管理者选择某一方案后，如果未来发生的自然状态表明其他方案收益更大，那他会为此而后悔。最小最大后悔值法就是使后悔值最小的方法。应用这种方法时，先计算同一自然状态下各方案比较的后悔值。计算公式为：后悔值＝该自然状态下最优方案的损益值—该自然状态下其他方案的损益值。然后，从所有后悔值中选取各方案最大的后悔值，再从这些最大后悔值中取出最小者作为最佳方案。

例如，某公司计划生产一种新产品，该产品在市场上的需求量有四种可能：需求量较高、需求量一般、需求量较低、需求量很低。对每种情况出现的概率均无法预测。现有三种方案：A 方案是自己动手，改造原来设备；B 方案是全部更新，购进新设备；C 方案是购进关键设备，其余自己制造。该产品计划生产 5 年。根据测算，各个方案在各种自然状态下 5 年内的预期损益如表 4—4 所示，请分别用悲观准则、乐观准则、最小最大后悔值法选择决策方案。

表 4—4　　各方案在不同自然状态下的预期损益值　　单位：万元

损益值 / 方案	需求量较高	需求量一般	需求量较低	需求量很低
A 方案	70	50	30	20
B 方案	100	80	20	−20
C 方案	85	60	25	5

采用悲观准则，则可将各方案在不同自然状态下的最小收益值计算出来，再比较三个方案的最小收益值，取最大收益值方案为决策方案，如表 4—5 所示。

表 4—5　　各方案的最小收益值计算表　　单位：万元

损益值 / 方案	需求量较高	需求量一般	需求量较低	需求量很低	最小收益值
A 方案	70	50	30	20	20
B 方案	100	80	20	−20	−20
C 方案	85	60	25	5	5

根据表 4—5 所示的最小收益值，A 方案即自己动手改造原有设备的收益值最大是 20 万元，应为悲观原则的决策方案。

采用乐观原则，可将各方案在不同自然状态下的最大收益值计算出来，再比较三个方案的最大收益值，取最大的收益值方案为决策方案，如表 4—6 所示。

表 4—6　　各方案的最大收益值计算表　　单位：万元

损益值 / 方案	需求量较高	需求量一般	需求量较低	需求量很低	最大收益值
A 方案	70	50	30	20	70
B 方案	100	80	20	−20	100
C 方案	85	60	25	5	85

根据表 4—6 所示的最大收益值，B 方案即全部更新设备的收益值最大是 100 万元，应为乐观原则的决策方案。

采用最小最大后悔值法。先将各方案在同一状态下的后悔值计算出来，再选出各方案在不同自然状态下的最大后悔值，在最大后悔值中进行比较，取后悔值最小的方案为决策方案，如表 4—7 所示。

表 4—7　　各方案的最大后悔值计算表　　单位：万元

方案＼损益值	需求量较高	需求量一般	需求量较低	需求量很低	最大后悔值
A 方案	100－70＝30	80－50＝30	30－30＝0	20－20＝0	30
B 方案	100－100＝0	80－80＝0	30－20＝10	20－（－20）＝40	40
C 方案	100－85＝15	80－60＝20	30－25＝5	20－5＝15	20

根据表 4—7 所示的最大后悔值，C 方案即购进关键设备，其余自己制造方案的后悔值最小是 20 万元。所以，选择 C 方案为最小最大后悔值法的决策方案。

六、预测与决策的关系

预测与决策是管理的两个重要组成部分，两者的关系非常密切。管理的关键在于决策，而决策的前提是预测。具体说来，预测对决策的作用主要表现在以下几个方面。

（1）预测为决策服务，为决策提供基础材料和多种可供选择的方案。预测作为一种方法，可以为人们勾勒出未来事物发展的轮廓，使决策者能比较理智地对待未来，防止和减少决策失误和盲目。科学预测是科学决策的前提和保证。

（2）预测贯穿于决策的全过程，为制定决策提供根据。在决策的全过程中，如识别决策问题和确定决策标准，以及为每个决策标准分配权重，或者分析、选择备选方案，其中的每一个步骤都离不开预测。

（3）预测使决策者树立信心和决心。从心理学角度来看，人们总是被未知的事情所吸引，希望了解未来会发生什么，并对自己的现在做出指引。通过准确的预测，可以帮助管理者做出科学的决策，充分调动人的情绪，使其保持一个较佳的状态，从而更容易达到目标；反之亦然。

总之，预测是使决策符合事物未来发展的规律，达到预期目的，是避免决策失误的必不可少的基础和前提。在环境日益复杂多变的情况下，如何科学地预测，进而合理地做出决策已成为当今管理人员必须具备的能力。

知识链接

你的决策风格是什么

下面，我们做一个假设：

你准备要买一台笔记本电脑，你会如何选择？我更关注的不是你买哪一台电脑，而是你的决策口味、决策风格是什么？现在，有三个人，张飞、诸葛亮、刘备，他们的决策口味完全不一样。

A. 张飞（直觉型）

这是闪电型风格。“要买便买苹果 MacBook Pro，想其他作甚。”直接拍钱买货，不做过多思考。这样决策的人思维都很直接简单。决策过程十分干脆。他们决策的特点是，第一时间的选择就是我的选择。

这类人对职业的选择完全依靠直觉，一旦感觉不爽，就会选择极端做法，如辞职等。但他们也比较执着，一旦想要去从事某个职业，就认准了一个猛子扎进去，不达目的不罢休。

B. 诸葛亮（思维型）

诸葛亮算无遗策。“亮已算定，可买联想 Y510PT-ISE，不必多虑。”诸葛亮说这话之前，不定在家里做过多少性能对比，价格查询，甚至电话咨询，然后才做出决策。典型的思维型决策就是这么做的，他们会做 SWOT 分析、波士顿矩阵、决策平衡表，最后的目标绝对是经过计算而得出的结果，他们自身的主观感觉看上去并不参与。

这类人在职业选择中会计算涉及职业的一切因素，如钱、发展、市场、环境、产品、员工、老板……并使用一切可以使用的工具，如企业年报、企业发展模型等，待一切就绪，全部了解清楚后，再决定自己的职业方向。

C. 刘备（感受型）

刘备的江山是哭出来的，他绝对是一个多愁善感型选手。刘皇叔买电脑，会先去卖场，试试某一款电脑。然后会跟卖场的人聊天：听说某款电脑很不错，拥有它就像如鱼得水，如虎添翼。然后就会亲自去试试那款电脑，往返三次，才购得。是不是很像三顾茅庐？刘备类型的决策方式就是感觉型，做决策之前要体验一下不同决策的感受，当感觉来了，多少钱都拦不住。

这类人强调感受。他们选择职业、行业，会先了解、体验，而且他们更关注“人际关系”，并很有觉察力，当感受到整个行业环境、企业氛围跟自己很匹配时再做出决策。

总结一句话，直觉的人有直觉的简洁，思维的人有思维的周全，感受的人也有感受的觉察。

（资料来源：职业梦想魔法卷轴。）

课堂讨论

观察某一熟悉的组织的管理者（例如财务经理、学生会主席等），分析他们在实际工作中，是否按既定程序进行决策。

本章小结

预测就是运用科学方法对未来不确定因素进行分析，并预见发展趋势及可能发生的概率，为决策提供依据。其主要方法有头脑风暴法、德尔菲法、销售人员意见法和折中平均法等。

决策就是对组织未来实践的方向、目标、原则和方法做决定的过程，它包括认识现状、识别问题、分析问题、拟订方案、选择方案、使方案生效等一系列环节。它具有目的性、选择性、择优性、过程性等特征。另外，根据对组织的影响程度，决策可分为战略决策和战术决策。根据决策问题的重复程度，决策可分为程序化决策和非程序化决策。根据决策问题的可控程度，决策可分为确定型、风险型和不确定型决策。根据参与决策的人数，决策可分为个人决策和群体决策。决策的基本程序包括发现需要解决的问题、确定决策目标及标准、开发备选方案、分析评价备选方案、方案选择、实施选定方案、评估调整决策结果等七个步骤。决策的方法主要有电子会议法、期望值法和不确定型决策方法等。

预测与决策是管理的两个重要组成部分，两者的关系非常密切。管理的关键在于决策，而决策的前提是预测。

管理小故事

三年前的选择

有三个人要被关进监狱三年，一个是美国人，一个是法国人，还有一个是犹太人。监狱长答应他们每人一个要求。美国人因为爱抽雪茄，要了三箱雪茄。法国人最浪漫，要了一个美丽的女子终日相伴。而犹太人说："你给我准备一部电话，我要随时与外界保持联系。"三年的光阴很快就过去了，第一个冲出来的是美国人，嘴里鼻孔里塞满了雪茄，大喊："给我火，给我火！"原来他竟然忘了要打火机了。接着出来的是法国人，只见他手里抱着一个小孩子，美丽女子手里牵着一个小孩子，肚子里还怀着一个。最后出来的是犹太人，他紧紧握住监狱长的手满怀感恩地说："这三年来我每天与外界保持联系，我的生意不但没有停顿，反而增长了200%，为了表示对你的感谢，我送你一辆劳斯莱斯！"

启示：人的一生，会面临无数次大大小小的选择。每一次选择，都有可能决定我们的一生。我们今天的生活是由"三年前的选择"决定的，而今天我们的选择又将决定我们未来的生活。

技能训练

现场为学生们设置一个场景：你和你的同学准备在学校附近开设一家饭店，提供不同价位的餐饮服务；你们拥有开设任何一种类型饭店的足够资源，主要问题是决定什么样的饭店最可能成功。为了解决这个难题，运用头脑风暴法展开讨论。

具体实施形式和要求：将全班同学分为若干组，每组7～8人为宜，并指定其中两人作为主持人和记录人；小组集体花15～20分钟时间，来形成最有可能成功的饭店类型；再用20～30分钟时间讨论各个方案的优点和不足；在做出决策后，对头脑风暴法的优点和不足进行讨论，分析是否有阻碍该方法实施的现象。

同步测试

一、单项选择题

1. 非程序化决策的决策者主要是（　　）。

A. 高层管理者　　B. 中层管理者　　C. 基层管理者　　D. 技术专家

2. 下列决策内容不属于程序化决策的是（　　）。

A. 生产方案决策　　B. 职工旷工处理

C. 库存决策　　D. 新产品开发决策

3. 下列不属于决策特征的是（　　）。

A. 目的性　　B. 选择性　　C. 过程性　　D. 长期性

4. "管理就是决策"是下列（　　）的观点。

A. 泰勒　　B. 法约尔　　C. 西蒙　　D. 韦伯

5. A公司是一家刚刚起步的企业，公司的产品刚开发出来，面临着如何进入市场的问题。这一产品是一种全新营养补品，与市场已有的产品有很大的不同，公司决定先集中力量在邻近的大城市搞“广告轰炸”，在这点上公司上下意见一致。但在广告的侧重点上，大家发生了争议。你认为广告侧重点应放在（　　）。

A. 企业形象及公司名称　　B. 产品商标

C. 产品包装　　D. 本公司产品与其他企业产品的区别

6. 钟表王国瑞士，在20世纪60年代研制出第一只石英电子手表。但商界的领袖们认为，石英表没有发展前途，于是没给予重视。而日本人则不同，他们认为石英表大有可为，逐步投入资本和技术生产出大批产品，结果日本的石英技术誉满全球，仅在20世纪70年代后五年就挤垮了100多家瑞士手表厂。这个例子说明（　　）。

A. 决策对企业生存发展影响至关重大

B. 技术比管理更能给企业带来竞争力

C. 技术要发挥作用离不开资本的投入

D. 技术要发挥作用离不开社会环境条件

7. 越是组织的高层管理者，所做出的决策越倾向于（　　）。

A. 战略的、程序化的、确定型的决策

B. 战术的、非程序化的、风险型的决策

C. 战略的、非程序化的、风险型的决策

D. 战略的、非程序化的、确定型的决策

8. 目的在于创造一种畅所欲言、自由思考的氛围，诱发创造性思维的共振和连锁反应，产生更多的创造性思维的集体预测方法是（　　）。

A. 头脑风暴法　　B. 名义小组技术

C. 德尔菲技术　　D. 政策指导矩阵

9. 在决策过程中，最需要充分发挥创造力和想象力的步骤是（　　）。

A. 发现需要解决的问题　　B. 开发备选方案

C. 分析、评价备选方案　　D. 方案选择

10. 根据决策问题的可控程度，可分为（　　）。

A. 确定型、风险型和不确定型决策　　B. 个人决策和群体决策

C. 战略决策和战术决策　　D. 程序化决策和非程序化决策

二、多项选择题

1. 下列（　　）属于决策的特征。

A. 目的性　　B. 信息准确　　C. 过程性　　D. 择优性

2. 关于决策描述正确的有（　　）。

A. 是对组织未来实践的方向、目标、原则和方法做决定的过程

B. 它包括发现需要解决的问题、开发备选方案环节

C. 它包括方案选择、实施选定方案环节

D. 它包括评估、调整决策结果环节

3. 常用的预测方法有（　　）。

A. 头脑风暴法　　B. 德尔菲法　　C. 电子会议法　　D. 期望值法

4. 对预测和决策的关系描述正确的有（　　）。

A. 预测是为决策服务的

B. 预测贯穿于决策的全过程

C. 决策是避免预测失误的必不可少的基础和前提

D. 预测是避免决策失误的必不可少的基础和前提

5. 以下哪些是头脑风暴会议的规则（　　）。

A. 自由畅谈　　B. 延迟评判　　C. 禁止批评　　D. 追求数量

三、简答题

1. 什么是预测？什么是决策？

2. 决策与预测的关系是什么？

3. 简要说明决策的基本程序。

4. 简述什么是期望值法。

四、案例分析题

案例 1：田忌赛马

战国时期，齐威王与宗族诸公子赛马，田忌亦在其中。齐王的马按速度分为上、中、下三等，田忌的马也如此分类，但齐国的好马都聚集在齐王的马厩里。田忌总是用自己的上等马对齐王的上等马、中等马对齐王的中等马、下等马对齐王的下等马比赛，结果屡赛屡败。因此问题就来了，田忌如何才能在比赛中获胜？其实，最简单的方法，也是谁都能想出来的方法就是田忌用更好的马比赛。但很显然，这种决策缺乏现实性，因为田忌当时不可能有比齐王的马更好的马。后来田忌采纳了孙膑的策略，决定用自己的下等马与齐王的上等马比赛，用自己的上等马、中等马分别与齐王的中等马、下等马比赛，并事先探听出齐王各等级的马的出赛次序。结果，田忌以三局两胜的比分胜了齐王。

问题：试用决策相关理论分析该案例。

案例 2：盲目决策的后果

某城市繁华地段有一个食品厂，因经营不善长期亏损，该市政府领导拟将其改造成一个副食品批发市场，这样既可以解决企业破产后下岗职工的安置问题，又方便了附近居民。为此进行了一系列前期准备，包括项目审批、征地拆迁、建筑规划设计等。不曾想，外地一开发商已在离此地不远的地方率先投资兴建了一个综合市场，而综合市场中就有一个相当规模的副食品批发场区，足以满足附近居民和零售商的需求。

面对这种情况，市政府领导陷入了两难境地：如果继续进行副食品批发市场建设，必然亏损；如果就此停建，则前期投入将全部泡汤。在这种情况下，该市政府盲目做出决定，将该食品厂厂房所在地建成一居民小区，由开发商进行开发，但对原食品厂职工没能给予有效的赔偿，使该厂职工陷入了困境，该厂职工长期向上反映不能解决赔偿问题，对该市的稳定造成了隐患。

问题：请分析上述案例中领导者决策所犯的错误。

第五章

组织职能

1. 掌握组织的含义、作用及分类。
2. 理解组织结构设计的原则和内容。
3. 理解并掌握五种不同的组织结构。
4. 了解组织文化的含义、结构及功能。
5. 掌握组织文化建设的内容和程序。
6. 掌握组织变革和管理创新的含义。
7. 了解创新的过程和方法。

第一节

组织概述

引例——两个划船队

有一则幽默故事耐人寻味。说的是红队和蓝队要进行划船比赛。两队经过长时间的训练后，进行了正式比赛，结果蓝队落后红队1千米，输给了红队。蓝队领导很不服气，决心总结教训，在第二年比赛时，一定要把第一名夺回来。通过反复讨论分析，发现红队是八个人划桨，一个人掌舵；而蓝队是八个人掌舵，一个人划桨。不过，蓝队领导并没有看重这点区别，而是认为，他们的主要教训是八个人掌舵，没有中心，缺少层次，这是失败的主要原因。

于是，蓝队重新组建了船队的领导班子。新班子结构如下：四个掌舵经理，三个区域掌舵经理，一个划船员，还专设一个勤务员，为船队领导班子指挥工作服务，并具体观察、督促划船员的工作。这一年比赛的结果是红队领先蓝队2千米。蓝队领导班子感到脸上无光，讨论认为划船员表现太差，予以辞退；勤务员监督工作不力，应予处分，但考虑到他为领导班子指挥工作的服务做得较好，将功补过，其错误不予追究；领导班子成员每人发给一个红包，以奖励他们共同发现了划船员工作不力的问题。

启示：故事说明了三个密切相关的问题：一是凡做一件事，比如参加划船比赛，必须有一个组织；二是这些组织内部成员应有不同的分工，比如上面的两个划船队里的成员都有不同的分工，由此形成其内部的一定结构，即组织结构；三是作为一个组织，其内部结构不同，其行为效果也会不同，如上面例子中的蓝队两次都输给了红队。

组织职能是管理者为实现组织目标而建立组织结构并推进组织协调而进行的工作过程，是管理的基本职能之一。组织工作包括组织结构的设计与建立、组织关系的确立、人员的选拔与配置以及组织的协调与变革等。因此，不同层次以及不同类型的管理者总是或多或少地承担着不同性质的组织职能。

一、组织的含义

组织一词可以分为动词与名词来解释。当作为名词时，是指一个有效的工作集体。如美国管理学家切斯特·巴纳德认为，“组织就是有意识地协调两个或者两个以上的人的活动力量的协作系统”，该定义强调了组织是由个体或者群体集合而成的系统。作为动词来说，组织是指将众多的人组织起来，协调其行为以实现某个共同目标。如法约尔认为，“组织是一个企业，就是为了企业的经营提供所有需要的原材料、设备、资本、人员”。

从广义上说，组织是指由诸多要素按照一定方式相互联系起来的系统。从狭义上说，组织就是指人们为了实现一定的目标，互相协作结合而成的集体或团体，如党团组织、工会组织、企业、军事组织等。简而言之，组织就是对人员的一种精心的安排，以实现某些特定的目的。如学校、慈善团体、政府部门、教堂、医院等，这些都是组织。对于组织的内涵和特征，我们可以做出以下的理解，如图 5—1 所示。

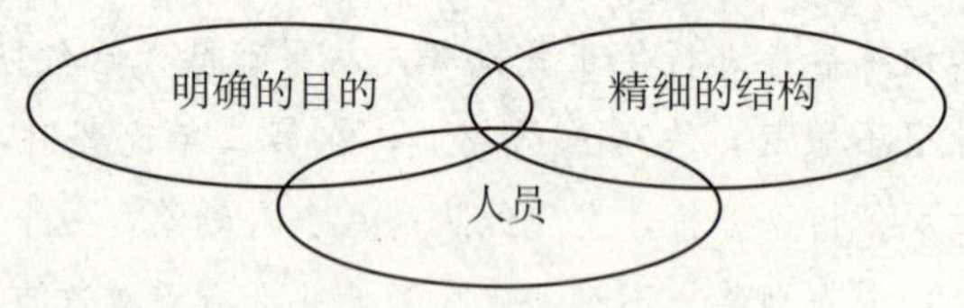

图 5—1　组织的特征

(1) 每个组织都有明确的目的。这个目的通常是以一个目标或者一组目标来表达的，它反映了组织所希望达到的状态。组织之所以能够存在，就是因为它是按照一定的特定目标而设定的，组织目标是一个目标体系，组织所有的活动都会围绕这些目标而展开，并且承担一定的社会功能，人们在共同目标的感召下，聚集在一起共同实现目标。

(2) 每个组织都是由人组成的，独自一人工作是不能构成组织的。组织不同于简单的群体，它是一个有效的团体，能发挥整体优势，借助人员的力量来完成工作，以实现组织的目标。组织内的人员对于实现组织目标是必不可少的，一个好的组织需要管理者的聪明才智使组织中的人相互吸引，相互作用。

(3) 所有的组织都发展出一些精细的结构，以便其中的人员能够从事他们的工作。组织结构也许是开放的或灵活的，没有清晰的岗位职责。组织结构也许是具有清晰定义的规则、规章制度和职位描述，其中的某些人员可能被指定为老板，他们具有凌驾于其他组织成员之上的权威。但不管组织结构采用哪种类型，都要求具有某些精细的特征，以明确组织成员的工作关系。

组织管理就是通过建立组织结构，规定职务或职位，明确责权关系，以使组织中的成员互相协作、共同劳动，有效实现组织目标的过程。组织管理是管理活动的一部分，也称组织职能。

二、组织的作用

石墨和金刚石，其化学成分都是碳，但由于物理结构不同，其硬度也存在很大差异；水泥、沙子和钢筋按照适合的比例组合在一起可以盖起高楼大厦，这是水泥、沙子和钢筋任何一种物质无法单独完成的。小阿尔弗莱德·斯隆也曾说过：“若拿走我的财产——但留给我这个组织，五年之内，我就会卷土重来。”不胜枚举的事例足以说明组织的作用之大。

（一）组织能使资源增效

组织能把各种资源组合成有机的整体，使各种分散的力量形成合力，从而产生大于这些资源和力量机械总和的效能。对于这个原理，生活于 2 000 多年前的古希腊哲学家亚里士多德就已清楚地认识到了，他用一种突破数学公理的语言作了表述：整体大于部分之和。千百年来的人类管理实践更无数次地对它作了证实。这里要说明的是，组织能使资源增效，是以组织职能正常发挥为前提的，否则就不能增效，甚至会降低效能。

（二）组织是实现目标的依托

组织，特别是现代组织是一个综合系统，其目标具有复合性，非单个人或分散的力量能够实现。要创造条件，改造环境，顺利地实现目标，就必须以组织为依托。对于自然界和人类社会来说，单个人的作用是十分有限的，将单个人合理地组织起来才能形成各个人长处与短处的互补机制，才会产生新的力量。所以，只有依靠组织，才能更好地决策、更好地制定目标和有效地实施目标；只有凭借组织，才能创造相互激励、相互促进的环境；只有凭借组织，才能选贤任能，把才智出众者推到领导岗位上。总之，在管理工作中，只有依托组织，才能完成较为宏大的任务，实现管理目标。

（三）组织是管理者行使职能的实体

管理工作是管理者对被管理者的思想行为施加影响，对管理的其他对象进行诸如调配、使用的过程。在这个过程中，管理者必然要按一定的规则和程序把组织成员编排起来，形成一级制约一级的系统，以及对财、物、事、时等进行统筹安排，使之成为有机的整体。这个过程实质上就是管理者行使各种管理职能的过程。没有组织这个实体，这个过程就失去了存在的形式。

三、组织的分类

根据不同的分类标准，可以对组织进行不同的分类。

（一）按照组织的性质分类

按照组织的性质分类，可以把组织分为经济组织、政治组织、文化组织、群众组织和宗教组织。

1. 经济组织

经济组织是人类社会最基本、最普遍的社会组织。它担负着为人们提供衣食住行和文化娱乐等物质生活资料的任务，履行着社会的经济职能。如生产组织、商业组织、运输组织和服务性组织等。

2. 政治组织

政治组织是在阶级出现之后所形成的带有政治纲领与目的的组织，包括党和国家政权组织。

3. 文化组织

文化组织是以满足人们的文化需求为目的，以文化活动为基本内容的社会团体。如学校、电影院、艺术团体、科学研究机构等。

4. 群众组织

群众组织是群众自发形成的，具有某种共同爱好、共同愿望的组织。如工会、妇女联合会、科学技术协会等。

5. 宗教组织

宗教组织是以某种宗教信仰为宗旨而形成的组织，代表宗教界的合法利益，开展正常的宗教活动。如佛教协会、基督教协会等。

（二）按照组织的形成方式分类

按照组织的形成方式分类，可以把组织分为正式组织和非正式组织。

1. 正式组织

正式组织是为了有效地实现组织目标，明确规定组织成员之间职责范围和相互关系的一种结构。它具有目的性、正规性、稳定性、强制性等特点。

2. 非正式组织

非正式组织是人们在共同的工作或生活中，由于具有共同的兴趣爱好或以共同的利益和需要为基础而自发形成的经常往来的群体。如球友会、棋迷协会、书法协会等。非正式组织的基本特征是：自发性、内聚性和不稳定性。非正式组织要求成员遵守共同的、不成文的行为规则。

任何正式组织之中都有非正式组织存在，两者常常是相伴而存的。正式组织和非正式组织的区别突出表现在是否程序化上，即是否程序化设立、是否程序化运行等方面。显然，正式组织更多地体现为程序化特征，非正式组织更多地体现非程序化特征。

（三）按照组织存在的形式分类

按照组织存在的形式分类，可以把组织分为实体组织和虚拟组织。

1. 实体组织

实体组织就是一般意义上的传统组织。

2. 虚拟组织

虚拟组织是区别于传统组织的一种以信息技术为支撑的人机一体化组织。虚拟组织是社会及组织发展到一定阶段出现的产物，其特征是以现代通信技术、信息存储技术、机器智能产品为依托，实现传统组织的结构、职能及目标。在形式上，没有固定的地理空间，也没有时间限制，组织成员通过高度自律和高度的价值取向共同实现团队共同目标。

由于人们社会生活的多样性，组织还可以分为营利性组织和非营利性组织，生产型组织和服务型组织，公共组织和私人组织等。

知识链接

非正式组织的作用

非正式组织最早是由美国管理学家梅奥提出的，是人们在共同的工作和生活中自然形成的，以感情、喜好等情绪为基础，松散的、没有正式规定的群体。非正式组织的存在及其活动，对正式组织目标的实现既可以起到积极的促进作用，也会产生消极的影响。

当非正式组织目标与正式组织目标一致时，非正式组织对正式组织的管理可以起到积极的促进作用。其积极作用主要表现在：一是弥补成员的情感和社交需要。非正式组织可以增进成员间的交流和沟通，加深成员的安全感和归属感。二是缓解矛盾，增强组织的凝聚力和向心力。非正式组织成员的构成不受部门和级别限制，有助于强化个人协作意愿和产生心理认同，创造一种更加和谐、融洽的人际关系，提高成员的相互合作精神。三是扩大信息交流，完善信息沟通机制。一般说来，非正式组织覆盖组织的各个部门，可弥补常规信息收集渠道的不足。

非正式组织通常也会给组织带来一些潜在的问题。其消极作用主要表现在：一是抵制变革。当组织面临变革时，往往会影响到岗位的调整，进而遭到非正式组织成员的抵制，造成组织创新的惰性。二是目标冲突。当企业目标与非正式组织目标不一致或损害其利益时，往往会影响组织目标的贯彻实施。而且，成员个人既属于某个正式组织，又隶属于某个非正式组织，容易产生角色任务的冲突，从而降低组织活动的效率。三是从众压力。非正式组织要求成员行为一致性的压力，常常束缚其成员个人的发展，影响个人工作的积极性。如果成员不遵守群体规范，他们将受到各种各样的制裁。

课堂讨论

你所在的学校有没有非正式组织？你参加了哪些非正式组织？这些非正式组织给你带来了哪些好处？

第二节 组织结构设计

引例 

——CMP出版公司组织结构的演变

Gerry和Lilo Leeds是一对夫妇，经营着CMP出版公司。他们在1971年建立了CMP出版公司。到1987年，该公司出版的10种商业报纸和杂志都在各自的市场上占据了领先地位。他们所服务的计算机、通信技术、商务旅行和医疗保健市场也为公司的成长提供了充足的机会。

然而，Gerry 夫妇最初为 CMP 公司设立的组织结构，将所有重大的决策都集中在他们夫妻手中。这样的安排在早些年运作得相当好，但到 1987 年它已经不再有效。Gerry 夫妇越来越难照看好公司，比如，想要约见 Gerry 的人得早上 8 点就在他办公室外排队等候；员工们越来越难得到对日常问题的答复；而要求快速反应的重要决策经常被耽误。当初设计的组织结构，对这个成长中的公司显然已经不适应了。认识到这一问题后，Gerry 夫妇立即对公司进行了重组。

1. 将公司分解为可管理的单位——分部。每个分部配备一名经理，并授予足够的权力。

2. 设立出版委员会负责监管这些分部。他们夫妇和各分部经理都是该委员会的成员。分部经理向委员会汇报工作，委员会负责确保各分部按公司的总战略运作。

这些结构上的变革带来了明显的效果。CMP 现在出版 14 种刊物，年销售额达到近 2 亿美元。公司的收益持续地按公司管理当局设定的 30%的年增长率目标不断地增加。

启示：一个企业成功的运作，组织结构是非常重要的。选择合适的结构在组织演进过程中起着至关重要的作用。随着企业的不断发展，企业的组织管理应不断改变。因为这个世界在不断变化，社会的、经济的、全球的和技术的变化不断改变着企业组织所处的环境，使得成功的企业必须接受从事工作的新方式。

组织结构是组织内的全体成员为实现组织目标，在工作中进行分工协作，通过职务、职责、职权及它们之间的相互关系构成的结构体系。组织结构设计是指根据组织目标及实际工作需要，确定组织层次划分、各个部门及其工作人员的职责范围和权限，建立合理的组织结构的过程。国外的一些学者做过统计，所有组织在管理方面出现的问题绝大多数都是组织结构不合理造成的，这些问题轻则使组织效率降低，重则使组织解体。可以说组织结构是否合理对于组织能否取得成功具有举足轻重的作用。

一、组织结构设计的原则

管理者在进行组织结构设计过程中，应该遵循以下原则。

（一）分工协作原则

分工协作是社会化大生产的客观要求。分工是管理过程的专业化要求，它把组织的各项工作分成各级、各部门以及个人的具体工作。分工可以提高员工的劳动熟练程度，缩短生产周期，改进设备或工具，提高工作效率。协作是管理的系统化要求。分工只是强调了各部门的工作和要求，但组织是一个整体。组织活动的完成不是组织内部各部门、每个成员自己都开展活动，而是整体性的活动，因此在分工的基础上，还需要加强组织内部各部门、每个成员的协作，分工和协作二者是相辅相成的。

（二）统一指挥原则

统一指挥原则要求每位下属应该有一个并且只能有一个上级，要求在上下级之间形成一条清晰的指挥链。如果下属有多个上级，就会因为上级可能存有彼此不同甚至相互冲突的命令而无所适从。虽然有时在例外场合必须打破统一指挥原则，但是，为了避免多头领导和多头指挥，组织的各项活动应该有明确的区分，并且应该明确上下级的职权、职责以及沟通联系的具体方式。上级意见有分歧时，一定要统一后再向下级发布指令。在组织结构设计和管理权限划分上都要遵循统一指挥原则。

（三）有效管理幅度原则

管理幅度，又称管理跨度，是指在一个组织结构中，管理人员所能直接管理或控制的下属人员数量。一般来讲，任何管理者能够直接有效指挥和监督的下属的数量总是有限的，管理幅度过大，会造成指导监督不力，使组织陷入失控状态；管理幅度过小，又会造成管理人员配备增多，管理成本增加，管理效率降低。所以，保持有效合理的管理幅度是组织结构设计工作的一条重要原则。管理幅度受管理人员和下属的工作能力、工作内容和形式、工作条件、组织内外环境等诸多因素的影响，所以在确定管理幅度时，应该具体问题具体分析，不能绝对地说管理幅度是大好，还是小好。管理幅度的大小是有条件的，条件不同，管理幅度可能相同，也可能不同。

（四）权责对等原则

在进行组织结构设计时，既要明确每一部门或职务的职责范围，又要赋予其完成职责所必须的权力，使职权和职责两者保持一致。这是组织有效运行的前提，也是组织结构设计必须遵循的基本原则。

组织中的每个部门和部门中的每个人员都有责任按照工作目标的要求保质保量地完成工作任务，同时，组织也必须委之以自主完成任务所必需的权力，即职权与职责要对等。如果只有责任没有职权，或者权力范围过于狭小，责任方就有可能因缺乏主动性、积极性而导致无法履行责任，甚至无法完成任务；相反，如果只有权力而无责任，或者权力不明确，权力人就有可能不负责任地滥用权力，甚至助长官僚主义的习气，这势必会影响整个组织系统的健康运行。

（五）集权与分权相结合的原则

集权和分权是指职权在不同管理层之间的分配和授予。所谓集权，是指较多的权力和较重要的权力集中在组织的高层管理者手中。所谓分权，是指较多的权力和较重要的权力分授给组织的低层管理者。

设计组织结构时，既要有必要的权力集中，又要有必要的权力分散，两者不可偏废。集权有利于组织实现统一领导和指挥，有利于人力、物力、财力的合理分配和使用。而分权是调动下级积极性、主动性的必要条件。合理分权有利于低层根据实际情况迅速而正确地做出决策，也有利于高层管理者摆脱日常事务，集中精力抓重大问题。因此，集权与分权是相辅相成的，是矛盾的统一。没有绝对的集权，也没有绝对的分权。组织内集权和分权程度也不是固定不变的，应根据情况的变化和需要加以调整。

（六）柔性经济原则

组织的柔性是指组织的各个部门、各个人员都是可以根据组织内外环境的变化而进行灵活调整和变动的。组织的结构应当保持一定的柔性以减小组织变革所造成的冲击和震荡。组织的经济是指组织的管理层次与幅度、人员结构以及部门工作流程必须要设计合理，以达到管理的高效率。组织的柔性与经济是相辅相成的，一个柔性的组织必须符合经济的原则，而一个经济的组织又必须使组织保持柔性。只有这样，才能保证组织机构既精简又高效，避免形式主义和官僚主义作风。

二、组织结构设计的内容

组织结构设计的基本内容包括工作设计、部门设计、层次设计、责权分配和整体协调等五个方面。

（一）工作设计

工作设计就是规定组织内各成员的工作范围，明确其工作内容和工作责权，以便使其了解组织对他们工作的具体要求。工作设计可以通过编制职务说明书的具体形式来实现。职务说明书可用文字或者表格具体说明每一个工作职务的工作任务、职责和权力，尤其是与组织中其他部门、其他职务的关系。

（二）部门设计

部门设计主要是解决组织的横向结构问题。目的在于确定组织中各项任务的分配与责任的归属，以求分工合理、职责分明，从而有效地实现组织的目标。部门设计的基本方式有：职能部门化、产品部门化、顾客部门化、地区部门化、流程部门化和混合划分。

1. 职能部门化

职能部门是一种传统而基本的组织形式。它是以同类性质业务为划分基础的，在组织中广为采用。此种划分优点在于责权统一，便于专业化分工，但往往会因责权过分集中，而出现决策迟缓和本位主义现象。如人事部、财务部、生产部、营销部、采购部、研发部等。

2. 产品部门化

产品部门化是按照产品或服务的要求对企业的活动进行分组。其优点在于：目标单一，力量集中，可使产品质量和生产效益不断提高；分工明确，易于协调和采用机械化；单位独立，管理方便，易于评估。

3. 顾客部门化

顾客部门化就是根据目标顾客的不同利益需求来划分组织的业务活动。这种划分虽能使产品或服务更切合顾客的实际要求，但同时却牺牲了技术专业化的效果。

4. 地区部门化

地区部门化就是按照地理位置的分散程度划分企业的业务活动，继而设置管理部门管理其业务活动。这种划分最大的优点就是对所负责地区有充分的了解，各项具体业务的开展更切合当地的实际需要。但容易产生各自为政的弊病，忽视了公司的整体目标。

5. 流程部门化

流程部门化就是按照工作或业务流程来组织业务活动。人员、设备、材料比较集中或业务流程比较连续紧密是流程部门化的实现基础。流程部门化的优点是：组织能够充分发挥人员集中的技术优势，易于协调管理，对市场需求的变动也能够快速反应。

6. 混合划分

混合划分方法是综合以上各种划分方法而形成的一种划分方法。它一般被用于大规模的企业组织中，至少运用以上两种划分方法，有的则运用以上全部的划分方法。

（三）层次设计

在岗位设计和划分部门的基础上，必须根据组织内外部能够获取的人力资源状况，对多个职务和部门进行综合平衡，同时要根据每项工作的性质和内容，确定管理层次和管理幅度，使组织形成一个严密有序的系统。

（四）责权分配

责权分配就是通过有效的方式将职责与职权分配到组织各个层次、各个部门和各个岗位，使整个组织形成一个责任与权力有机统一的整体。在责权分配方面，关键的问题是通过规范组织中的授权程序，正确处理集权与分权的关系，既保证部门有充分的权力，又尽可能避免权力被滥用或越权行事。

（五）整体协调

层次设计和责权分配确定了组织内部各个部门之间的从上到下的纵向关系，但作为一个整体，组织要实现其既定目标，必须要求各部门在工作过程中形成共同协作的横向关系，这就需要在组织结构设计时必须要考虑如何通过一定的方式，形成一种有效的组织内部协调机制，使各部门的工作能够达到整体化与同步化的要求。

三、组织结构的类型

根据机构、职位、职责、职权以及它们之间的相互关系，通过纵横结合，可组成不同类型的组织结构。常见的组织结构类型有直线制、职能制、直线—职能制、事业部制、矩阵制等。

（一）直线制组织结构

直线制组织结构是一种最简单的集权式组织结构形式，最初在军事系统中得到广泛应用，后来被推广到企业管理工作中。其领导关系按垂直系统建立，不设立专门的职能机构，自上而下形同直线。组织中每一位管理者对其直接下属有直接职权，组织中每一个人只能向一位直接上级报告，即“一个人，一个头”，管理者在其管辖的范围内，有绝对的职权或完全的职权，如图5—2所示。

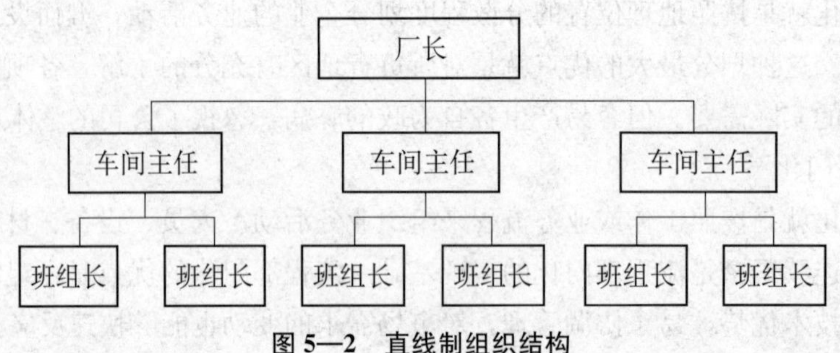

图5—2 直线制组织结构

直线制组织的优点：结构简单，沟通迅速；指挥命令关系清晰、统一；责权关系明确；横向联系少，内部协调容易；信息沟通迅速，解决问题及时，管理效率比较高。其缺点是没有职能机构，管理者负担过重，而且难以满足多种能力要求；缺乏专业化的管理分工，经营管理事务依赖于少数几个人；当组织规模扩大时，管理工作会超过个人能力所限，不利于集中精力研究组织管理的重大问题。

直线制组织结构一般适用于规模较小或业务活动较简单的组织。

（二）职能制组织结构

职能制组织结构是指设立若干职能机构或人员，各职能机构或人员在自己的业务范围内都有权向下级下达命令和指示，即各级负责人除了要服从上级直接领导的指挥以外，还要受上级各职能机构或人员的领导，如图5—3所示。

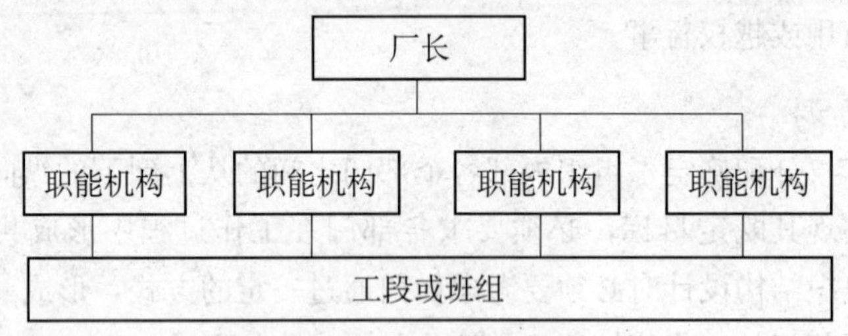

图5—3 职能制组织结构

职能制组织的优点：管理工作分工比较精细，能充分发挥职能机构的专业管理作用；减轻了主管人员的工作负担，每个主管人员只负责一方面的工作。但这种组织结构的缺点也很明显，那就是容易出现多头领导，妨碍了组织的统一指挥，容易造成管理混乱，不利于明确划分职责与职权；各职能机构往往从本单位的业务出发考虑工作，横向联系差。由于这种组织结构缺陷明显，现代企业一般都不采用。因此，职能制组织结构在现实中没有得到广泛使用，使用更多的是直线—职能制组织结构。

（三）直线—职能制组织结构

直线—职能制，也叫生产区域制或直线参谋制。它是在直线制和职能制的基础上取长补短而建立起来的。目前，我国大多数企业都采用这种组织结构形式。这种组织结构形式把企业管理机构和人员分为两大类，一类是直线领导机构和人员，按统一指挥原则对组织各级行使指挥权；另一类是职能机构和人员，按专业化原则，从事组织的各项职能管理工作。直线领导机构和人员在自己的职责范围内有一定的决定权和对所属下级的指挥权，并对自己部门的工作负全部责任。而职能机构和人员，则是直线指挥人员的参谋，不能直接对部门发号施令，只能进行业务指导，如图 5—4 所示。

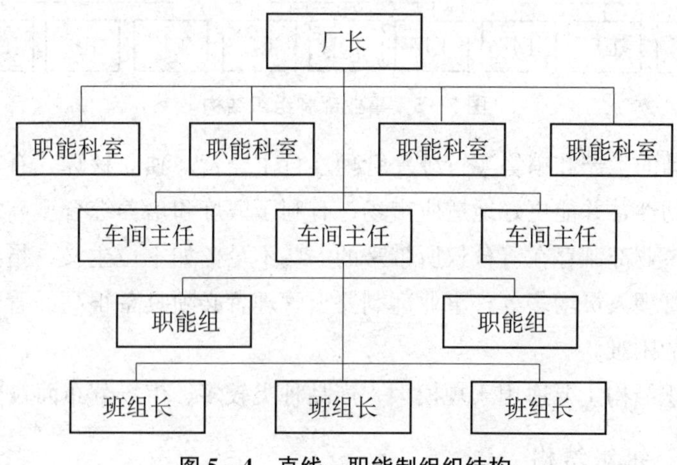

图 5—4　直线—职能制组织结构

直线—职能制组织的优点：既保证了组织的统一指挥，又有利于强化专业化管理。其缺点是：职能部门之间的协作和配合性较差，职能部门的许多工作要直接向上层领导报告请示后才能处理，这一方面加重了上层领导的工作负担，另一方面也降低了办事效率。为了克服这些缺点，可以设立各种综合委员会，或建立各种会议制度，以协调各方面的工作，沟通各部门情况，帮助高层领导出谋划策。

（四）事业部制组织结构

事业部制又称联邦分权制，最早是由美国通用汽车公司总裁斯隆提出的。事业部制组织结构是一种分权制的组织结构形式，是指在公司总部下增设一层独立经营的“事业部”，实行公司统一政策，事业部独立经营的一种体制，如图 5—5 所示。

事业部大多并不是按职能划分的，而是按企业所经营的事业项目划分的，是具有经营自主权的专业化生产经营单位。事业部是分权化组织单位，它分割了一定的直线指挥权限，有进行采购、生产、销售的自主权。它是在总公司控制下的利润中心，具有利润生产、利润计算和利润管理的职能，同时又是产品责任单位或生产责任单位，有自己独立的市场。在总公司的领导下，实行独立核算，自负盈亏。一般按产品、地域等标志来划分事业部。

事业部制的主要优点：有利于最高层管理者摆脱日常事务，集中精力做好战略决策和

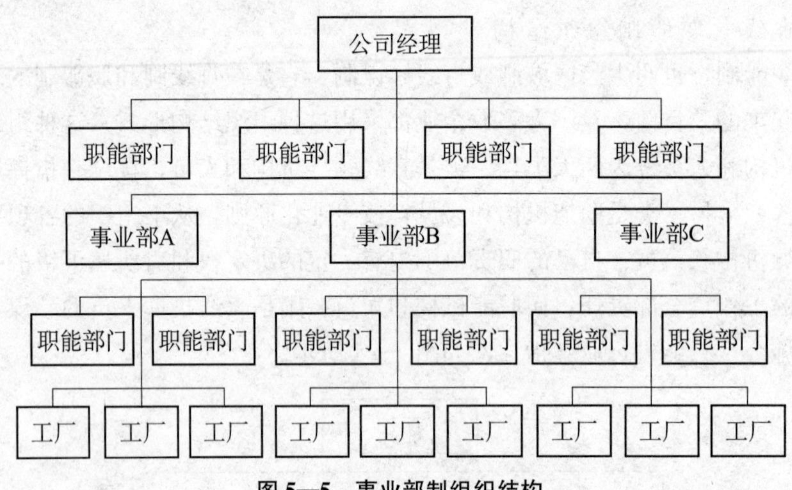

图 5—5 事业部制组织结构

长远规划；对产品的生产和销售实行统一管理、自主经营、独立核算，有利于发挥各事业部的积极性、主动性，并能更好地适应市场；有利于锻炼和培养综合型高级管理人员。事业部制的缺点：事业部制存在着分权所带来的一些不足，如本位主义、指挥不灵、职能机构重复设置以及管理人员增多等；事业部制要求管理者必须具备很高的管理素质，否则会造成事业部管理的困难。

事业部制组织结构主要适用于规模大、产品种类较多、市场分布面较广的企业。

（五）矩阵制组织结构

矩阵制组织结构又叫规划—目标结构，通过将职能部门的专家们分配到一个或多个由项目主管领导的项目中开展工作。即围绕某项专门任务成立跨职能部门的专门机构（例如，组成一个专门的产品/项目小组去从事新产品开发工作），在研究、设计、试验、制造各个不同阶段，由有关部门派人参加，力图做到条块结合，以协调各有关部门的活动，保证任务的完成。这种组织结构形式是固定的，但人员却是变动的，需要谁，谁就来，任务完成后就可以离开。项目小组和负责人也是临时组织和委任的，任务完成后就解散，有关人员回原部门工作。项目小组成员既接受原部门主管的领导，又要服从项目主管的管理，如图 5—6 所示。

矩阵制组织的优点：具有较强的组织灵活性，既可根据项目需要快速组建，项目结束后又可以解散，使企业组织结构形成一种纵横结合的联系；加强了各职能部门之间的配合，有利于发挥专业人员的综合优势。矩阵制组织的缺点：由于小组成员必须接受双重领导，破坏了统一指挥原则，下属会感到无所适从；由于项目小组成员来自各个职能部门，当任务完成以后，仍要回原单位，因而容易产生临时观念，对工作有一定影响。

这种组织结构主要适用于一些重大攻关项目。企业可用来完成涉及面广的、临时性的、复杂的项目或管理改革任务。特别适用于以开发研究为主的单位，例如科学研究，尤其是应用性研究单位等。

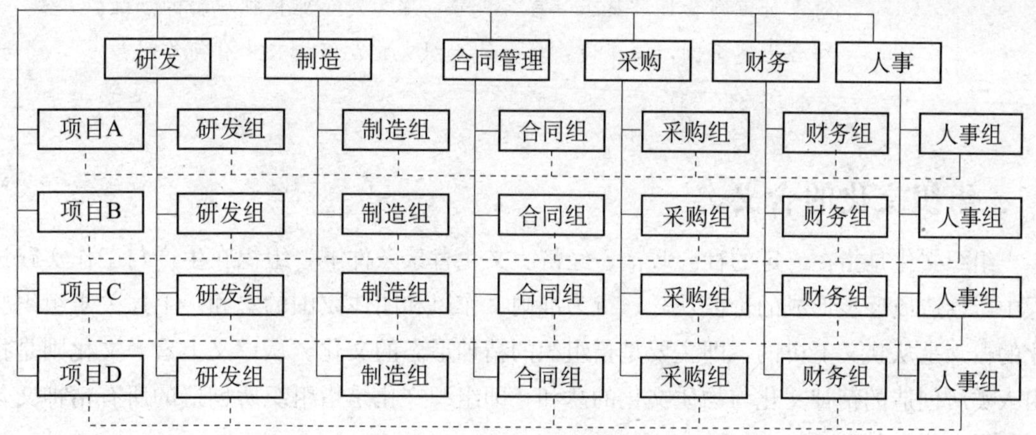

图 5—6　矩阵制组织结构

上述介绍的几种组织结构，各有利弊，没有绝对的优劣之分。不同环境中的组织应根据自身目标与实际情况进行灵活选择。必要时也可将几种组织结构有机结合起来，以便更有效地保证组织目标实现。

课堂讨论

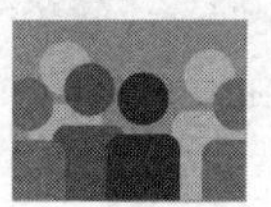

请谈谈你所在的学校设置有哪些部门，学校的组织机构是如何设置的，学校的组织结构属于哪种类型。请绘出学校的组织结构图并说明它有何特点。

组织文化

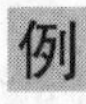

引例——太湖饭店的组织文化

五星级的太湖饭店，紧密结合行业业务特点，特编写极富企业特色的“太湖饭店员工誓言”，并浓缩为一个口号：微笑、微笑、永远微笑，敬业、敬业、不断超越！要求每一位员工都能把“员工誓言”作为自己的职业追求、奋斗目标，每时每刻按照“誓言”内容自我要求，自我激励，自我超越。“员工誓言”是饭店内部活动的宣誓语。每逢重大节庆活动，如员工大会、升旗仪式、大型联欢活动及饭店组织的其他各类重要会议和重大活动时，全员须背诵“员工誓言”全文，作为对企业精神的颂扬；饭店小型聚会、部门会议等参加员工数量较少时，员工须背诵“员工誓言”口号，作为对企业精神理解的加强。

结合上述案例，请谈谈：什么是组织文化？组织文化有何作用？

一、组织文化的含义

组织文化是指在一定的社会政治、经济、文化背景条件下，组织在生产与工作实践过程中所创造或逐步形成的价值观念、行为准则、作风和团体氛围的总和。上述关于组织文化的概念是从狭义上讲的，即主要是指组织的精神形态的文化。从广义上看，文化则是指由人类所创造的精神文化与物质文化的总和，即组织文化是指组织所创造的所有精神文化和物质文化的总和。

对于任何一种组织来说，由于每个组织都有自己特殊的环境条件和历史传统，从而也就形成了自己独特的哲学信仰、意识形态、价值观念和行为方式，每种组织也都具有自己特定的组织文化。培育与建设健康向上的组织文化，建立高激励性、高凝聚性的组织团队，是组织管理的核心内容。

二、组织文化的结构

组织文化是组织在长期经营活动中确立的，为全体成员普遍接受并共同遵守。组织文化主要由以下三层构成，即精神文化层、制度文化层和物质（行为）文化层。

（一）精神文化层

精神文化层是组织文化的核心层，主要由作为组织指导思想和灵魂的各种价值观与组织精神所组成。

（二）制度文化层

制度文化层属于组织文化的中间层，具有将精神文化转化为物质文化的功能。主要由硬（显）制度和软（隐）制度两种类型的制度文化构成。前者如各种管理体制、组织准则、规章制度等正式制度；后者如传统习惯、生活习俗、行为方式、传播网络等非正式的潜规则。

（三）物质（行为）文化层

物质（行为）文化层是组织文化的表层，具有表达精神文化的功能，主要由动态的行为文化和静态的物质文化构成。前者是指组织成员的行为和生产工作的各种活动，如生产过程、管理行为、向顾客提供的各种服务等；后者是指反映这些行为和活动的各种物化形态，如产品、厂容厂貌、组织标识等。

组织文化的结构如图 5—7 所示。

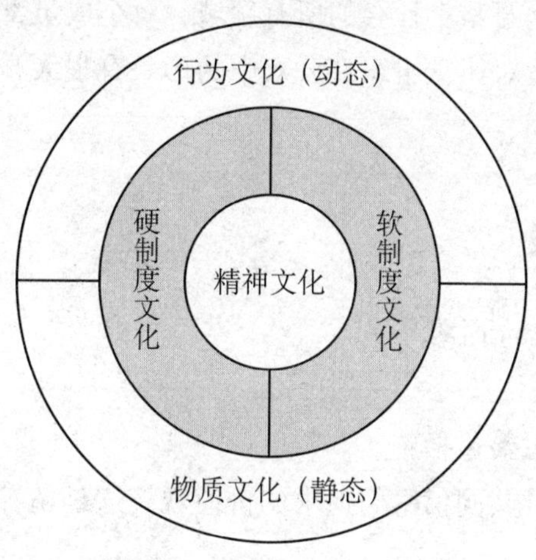

图 5—7　组织文化的结构

三、组织文化的功能

组织需要规章制度，但规章制度不能解决一切问题。如何使组织中的成员自觉自愿，尽心尽力，就需要组织文化发挥功效了。组织文化具有许多独特的功能，主要体现在以下几方面。

（一）导向功能

健康的组织文化可以引导组织成员采取组织所期望的行为，自觉地实现组织目标；而落后的组织文化则会将组织成员引向歧途。

（二）凝聚功能

组织文化可以使其成员形成共同的思想、共同的价值观念，产生对本组织的认同感、归属感和向心力，从而使组织成为紧密团结的整体。

（三）激励功能

健康向上的组织文化使每个成员都受到尊重，个人价值获得充分实现，在工作中受到极大激励，从而提高全体成员的积极性。

（四）约束功能

组织制度是组织文化的内容，组织的管理者和成员必须遵守和执行，从而形成约束力。道德规范可从伦理关系的角度来约束组织管理者和成员的行为。组织文化包含多方面的准则、制度与规范，形成效力很大的群体规范，从而有效地约束组织成员的思想和行为。

（五）辐射功能

组织文化不但对组织内部有着重要的影响作用，而且对组织外部乃至整个社会都会产生巨大的辐射作用。由于组织的生产经营活动是社会最基本的经济活动，支撑着社会的运行与发展，从而使组织文化对整个社会的所有领域、每个成员都产生潜移默化而又极为重要的影响。组织文化的传播对树立组织在公众中的形象有很大帮助，优秀的组织文化对社会文化的发展有很大的影响。

四、组织文化的建设

（一）组织文化建设的内容

1. 精神文化建设

组织的精神文化建设主要包括：

（1）形成组织全体成员共同信奉与追求的价值观。这是精神文化乃至整个组织文化的核心。

（2）培育组织精神。这是价值观的集中体现，是组织文化的灵魂与最显著的标志。

（3）养成良好的职业道德。这是价值观、组织精神与岗位工作实际的结合。

（4）营造健康向上的团体氛围。包括非正式组织形成的积极向上的风气。

2. 制度文化建设

组织的制度文化建设主要包括：

（1）按照现代组织要求推进组织基本制度的改革与建设，包括建设现代产权制度，特别是先进的法人治理结构等。

（2）建设体现现代企业制度要求的组织结构与体系。

（3）建立健全各项规章制度。包括各种管理制度和技术规范等。

（4）改造与完善组织与成员中现存的传统习惯、习俗、交际准则、传播网络等软制度。

3. 物质（行为）文化建设

组织的物质（行为）文化建设主要包括：

（1）用组织共同的价值观与组织精神，教育与激励组织成员，使全体成员为实现组织的目标而共同努力。

（2）塑造产品与服务形象。组织要通过向社会提供优质产品与服务，在社会广大公众心目中树立良好的形象。

（3）美化、优化组织的外观形象。组织的标识、建筑、环境等不断美化、优化，为内部成员和外部公众带来美好的印象。

（4）建设组织的技术优势、设备优势、队伍形象优势等。

（二）组织文化建设的程序

1. 选择价值标准

由于组织价值观是整个组织文化的核心和灵魂，因此选择正确的组织价值标准是塑造组织文化的首要战略问题。选择正确的组织价值标准要抓住四点。

（1）组织价值标准要正确、明晰、科学，具有鲜明特点。

（2）组织价值观和组织文化要体现组织的宗旨、管理战略和发展方向。

（3）要切实调查本组织员工对所选择的价值标准的认可程度和接纳程度，使之与本组织员工的基本素质相匹配，过高或过低的价值标准都很难产生实效。

（4）选择组织价值标准要坚持群众路线，充分发挥群众的创造精神，认真听取群众的各种意见，并经过自上而下的多次反复，审慎地筛选出既符合本组织特点又反映员工心态的组织价值观和组织文化模式。

2. 强化员工认同

一旦选择和确定组织价值观和组织文化模式之后，就应把基本认可的方案通过一定的强化灌输方法使其深入人心，具体做法包括：

（1）充分利用一切宣传工具和手段，大张旗鼓地宣传组织文化的内容和要求，使之家喻户晓，人人皆知，以创造浓厚的环境氛围。

（2）树立典型榜样。典型榜样是组织精神和组织文化的人格化身与形象缩影，能够以其特有的感染力、影响力和号召力为组织成员提供可以效仿的具体榜样，而组织成员正是从典型榜样的精神风貌、价值追求、工作态度和言行表现中深刻理解到组织文化的实质和意义。尤其是在组织发展的关键时刻，组织成员总是以典型榜样的言行为尺度来指导自己的行为导向。

（3）培训教育。有目的的培训和教育，能够使组织成员系统地接收和认同组织所倡导的组织精神和组织文化。培训教育的形式可以多种多样。当前，在健康有益的娱乐活动中恰如其分地揉进组织文化的基本内容和价值准则，往往不失为一种有效的方法。

3. 提炼定格

（1）精心分析。在经过群众性的初步认同实践之后，应当将反馈回来的意见加以剖析和评价，详细分析和仔细比较实践结果与规划方案的差距，必要时可吸收有关专家和员工的合理化意见。

（2）全面归纳。在系统分析的基础上，进行综合的整理、归纳、总结和反思，采取去粗取精、去伪存真、由此及彼、由表及里的方法，删除那些落后的、不为员工所认可的内容与形式，保留那些进步的、卓有成效的、为广大员工所接受的形式与内容。

（3）精炼定格。把经过科学论证的和实践检验的组织精神、组织价值观、组织文化，予以条理化、完善化、格式化，再加以必要的理论加工和文字处理，用精练的语言表述出来。充分的时间、广泛的发动、认真的提炼、严肃的定格是创建优秀组织文化所不可缺少的。

4. 巩固落实

（1）必要的制度保障。在组织文化转变为全体员工的习惯行为之前，要使每一位成员都能自觉主动地按照组织文化和组织精神的标准去行事，是几乎不可能的。即使在组织文化成熟的组织中，个别成员背离组织宗旨的行为也是经常发生的。因此，建立某种奖优罚劣的规章制度还是有一定必要性的。

（2）领导的率先垂范。组织领导者在塑造组织文化的过程中起着决定性的作用，他本人的模范行为就是一种无声的号召和导向，对广大员工会产生强大的示范效应。这就要求组织领导者观念先进、作风正派、率先垂范，真正肩负起带领组织成员共建优秀组织文化的重任。

5. 丰富发展

任何一种组织文化都是特定历史的产物，当组织的内外条件发生变化时，不失时机地调整、更新、丰富和发展组织文化的内容和形式总会经常地摆上议事日程。这既是一个不断淘汰旧文化性质和生成新文化特质的过程，也是一个认识与实践不断深化的过程，组织文化经过多次循环往复将达到更高的层次。

知识链接

强文化和弱文化

虽然所有的组织都有文化，但并非所有的文化对组织成员都有同等程度的影响。强文化（Strong Cultures）是指强烈坚持并广泛共享基本价值观的文化，比弱文化对组织成员的影响更大。成员对组织基本价值观的接受程度和承诺程度越大，文化就越强。强文化和弱文化的比较如表 5—1 所示。

表 5—1　　强文化与弱文化的对比

强文化	弱文化
价值观广泛共享	价值观局限于少数人，通常是高层管理者
关于“什么是重要的”，价值观传递的信息是一致的	关于“什么是重要的”，价值观传递的信息是相互抵触的
多数员工能讲述关于组织历史或英雄的故事	员工对组织历史或英雄知之甚少
员工强烈认同价值观	员工不太认同价值观
共有价值观与行为之间存在密切联系	共有价值观与行为之间没有多大联系

一项研究表明，强文化组织中的成员比弱文化组织中的成员对组织的承诺更多一些。越来越多的证据表明，强文化与组织绩效是紧密关联的。当明确的价值观被广泛接受时，员工们知道他们应该做什么，被期望做什么。因此，他们能快速反应并解决问题，这样可以预防绩效下降的可能。但是，强文化也有可能会妨碍员工进行新的尝试，特别是在快速变革时期。

课堂讨论

有人认为，提高每个人的文化素质就是组织文化建设；有人认为组织文化是一种奋斗精神；也有人认为，大家彼此尊重，和谐相处就是建设组织文化；还有人认为生产出好的产品也是一种组织文化建设。你认为的组织文化是什么？校园文化是学校组织文化吗？结合实际，请谈谈你所在学校的组织文化。

组织变革与管理创新

引例——过时的条例

一位年轻有为的炮兵军官上任伊始，到下属部队视察操练情况。他在几个部队发现了一个相同的情况：在一个单位操练中，总有一名士兵自始至终站在大炮的炮管下面，纹丝不动。军官不解，问其原因，得到的答案是：操练条例就是这样要求的。军官回去后反复查阅军事文献，终于发现，长期以来，炮兵的操练条例仍因循非机械化时代的规则。站在炮管下面的士兵的任务是负责拉住马的缰绳（在非机械化时代，大炮是由马车运载到前线的），以便在大炮发射后调整由于后坐力产生的距离偏差，减少再次瞄准所需的时间。现在大炮的自动化和机械化程度很高，已经不再需要这样一个角色了，但操练条例没有及时地调整，因此出现了"不拉马的士兵"。军官的发现使他获得了国防部的嘉奖。

启示：当外部环境发生变化时，组织要及时审视自己的结构、规章条例等是否依然适用，否则就会影响组织的正常运转。

任何组织，经过合理的设计并实施后，都不是一成不变的。组织内外部环境的变化，资源的不断整合，都给组织带来了机遇与挑战，这就要求组织进行变革和创新。

一、组织变革

（一）组织变革的含义

组织变革是指运用行为科学和相关管理方法，对组织的权力结构、组织规模、沟通渠道、角色设定、组织与其他组织之间的关系，以及对组织成员的观念、态度和行为，成员之间的合作精神等进行有目的的、系统的调整和革新，以适应组织所处的内外环境、技术特征和组织任务等方面的变化，提高组织效能。

发展是目的，变革是手段。任何一个组织要想开发自己的潜能，增强活力，提高效益，必然需要变革。当组织比较适应目前环境时有必要保持一定的稳定，当组织所适应的环境发生或即将发生变化时就有必要进行变革。

（二）组织变革的动因

组织变革的动力来自各个方面，不仅有来自组织外部环境的，也有来自组织内部的。外部环境因素有社会政治因素、技术发展及市场竞争等，内部因素主要是组织本身运作中的内部条件。

1. 外部环境因素

组织变革的外部环境因素包含政治、经济、文化、技术及市场等方面的因素和压力，其中与变革动力密切相关的有以下几方面。

(1) 社会政治因素。国家的经济政策、法律法规、发展战略和创新思路等社会政治因素也许是最为重要的因素，对各类组织形成强大的变革推动力。如国有企业转制、外资企业竞争、各种宏观管理体制改革、加入“世贸”和开发西部地区等都会成为组织变革的推动力。

(2) 技术发展。机械化、自动化，特别是计算机技术对于组织管理产生的广泛影响，成为组织变革的推动力。由于高新技术的日益采用，计算机辅助设计、计算机集成制造及网络技术等的广泛应用对组织的结构、体制、群体管理和社会心理等都提出了变革的要求。尤其是网络系统的应用显著缩短了管理和经营的时间和距离，电子商务创造了新的商业机会，也迫使组织管理者重新思考组织构架和员工的胜任力要求，知识管理成为重点。

(3) 市场竞争。全球化经济形成新的伙伴关系、战略联盟和竞争格局，迫使不少组织改变原有的经营与竞争方式。同时，国内市场竞争也日趋激烈，劳务市场正在发生深刻的变化，使得组织为提高竞争能力而加快重组步伐，管理人才日益成为竞争的焦点。产品的生命周期大大缩短，组织为了保持在竞争中的优势，就必须不断开发新产品或服务，以提高产品或服务的质量，不断降低成本。

2. 内部因素

组织变革的内部推动力包括组织自身成长、人员条件变化和团队工作模式等方面的因素。

(1) 组织自身成长。组织变革的重要内部推动力是组织结构。由于组织的成长发展带来组织的兼并与重组，或者因为战略目标的调整要求对组织结构加以改造。这种变化往往会影响到整个组织的管理程序和工作流程。因此，组织再造工程也成为管理学与其他学科研究的新领域。

(2) 人员条件变化。由于劳动人事制度的改革不断深入，员工来源和技能背景更为多样化，组织需要更为有效的人力资源管理，人力资源无疑成为组织变革的推动力。为了保证组织战略的实现，需要对组织的任务做出有效预测、计划和协调，对组织成员进行多层次的培训，对企业不断进行积极的挖潜和创新等。这些管理活动都是组织变革的必要基础和条件。

（3）团队工作模式。各类企业组织日益注重团队建设和目标价值观的更新，形成了组织变革的一种新的推动力。组织成员的士气、动机、态度和行为等的改变对于整个组织有着重要的影响。随着电子商务的迅猛发展，虚拟团队管理对组织变革提出了更高的要求。

（三）组织变革的内容

在组织变革实践中，首先应该解决的问题是组织变革冲突的焦点。组织变革涉及四个方面的内容：组织的人员、组织的任务与技术、组织的结构和组织的环境。

1. 以组织人员为中心的变革

通过对组织成员知识、技能、行为规范、态度的变革达到组织变革的目的。

2. 以组织任务与技术为中心的变革

通过对组织工作与流程的再设计，对完成组织目标所采用的方法和设备的改变，以及组织目标体系的建立达到组织变革的目的。

3. 以组织结构为中心的变革

通过组织目标体系、权责体系、协调体系的有效建立达到组织变革的目的。

4. 以适应组织环境为中心的变革

通过调节和控制外部环境达到组织变革的目的。

组织变革的四个方面以及在各自基础上制定的各种变革对策是相互依赖、相互影响、相互促进的。在制定组织变革对策的过程中，它们往往构成一个完整的变革规划体系。当然，由于不同组织所处的变革环境及组织内部状况不同，在选择变革内容时，其侧重点也是不同的。

（四）组织变革的征兆

外部环境条件的变化一般会引起组织大的变动，内部因素的变化一般会引起组织内部组织结构的局部变动。当一个组织出现以下征兆时，就表明组织需要及时进行变革。

1. 组织结构有缺陷

如机构重复或不健全，决策效率低，管理幅度过大，指挥不灵或经常出现决策失误等。

2. 组织沟通渠道阻塞

如信息不灵，人际关系混乱，员工士气低落，不满情绪增加，部门协调不力等。

3. 组织缺乏创新

当现状发生变化时，没有新的办法来适应，致使组织发展停滞不前。

4. 组织职能难以正常发挥

如计划不能按时完成，成本过高，产品质量下降，销售下降，员工工作绩效下降等。

一般来说，组织变革是一项“软任务”，即有时候组织不改变，仿佛也能运转下去，但如果等到组织无法运转时再进行变革就为时已晚了。因此，管理者必须抓住组织变革的征兆，及时进行组织变革。

（五）组织变革的程序

完整的组织变革程序包括以下步骤。

1. 组织诊断

确定需要变革的问题：一个组织是否需要变革，变革的对象是什么，变革的内容包括哪几方面，变革什么时候进行等。当组织出现变革征兆时，要收集资料，组织专家进行组织结构分析和诊断，以便确定是否确实需要变革，变革的内容是什么。

2. 制定变革方针

确定变革的原则、方式和策略，提出和选定可行方案。

3. 制定变革方案并实施

制定变革的具体计划、实施步骤，并组织实施。

4. 评价与总结

评价计划实施效果，及时分析、反馈变革中存在的问题，与原方案进行对比、分析，总结经验，对原计划作修正。

二、管理创新

任何管理都具有动态性，是无止境的，需要根据内外环境的变迁、组织的发展和目标的调整，不断进行优化和创新。

（一）管理创新的含义

管理创新是对原有管理模式、管理方法的一种突破。管理创新是指根据内部条件和外部环境的变化，创造出一种新的更有效的组织活动协调方式和资源整合模式，并加以实施的过程。管理的灵魂就在于创新。

（二）管理创新的内容

管理创新是创造一种新的、更有效的方法整合组织内外资源，以实现既定管理目标的活动。管理创新包含以下内容。

1. 管理理念创新

从 20 世纪 80 年代开始，发达国家的专家们提出了许多新的管理思想和观念，例如知识增值观念、知识管理观念、全球经济一体化观念、战略管理观念、持续学习观念等。我国企业的经营管理理念存在经营目标不明确、经营理念不当和缺乏时代创新精神等问题，应尽快适应现代社会的需要，结合自身条件，构建自己独特的管理理念。

2. 管理方式创新

管理方式是组织在协调、整合资源以实现其目标的过程中所使用的工具和手段。线性规划、价值工程、全面质量管理、预测技术、目标管理、库存管理等现代管理方法的产生及应用，对组织有效整合资源，提高效益起到了相当大的作用。

3. 管理手段创新

当今是计算机网络时代，管理手段更加先进，通过计算机数据管理能够分析管理中存在的问题。特别是在一些营销部门，如果通过计算机对客户资料进行分析就能对客户市场进行准确定位。

4. 管理模式创新

管理模式体现了一个组织的核心能力状况，有了先进的模式才会有更高的效率。不同组织有不同的管理模式。管理模式的创新可以从以下几方面考虑：亲情化管理模式、友情化管理模式、温情化管理模式、随机化管理模式、制度化管理模式和系统化管理模式。

总之，创新是组织持续发展的秘诀和制胜的法宝。特别是在市场经济条件下，创新可以形成组织的核心竞争力。

（三）管理创新的程序

创新的内容不同，创新活动过程也有所差异。一般而言，创新包括以下几个阶段。

1. 准备阶段

信息就是机遇，机遇就会带来发展，发展就是创新。因此，进行创新工作的基础就是信息资料的积聚。管理者要从管理目标与需要出发，大量搜集与处理信息资料，界定所要解决的问题与任务，分析客观环境与主观条件，明确创新的方向。

2. 寻找机会

创新是对原有秩序的一种破坏。原有秩序之所以要被打破，是因为其组织内外存在着或出现了某种不协调的现象，这些不协调现象对组织的发展提供了机会，同时也造成了某种威胁。

创新活动正是从发现和利用这些不协调现象开始的。如企业生产过程的污染与环境保护运动兴起之间的不协调；企业发展的需要与利润大幅度下滑的现实之间的不协调；社会科技的发展与企业生产技术水平之间的不协调等。旧秩序中的不协调既可存在于系统的内部，也可产生于对系统有影响的外部。它们有可能成为创新的障碍，也有可能转变成消除不协调、解决现存问题、使系统在更高层次实现平衡的创新构想。

3. 提出构想

发现组织内外的不协调只是创新活动的开始，透过现象看本质，还必须在此基础上认真分析和预测不协调现象的未来发展变化趋势，估计它们给组织带来的积极影响或产生的消极后果，运用各种创新方法来解决问题，这就要求人们提出创新构想。

创新的思维方法多种多样，如头脑风暴法、特尔菲法、哥顿法、检查提问法等。提出各种解决问题的构想，并综合、分析和评价各个构想的可行性与效益性，就可以从中选择出真正解决问题的办法。创新是一个复杂的过程，为了减少创新人力、物力、财力等的投入，必须对创新过程有一个合理的安排。

4. 实施构想

构想只是一种行动方案，是对创新活动的内容、程序、人员安排等所做的总体规划。由于创新活动具有很大的不确定性，有许多问题是我们无法事先预计的。所以，这种构想可能是很不完善的，需要我们在实施过程中不断调整、修正。而且，这种构想也只有建立在行动的基础上才有意义。

5. 逐步完善

创新是一个非常复杂的过程，是一个不断尝试、不断失败、不断提高的过程，需要在管理实践活动中不断完善。

（四）管理创新的方法

1. 组合法

组合法是很重要的创新方法。有一部分创造学研究者甚至认为，创新就是人们认为不能组合在一起的东西组合到一起。如智能手机就是把手机、照相机和电脑的一些功能组合在一起而研制出来的。

2. 类比法

类比法是一种确定两个以上事物间同异关系的思维过程和方法。即根据一定的标准尺度，把与此有联系的几个相关事物（既可以是同类事物，也可以是不同类事物）加以对照，把握住事物的内在联系进行创造。

3. 移植法

发明者把某一技术领域中的技术手段和方法移植应用到另一技术领域，从而产生新发明，这就是移植法。移植法常与类比法相结合。应用移植法，一要广泛地研究各种物品，开发它的应用领域以进行发明创造。二要从需要解决的问题出发，寻求应用合理的方法实施移植，以解决实际问题。

4. 联想法

联想法是依据人的心理联想而实现发明的一种创新方法。那么，联想是什么呢？心理学认为，联想就是由一事物想到另一事物的心理现象。这种心理现象不仅在人的心理活动中占据重要地位，而且在回忆、推理和创造过程中也起着十分重要的作用。许多创新就来自于人们的联想。

管理是一门艺术，必须创新。创新是管理的灵魂，只有创新，管理才有生命力，组织才能发展。在现代社会经济环境中，管理者只有不断追求新知，不断优化各种资源，管理的创新使命才能完成。

知识链接

熊彼特的创新理论

创新概念的起源可追溯到1912年经济学家熊彼特的《经济发展理论》。熊彼特在其著作中提出：创新是指把一种新的生产要素和生产条件的“新结合”引入生产体系。它包括几种情况：引入一种新产品、引入一种新的生产方法、开辟一个新的市场、获得原材料或半成品的一种新的供应来源。熊彼特的创新概念包含的范围很广，如涉及技术性变化的创新及非技术性变化的组织创新。他以创新理论为核心，研究了资本主义经济发展的实质、动力与机制，提出了独特的经济发展理论体系。

熊彼特的创新理论的最大特点就是强调生产技术的革新和生产方法的变革在资本主义经济发展过程中的至高无上的作用，并把这种创新或生产方法的新组合看成是资本主义最根本的特征，因而认为没有创新，就没有资本主义，更没有资本主义的发展。并且，熊彼特还非常强调和重视企业家在资本主义经济发展过程中的作用，把企业家看做是资本主义的“灵魂”，是创新、生产要素组合以及经济发展的组织者和推动者。

课堂讨论

你认为一个组织在什么时候需要变革？引起组织变革的因素有哪些？

本章小结

组织职能是管理的基本职能之一，其实质是研究如何合理、有效地进行分工。组织职能是管理者为实现组织目标而建立组织结构并推进组织协调而进行的工作过程。组织工作包括组织结构的设计与建立、组织关系的确立、人员的选拔与配置以及组织的协调与变革等。因此，不同层次以及不同类型的管理者总是或多或少地承担着不同性质的组织职能。

组织结构是组织内的全体成员为实现组织目标，在工作中进行分工协作，通过职务、职责、职权及它们之间的相互关系构成的结构体系。管理者在进行组织结构设计过程中，应遵循以下原则：分工协作原则、统一指挥原则、有效管理幅度原则、权责对等原则、集权与分权相结合的原则、柔性经济原则。每种组织都具有自己特定的组织文化。组织文化具有导向、凝聚、激励、约束、辐射等功能。

任何组织，经过合理的设计并实施后，都不是一成不变的。组织内外部环境的变化，资源的不断整合，都给组织带来了机遇与挑战，这就要求组织进行变革和创新。

管理小故事

组织机构膨胀

卡尔·迪罗先生经营着一家五金公司，由于业务拓展的需要，公司招聘了一批新员工。在新员工的培训大会上，他给新员工讲了这样一个故事：

有一家公司淘汰了一批落后的设备。

董事长说："这些设备不能扔，找个地方放起来。"

于是专门为这批设备修建了一间仓库。

董事长说："防火防盗不是小事，找个看门人。"

于是找了个看门人看管仓库。

董事长说："看门人没有约束，玩忽职守怎么办？"

于是又派了两个人过去，成立了计划部，一个负责下达任务，一个负责制定计划。

董事长说："我们必须随时了解工作的绩效。"

于是又派了两个人过去，成立了监督部，一个负责绩效考核，一个负责写总结报告。

董事长说："不能搞平均主义，收入应拉开差距。"

于是又派了两个人过去，成立了财务部，一个负责计算工时，一个负责发放工资。

董事长说："管理没有层次，出了岔子谁负责？"

于是又派了四个人过去，成立了管理部，一个负责计划部工作，一个负责监督部工作，一个负责财务部工作，一个总经理——管理部总经理对董事长负责。

董事长说："去年仓库的管理成本为35万元，这个数字太大了，你们一周内必须想出解决办法。"

于是，一周之后，看门人被解雇了……

启示：企业的组织机构越来越膨胀、制度越来越烦琐、文件越来越多、效率越来越差……很多管理者不仅不有意识到这些问题，反而还陶醉在复杂的事务中沾沾自喜，以为自己正在为"即将到来的成功"而"努力奋斗"；有些人虽然意识到了问题的严重性，可是却不知该从何处下手。因此，保持事物的简单化是对付复杂和烦琐的最有效的方法，这几乎是所有成功的管理者都认可并遵行的准则。

技能训练

请调研一家企事业单位，了解其组织机构设置、部门划分、岗位设置、组织文化和发展历程等信息，绘制出该单位的组织结构图。结合本章所学知识，分析其属于哪一种组织结构，其现有的组织结构设计是否合理，最后生成一份调研报告。

同步测试

一、单项选择题

1. 在管理学中，组织工作这一概念应被理解为（　　）。

A. 协调关系　　B. 人员群体

C. 组织机构　　D. 管理职能之一

2. 管理者为实现组织目标而建立组织结构并推进组织协调而进行的工作过程属于管理的（　　）职能。

A. 计划　　B. 组织　　C. 决策　　D. 控制

3.（　　）组织是区别于传统组织的一种以信息技术为支撑的人机一体化组织。

A. 生产型　　B. 实体　　C. 虚拟　　D. 服务型

4. “科学管理之父”泰勒曾经推行过一种职能制组织机构，即各职能部门都可以给生产车间下达指令，最后这种组织以失败而告终。它失败的原因是违背了（　　）。

A. 分工协作原则　　B. 统一指挥原则

C. 有效管理幅度原则　　D. 集权与分权相结合的原则

5. 在组织结构设计的基本内容中，（　　）主要是解决组织横向结构问题。

A. 部门设计　　B. 工作设计　　C. 层次设计　　D. 责权分配

6. 直线制组织结构一般只适用于（　　）。

A. 大型组织

B. 小型组织

C. 需要职能专业化管理的组织

D. 没有必要按职能实现专业化管理的小型组织

7. 职能制组织结构的最大缺点是（　　）。

A. 横向协调差　　B. 不利于培养上层领导

C. 多头领导　　D. 适用性差

8.（　　）组织结构又称联邦分权制，最早是由美国通用汽车公司总裁斯隆提出的。

A. 事业部制　　B. 矩阵制　　C. 职能制　　D. 直线制

9.（　　）是组织文化的核心层。

A. 制度文化层　　B. 物质文化层　　C. 精神文化层　　D. 行为文化层

10.（　　）是创造一种新的、更有效的方法整合组织内外资源，以实现既定管理目标的活动。

A. 制度创新　　B. 管理创新　　C. 文化创新　　D. 结构创新

二、多项选择题

1. 根据不同的分类标准，我们可以对组织进行不同的分类。如果按照组织的形成方式分类，可以把组织分为（　　）。

A. 政治组织　　B. 正式组织　　C. 文化组织　　D. 非正式组织

2. 组织结构设计的内容包括：工作设计、（　　）。

A. 部门设计　　B. 层次设计　　C. 责权分配　　D. 整体协调

3. 组织结构的类型有很多种，通过机构、职位、职责、职权以及它们之间的相互关系，实现纵横结合。常见的组织结构类型有（　　）和矩阵制。

A. 直线制　　B. 职能制　　C. 直线—职能制　　D. 事业部制

4. 组织文化主要由三层构成，即（　　）。

A. 经济文化层　　B. 精神文化层

C. 制度文化层　　D. 物质（行为）文化层

5. 组织变革的动力来自各个方面，不仅有来自组织外部环境的，也有来自组织内部的。其中与变革动力密切相关的外部环境因素有（　　）。

A. 社会政治因素　　B. 团队工作模式　　C. 技术发展　　D. 市场竞争

三、简答题

1. 什么是组织？组织有哪些作用？

2. 管理者在进行组织结构设计时，应该遵循哪些原则？

3. 什么是矩阵制组织结构？矩阵制组织结构有何优缺点？适用于什么样的组织？

4. 什么是组织文化？组织文化有哪些功能？

5. 什么是管理创新？管理创新的内容有哪些？

四、案例分析题

办公室里来的年轻人

小刘于2007—2011年在某重点大学学习企业管理专业。在校期间品学兼优，多次获得奖学金和“三好”学生、优秀团员荣誉称号，并于2010年光荣加入中国共产党。2011年，小刘参加了某大型国有企业的招聘考试，顺利通过，被该企业综合办公室录用。

进入国有企业，小刘认为从此有了稳定的收入，而且自己的所学又能派上用场，感到很高兴，并且暗自下定决心：要好好地做出一番事业。于是，每天小刘早早地来到办公室，扫地打水，上班期间更是积极主动承担各种工作任务，回家还钻研办公室业务。

综合办公室原来是一个有五个人的大科室，包括主任甲，副主任乙，三位年纪较长的办事员A、B、C。几位老同志听说办公室要来这么一个年轻人，顾虑重重。他们认为现在的大学生从小娇惯，自命甚高，很难相处，而且业务又不熟，还需要他们手把手地教，来了他无异于来了一个累赘。令他们没有想到的是，这个年轻人热情开朗，待人谦虚，很容易相处。更重要的是，小刘有企业管理专业背景，再加上聪明好学，很快就熟悉了业务。而且小刘很勤快，承担了办公室大量工作，让几位老同志一下子减轻了许多压力。几位老同志渐渐喜欢上了这个年轻人，主任、副主任也经常在办公室会议上表扬小刘。

可是聪明的小刘发现，随着主任表扬次数的增多，几位老同志对自己越来越冷淡。有一次，他忙着赶材料，B居然冷冷地对他说：“就你积极！”小刘一时丈二和尚摸不着头脑。

一年很快就过去了，小刘顺利转正。

公司年终考核的时候认为，综合办公室工作按量优质提前完成，被评为“优秀科室”。并且在制定下一年度（2013年）计划时，又增加了综合办公室的工作量。办公室的几位老同志本来因为小刘的到来轻松了许多，这下子又忙起来了。而且他们发现，虽然繁忙依旧，但是“名”却给夺走了，每次得到表扬的总是小刘。小刘更加被排斥了。随着2013年小刘被评为综合办公室第一季度先进个人，A、B、C对小刘的反感达到了顶点。从此，几位老同志再也不邀请小刘参加任何一次集体活动，还在背后称小刘是“工作狂”、“神经病”、“都这么大了还不谈恋爱，是不是身体有毛病”。话传到小刘耳朵里，小刘很伤心，“我这么拼命干不也是为办公室吗？要不是我，去年办公室能评上优秀科室？怎么招来这么多怨恨?”他一直都不能理解。有一次，小刘把自己的遭遇同另外一个部门的老王讲了。老王叹了口气说：“枪打出头鸟，你还年轻，要学的还很多啊!”小刘恍然大悟，正是自己的积极破坏了办公室原有的某些东西，让几位老同志备感压力，才招致如今的境遇。

从此，小刘学“乖”了，主任不布置的任务，再也不过问了；一天能干完的事情至少要拖上两天甚至三天。办公室又恢复了平静与和谐，“先进个人”大家开始轮流坐庄，几位老同志见到小刘的时候又客气起来了，集体活动也乐意邀请他。小刘觉得，这样很轻闲，与大家的关系也好多了，心理压力骤减，生活也重新有了快乐。

问题：请运用本章的相关知识，对本案例进行分析。这样的组织环境对小刘的成长产生了哪些不良影响？对综合办公室的发展带来了哪些不利？

第六章

领导职能

1. 了解领导的含义。
2. 明确领导者与管理者的关系。
3. 理解领导者影响力的构成。
4. 掌握领导者应具备的素质。
5. 重点掌握领导特质理论、领导行为理论、领导权变理论的具体内容。
6. 掌握领导者用人的艺术。

第一节

领导与领导者

引例 ———克罗克的“走动管理”

麦当劳快餐店的创始人是克罗克，他不喜欢坐在办公室里，大部分的工作时间都用在“走动管理”上，即到下属各公司及部门走走、看看、听听、问问。麦当劳公司曾有一段时间面临严重亏损的危机，克罗克发现其中一个重要原因是公司各职能部门经理有严重的官僚主义，习惯躺在舒适的椅背上指手画脚、抽烟和闲聊。于是，克罗克想出一个奇招，将所有经理椅子的靠背锯掉，开始很多人骂克罗克是一个疯子，但不久大家开始悟出他的一番“苦心”，他们纷纷走出办公室，深入基层，开展“走动管理”，及时了解情况，现场解决问题，终于使公司扭亏为盈。

启示：克罗克应用改进领导作风的方法取得了管理上的成功。这说明领导实践活动是不断变化的，原有的领导作风可能会变得与环境不相适应；反之，领导作风本身也会因各种原因发生变化，而与领导实践活动不相适应。这就要求领导者要注意调整自己的领导风格以适应变化的领导实践活动。

管理学家彼得·德鲁克认为，“领导就是创设一种情境，使人们心情舒畅地在其中工作”。有效的领导能完成管理的职能，即计划、组织、指挥、控制。

领导工作是人类永恒、特殊的实践活动，领导工作产生于人类共同的劳动，随着社会分工的发展而发展。在现代生活中，无论人们身处何种地位，从事何种职业，每个人都在参与领导活动。可以说，领导活动无处不在。任何一个组织都需要领导者，大至一个国家、军队，小到企业、学校、社团、家庭，领导都是决定组织有效发展的关键要素。

一、领导与领导者的含义

（一）领导的界定

健康有序的社会秩序，需要政府官员的悉心领导；企业机器的正常运转，需要管理层的精心管控；团队凝聚力的打造，更需要领导的协调与指挥……可以说，生活中处处需要领导，领导是人类社会活动不可或缺的关键角色。

领导在团队中扮演着十分重要的角色，如果不能深刻地认识领导的内涵和角色，无法掌握领导这门特殊的管理艺术，再有能力的人才，也难以发挥最大效用，难以成为一名杰出的领导。

众多学者在总结前人研究成果及结合工作实践的基础上给出了领导的不同定义，综合专家、学者对领导的理解，给出如下定义：领导是领导者为了实现某一特定群体的共同目标，在一定客观环境影响下，采取恰当的方式，率领和引导被领导者完成预定任务的创造性实践过程。具体可以从以下几点进行理解。

（1）领导有两层含义，一个是动态的，一个是静态的。动态含义指的是领导行为，一种为实现目标而管理团队的能力和过程；静态含义指的是领导者，即团队的组织者或引领者。

（2）领导是指引导和影响个人或组织，在一定条件下实现目标的行动过程。在此强调两点：一是实现一定目标；二是带领和影响他人实现目标。

（3）领导包括三个因素：领导者、被领导者和环境，它们之间存在着密切的相互关系。

（4）领导者和被领导者在权力分配上是不平等的。

（5）领导的本质是一种影响力。即通过对人们施加影响，从而使人们自觉地为实现群体目标而努力。

（6）领导的目的是通过影响群体行为来达到组织目标。

希伯来文化中有一则经典的牧羊人与羊群的故事可以较好地诠释上述观点：在中世纪从死海到耶路撒冷的朱迪亚平原，牧羊人走在羊群的前面为它们引路，这对羊群的安全非常重要。这个故事说明一个道理：领导要确定目标，引领组织前进，在实现组织目标的同时满足组织成员的个人需求。

（二）关于领导者

领导者一词在英语中最早被使用是在 14 世纪。领导者是一个被委派到某一职位上，具有职权、责任和义务来完成组织目标与目的的人。领导者是组织中的一个角色，一个团队可以指定一个领导者或选出一个领导者，但却不能指定或选出某种领导行为。领导者是一个影响其他人完成不同寻常事情的人，同时，领导者是组织中少数有影响力的人员，他们可以是组织中拥有合法职位的、对各类管理活动具有决定权的主管人员，也可能是一些没有确定职位的权威人士。

领导人是任何一个组织最基本而又最难得的资源。大多数事业的失败都是由于领导人领导无方。大多数组织都面临着一个不断寻求具有必要的能力来有效地进行领导的人才的问题。

领导人是能把别人吸引到自己周围的人，是别人想要跟随的人，是能够得到别人信任和忠诚的人。一个组织的领导人就是通过计划、组织、监督、控制、沟通信息、委派任务和承担责任实现组织目标的人。国外的研究结果表明，职工积极性40%的发挥是由领导者的才能诱发出来的。

（三）领导与管理

1. 领导与管理的关系

在现实生活中，很多人将领导等同于管理，其实两者既相互区别又相互联系：领导是管理的一种职能，是高层次的管理活动，领导更重要的是指领导者个人的影响力，着重计划、组织、控制的协调方面，领导中包含管理。管理着重职权方面。管理与领导的区别在于协作、指导、个人品质、关系和产出上，如表6—1所示。

表6—1　　管理与领导的区别

	管　理	领　导
协作	组织、协调、指导、控制、建立界限	营造共享的文化和价值观，帮助他人成长，打破界限
指导	制定计划、预算、注重细节控制	形成理念、制定战略、把控全局
个人品质	感情上保持距离 专家头脑 表达 作风保持一致 对组织有深刻的洞察力	倾心结交 开放的思维 倾听（交流） 善于变革（有勇气） 对自我有深刻的洞察力（正直）
关系	注重目标：产品制造、销售和服务 基础：职位权力 角色：老板	注重人力资源：鼓励和鼓舞员工 基础：个人影响力 角色：教练、促进者
产出	保持稳定	创造革新甚至是巨变

综上所述，“管理”是建立在合法的、有报酬的和强制性的权力基础上的，但是“领导”更多的是建立在个人影响力和专长权以及模范作用的基础上。首先，领导者必然会有部下或追随者；其次，领导者拥有影响追随者的能力；最后，领导的目的是通过影响部下来达到组织的目标。因此一个人可能既是管理者也是领导者，但并不是所有的管理者都能成为领导者。

2. 领导者与管理者的关系

领导者不一定是管理者，但管理者应该成为领导者。领导者和管理者，领导职能和管理职能，它们既相互联系又相互区别。

（1）影响力来源不同。管理者是被任命的，拥有合法的权力进行奖励和惩罚，其影响力来自他们所在职位所赋予的正式权力。而领导者既可以是被任命的，也可以是从某个群体中产生出来的，他可以不运用正式权力来影响他人的活动。

（2）内涵不同。管理学意义上的领导者，是指拥有管理职位并能够影响他人行为的人，而不是组织中一些非正式组织的领导者。管理学中的领导职能研究的是如何使管理者成为领导者。一个人可能是一个领导者，但并非是一个管理者。在非正式组织中拥有管理职位的领导者称为非正式领导。这些人并没有组织赋予他们的职位和职权，他们也没有义务去负责企业的计划、组织和控制工作，但他们却能引导和激励甚至命令他们所领导的非正式群体（组织）的成员。

（3）范围不同。如果将管理者视为直线管理人员与辅助参谋人员的统一体，那么管理者的范围要大于领导者。领导职能只是管理职能的一个组成部分，一个人能够影响别人这一事实并不表明他同样也能够计划、组织和控制。

（4）任务不同。领导者的任务是要促使被领导者实现组织目标。好的领导者不是高高在上发号施令，他们时而站在所领导群体的后面进行激励和推动，时而置身于群体之前，引导和鼓舞群体为实现组织目标而努力。领导的本质就是通过人与人之间的相互作用，使被领导者能义无反顾地追随他前进，自觉自愿而又充满信心地把自己的力量奉献给组织，从而更有效地实现组织目标。而管理者更多的是履行其所在职位规定的岗位职责。

二、领导的作用

拿破仑认为“一只绵羊带领的一群狮子，敌不过一只狮子带领的一群绵羊”，我国也有类似的俗语“千军易得，一将难求”，可见领导者对于组织的重要程度。例如，海尔集团总裁张瑞敏，1984 年出任青岛电冰箱总厂厂长，20 多年来，将海尔集团由一个亏损 147 万元的集体小厂，发展成为 2007 年全球营业额 1 180 亿元的中国家电第一品牌。2008 年，海尔第二次入选英国《金融时报》评选的“中国十大世界级品牌”。海尔成功的因素有很多，但其中一个重要因素无疑是因为有了张瑞敏。

领导是管理的一项重要职能，是贯穿于管理活动始终的一门艺术。一位优秀的领导者能够指引组织走向正确的方向，带领员工实现组织目标。而领导的一个错误决断很可能将组织带入困境，举步维艰。领导水平的高低直接决定着组织的生存与发展。那么，领导的作用主要有哪些呢？

（一）指挥引导

领导者能帮助人们认清所处的环境和形势，指明活动的目标和实现目标的途径。

（二）沟通协调

组织在内外因素的干扰下，需要领导者来协调组织成员之间的关系和活动，朝着共同的目标前进。协调的本质就在于协调各种关系，解决各方面的矛盾，使整个组织和谐一致，使组织成员的工作同既定目标保持一致。

（三）控制驾驭

领导要担负起组织目标实现的任务，要对组织的各项工作进行总体规划。因此，监督、控制就成为领导的重要职能之一。领导要经常检查规划目标的执行情况，及时发现问题，纠正偏差，确保任务的完成；要建立合理的组织机构，进行适当的人事安排，以保证组织中人力资源的有效运用；要制定完善的规章制度以保证组织内各部门工作有章可循。同时，在授权的情形下，要建立相应的责任制保证下属在合理的范围内使用权力，让下属既能充分发挥其积极性、主动性，又不滥用职权。

（四）激励调动

激励与领导是密切相关的。领导者要取得被领导者的追随与服从，首先必须能够了解被领导者的愿望并帮助他们实现各自的愿望。领导者要为员工排忧解难，激发员工士气，发掘和调动他们积极进取的动力。

例如，在上海东方大鲨鱼男篮的短片中曾看到这样一个场景：外国人邓华德在中国带球队，虽然交流有障碍，但是通过翻译指手画脚，管理上倒也有章有法。视频当中有个片段令人印象深刻，在一次赛前训练当中，一位外援迟到了，估计他总是这样，邓教练很生气，后果很严重，直接请他“get out”了。外援尽管心里很生气，但还是选择调头默默离开。事情到这里并没有完，邓教练随后找到球队队长刘炜，要他去找这位球员如此这般说。刘炜找到该球员，说自己认为他是球队不可或缺的一分子，去向教练求了情，废了不少唾沫，最后邓教练答应他回来参加当天的训练。但是，今后必须刻苦训练，以保证在第二天的比赛中有良好的发挥，不然队长刘炜也要一同承担责任。外援听后破涕为笑，欣然回来挥汗如雨地参加训练，随后的比赛也是超水平发挥，事情圆满解决。

由此可见，理想的领导者，是胸襟宽广的海，能够包容意见相左的下属；是识人善任的伯乐，能够把每个人放在正确的位置上；是有人格魅力的火烛，能够吸引下属积聚在他身边；是会造梦的教练，他们坚持自己的选择，构建梦想，并通过不断激励，带领下属一同去实现它。所以领导不是在下属的后面推动或鞭笞，而是在下属的前面引导，鼓励下属实现共同的目标。

三、领导者的影响力

一个领导者要发挥领导作用，关键在于领导影响力。合格的管理者运用的是领导的方式，不合格的管理者运用的则是管理的方式。管理者虽然握有职权，但只能通过自己的专长权和影响力去影响别人。只有做到管理自己，影响别人，才是合格的领导者。

（一）领导者影响力的含义

影响力指一个人在人际交往中，影响和改变他人心理与行为的能力。领导者的影响力就是领导者在领导活动中，有效地影响和改变下属的心理和行为，使之纳入组织活动目标轨道的能力，即领导者的状况和行为在下属身上产生的心理效应。

任何领导活动都是在领导者与下属的相互作用中进行的。在领导者与下属的关系中，领导者起主导作用。领导者如果不能影响或改变下属的心理和行为，就很难实现领导功能，组织目标也很难达到。

（二）领导者影响力的构成

领导者在领导过程中，主要是依靠其影响力来吸引和鼓动下属实现目标。这种影响力主要包括权力性影响力和非权力性影响力。

1. 权力性影响力

权力性影响力是通过组织正式授予而获得的，通过职权体现。这类影响力对于被领导者具有强制性和不可抗拒性，常以奖惩等方式起作用，随地位而产生。构成权力性影响力的主要因素有：

（1）传统因素：建立在人们对领导者传统认识的基础上。

（2）职位因素：与领导者在组织中的职务及地位相关，是以法定权力为基础的力量，是行使权力的有利条件。

（3）资历因素：资历的深浅在一定程度上决定着影响力，人们往往尊重资历较深的领导者。

2. 非权力性影响力

非权力性影响力不是由社会或组织赋予的，而是由领导者自身因素所产生的。它对下属所产生的心理和行为的影响建立在他人信服的基础上。

非权力性影响力对人的激励作用大大超过权力性影响力。权力性影响力使下属被动服从，靠奖惩等附加条件作用于员工。而非权力性影响力是由领导者个人素质和现实行为形成的自然性影响力，其产生的基础比权力性影响力更广泛，作用更稳定、持久，而且是潜移默化地起作用，更容易让下属信服，赢得尊敬，对下属态度和行为的形成起主导作用。构成非权力性影响力的主要因素有品格因素、能力因素、知识因素、情感因素等。

通过上述对领导影响力的分析，可以概括出权力性影响力和非权力性影响力的不同之处，如表 6—2 所示。

表 6—2　　权力性影响力与非权力性影响力的区别

区别点	领导者影响力的构成	
	权力性影响力	非权力性影响力
特点	法定性、强制性和不可抗拒性	无正式规范、无上级授予形式
被影响者表现	被动、服从	主动、自愿、内化
产生影响	表面性、暂时性	更稳定、更持久
核心	职位权力	领导者素质

课堂讨论

领导者如何巧用影响力

资料1：某公司聘请了一位CEO，此人以能干果断闻名。上任之后就开始大力裁员，赏罚分明，做出了本应几年前就该实施的决定，公司业绩逐渐良好。但由于专断独行，对下属工作中的丁点儿错误就大发雷霆、严厉处罚。下属因为害怕将坏消息告诉他挨骂，不再向他提供任何坏消息。员工士气低落，公司在短暂的复苏后又再次陷入困境。

资料2：史玉柱二次创业初期，很多时候身边的人连工资都没得领。但无论公司如何被误解，陷入何种困境，追随者始终不离不弃。在内部人眼中，史玉柱是个重情重义的人。“无论什么时候看到他，你在他眼中看到的都是自信，我一定能赢的信心。你跟他在一起就充满了活力。”最终，史玉柱继巨人之后又创造了脑白金的神话。

问题：

1. 两个案例中的管理者分别注重哪种影响力的运用？
2. 为何管理效果出现了这么大的差异？

（三）提高领导者影响力的途径

领导工作是一门科学，也是一门艺术。组织中的领导者树立权威搞好管理，既要使用权力性影响力，又要使用非权力性影响力。特别是在管理界普遍提出“以人为本”的理念的背景下，尤其要注重权力性影响力与非权力性影响力的有机结合，只有这样，管理工作才能相得益彰。总体而言，提高领导者的影响力，要注意以下两个方面。

1. 提高非权力性影响力是关键

领导者与被领导者之间不是“以权压人”的关系，应是平等的、互助合作的关系。因此，领导者推崇的应是“以德服人”、“以情感人”，即要靠非权力性影响力而不是依赖权力性影响力。作为领导者要提高非权力影响力，须从以下几方面入手。

（1）领导者要不断加强自身的道德修养，增强非权力性影响力。“桃李不言，下自成蹊”，领导者良好的人格力量比千百次说教所起的作用要大得多。对于领导者而言，不论职位有多高，权力有多大，其地位和声望都是靠“德”来支撑的，且职位越高，越要有更高的德望。一个具有优秀品德的领导者会使人们对其产生敬仰之情，促使人们积极去效仿。反之，对于一个品德上出了问题的领导者，不管他的职位有多高，权力有多大，他的影响力都将受到严重的影响。正所谓“非德之威，虽猛而人不畏；非德之明，虽察而人不服”。

（2）领导者超群的才能是魅力所在。领导者的卓越才干是构成非权力性影响力的重要因素。领导活动是一项极其复杂的系统工程，一个合格的领导者，必须具有高人一筹的才能。实践证明，才能的强与弱，决定着领导活动的成败，影响着部属的工作信心，关系着领导者的威望。领导干部要履行好肩负的职责，就必须加强自身能力的锻炼和培养，使自己成为真正的内行领导，善于进行理论学习和战略思考；提高驾驭复杂局面的能力，处变不惊，从容应对；提高科学决策的能力，善于发现问题、分析问题和解决问题；提高组织指挥的能力，简洁明快，少走弯路，力求事半功倍，等等。只有在领导工作的各个环节都能表现出高超的领导水平，才能令部属敬服和信任。

(3) 以“情”为纽带，拉近与下属的距离。俗话说：“人非草木，孰能无情”。领导者的关怀，双方的感情交融，必然会产生极大的正能量，促使员工加倍努力工作，使领导者做出的决策、制定的计划、采取的措施，迅速变成员工的实际行动。反之，如果领导者冷若冰霜，对工作麻木不仁，对员工漠不关心，这样的领导者在人们心目中是没有地位的，这样的领导也不可能具有影响力。如果领导者仅靠自己所掌握的奖励或惩罚权力实现领导，那么，下属只能屈服于他的权力而被动地接受领导，积极性就会大打折扣，工作目标就不能顺利实现。

(4) 用渊博的学识武装头脑。一个具有较宽知识面且在某一方面有专长的领导者，会使被领导者产生信服感。领导者广博的知识使部下增见识、释疑难、排忧愁、长志气，且心悦诚服地听从教诲，服从领导。这就要求领导者不断充实自己的知识，不断学习，使自己的知识随组织环境的变化不断更新，而且要带动下属进行学习，创造出一个学习型的组织环境。

2. 合理地使用权力性影响力

领导者手中掌握权力，客观上增强了影响力，但对于权力性影响力要正确合理地使用。

(1) 正确认识和使用权力。权力是领导的象征，拥有了权力就拥有了一定的影响力。但是一个领导者不能做到为组织利益使用权力，就是以权谋私，滥用权力势必导致其影响力下降。正确运用权力就要做到公私分明，一视同仁，不能拉帮结派，打击异己。

(2) 善于授权。对领导者而言，最重要的工作就是激发部属的自主工作能力，使每一个人都能独立作业，而不是成为唯命是从的傀儡。即成功的管理者应当是一个“领头羊”的角色，善于下放权力，调动员工积极性。

例如，在松下公司，把事情交给部属处理是一条重要的用人原则。在通常情况下，为了避免因考虑不周或技巧不够而造成一些缺憾，上司往往习惯于指示部属应该如何做。但松下公司的领导者认为，如果指示太过详尽，就可能使部属养成不动脑筋的依赖心理。一个命令、一个动作地机械工作，不但谈不上提升效率，更谈不上培养人才。在训练人才方面，最重要的是引导被训练者反复思考，亲自制定计划策略并付诸实行。只有独立自主，才能独当一面。

(3) 巧用激励。拥有最多资源的领导者如何以物质面及精神面的要素激励部属，是完成任务的诀窍。单纯地用“权威”威吓下属的领导者只能适得其反，使得下属敬而远之，心生厌恶。

例如，世界钢铁大王卡内基的一位私人秘书，是一位跟随卡内基多年的年轻人，他做事有效率、可信赖。他曾经和一群有酗酒坏习惯的朋友交往，卡内基发现他自从结交了这群朋友后，上班经常迟到，而且变得容易发怒。于是卡内基就邀请他到家共进晚餐，对他的行为做了善意的分析。在晚餐期间，卡内基谈了很多令人开心的事，但就是没有提到真正想对他说的话。晚餐后卡内基开始问他一些问题：“你是否认为应该考虑给一位经常酗酒的人升迁的机会?”他回答说：“我认为不应该给这种人升迁的机会。”卡内基接着又问：“如果你的员工中有人因为酗酒而无法工作时，你会如何处理。”他回答说：“可能会开除这个人。”这个时候年轻的秘书已露出局促不安的神情。卡内基停了一会，接着又问：“是不是有可能给明理的人及时改变坏习惯，而避免毁掉一生的机会。”他沉默了几分钟，站起来看着卡内基说：“你不必再拐弯抹角了，我早就知道会有今天这样的结果，我很感谢你使事情变得容易多了，我只能说我过去就像一个傻瓜一样，但是我可以改。如果给我时间，我将证明我会改。”从此，他就约束自己，以热忱的态度来处理他的工作，后来他成了该公司一家最大钢铁厂的总经理。

可见，只有权力性影响力和非权力性影响力相辅相成、有机结合，才能最大限度地发挥领导者的影响力。一般来说，非权力性影响力占据主导地位，起决定性作用。所以，一个领导者要善于运用非权力性影响力，提升领导魅力。

（四）领导者应具备的素质

科技的进步，社会的发展，环境的多变，以及利益群体的多元化，对现代组织的领导者素质提出了诸多要求。具体而言，主要包括以下几方面。

1. 人格魅力

优秀的领导者应该尽量赞赏下属的才干与成就，要尽可能地把荣誉让给下级，把自己摆在后面，这样下级就会尽心为组织服务。如果自己的虚荣心太强，处处压抑下级，就必然会引起下级的反感。一个人只要工作，就不可能不犯错误，关键在于能否承认错误和改正错误。领导者勇于承认错误，知错就改，那他就是非常了不起的人。事实上，敢于承认错误、改正错误的人一定会受到人们的尊敬。

例如，日本本田技研工业总公司的创始人本田宗一郎每当遇到棘手的事情时，总是自己率先去干。因此，公司里的年轻人非常佩服他的这种身先士卒的作风。1950 年的一天，为了谈一宗出口生意，本田宗一郎和同事藤泽武夫在滨松一家日本餐馆里招待一位外国商人。外国商人上厕所时，不小心弄掉了假牙。本田宗一郎二话没说，就跑到厕所，脱光衣服，跳下粪池，用木棒小心翼翼地慢慢打捞，终于找到了假牙。然后，他又反复冲洗干净，并作了严格的消毒处理。回到宴席上，本田宗一郎自己先试了试，再冲洗后才交给那位外国人。这件事让那位外国人很受感动，生意自然获得了圆满的成功。藤泽武夫目睹了这一切，感慨不已，认为自己可以一辈子和本田宗一郎合作下去。可见，榜样可以起到明显的激励作用，从而推动各项工作的开展。

什么是榜样激励的核心问题呢？就是企业的管理者要以身作则，注重身教重于言教。事实证明，企业管理者的一举一动往往影响着员工的积极性，会给员工留下深刻的印象。

2. 懂得沟通

和下属沟通，就是要设法走进下属内心深处，了解他的真正需求，这是作为一个领导者必不可缺少的一种素质。其实人都是感情动物，只有拉近与下属的距离，让你更有亲切感，他才会死心塌地地付出，义无反顾地追随你。

3. 相信别人

在许多企业里，信任危机是一个非常普遍的问题。因此，反复强调信任的作用对管理者大有裨益。作为一个经营者，应大胆地相信信任所产生的巨大威力。实质上，把信任具体化就是做真正该做的事情。例如，美国 GE 公司总裁韦尔奇认为，企业领导必须“忙碌”一些有意义的工作。韦尔奇说：“有人告诉我，他一周工作 90 个小时以上。”我对他说：“你完全错了！请写下 20 件每周让你忙碌 90 个小时的工作，进行仔细审视。你将会发现，其中至少有 10 项工作是没有意义或可以请人代劳的。”

知识链接

领导者与管理者的十大区别

- 管理者善于管束；领导者善于革新。
- 管理者是模仿者；领导者是原创者。
- 管理者因循守旧；领导者追求发展。
- 管理者依赖控制；领导者营造信任。
- 管理者目光短浅；领导者目光远大。
- 管理者问怎样做和何时做；领导者问做什么和为何做。
- 管理者只顾眼前；领导者放眼未来。
- 管理者接受现状；领导者挑战现状。
- 管理者是听话的士兵；领导者是自己的主人。
- 管理者习惯正确地做事；领导者注重做正确的事。

——沃伦·本尼斯

课堂讨论

刘备、宋江、唐僧的“无能”之能

刘备，从一个卖草席的破落皇族起家，在关羽、张飞、赵云、诸葛亮等武将谋士的追随下，最终成就三国鼎立之势。

宋江，为人仗义，好结交朋友，在众多梁山好汉中，无论武功、智谋、胆略都不算出众，却赢得了好汉们的普遍认可，坐上水泊梁山的第一把交椅。

唐僧，手无缚鸡之力的文弱僧人，在三个本领高强的徒弟的追随下，最终成功取得真经。

问题：

1. 为什么这些能人愿意死心塌地地追随看起来不如他们的这三个人呢？

2. 领导是否需要处处比下属能干？

第二节 领导理论

引例　——史密斯的领导风格

史密斯是一位资深的经理人，有着在不同类型企业管理的经验。接任制造企业A公司总经理时，公司处于危机之中，其销售额与利润在不断下滑。史密斯通过专制型的领导风格，下达清晰的指令，建立健全规章制度，对组织机构、产品类型进行大刀阔斧的改革，成功地让公司走出了困境。在担任业绩良好，处于平稳上升期的传媒业B公司CEO时，史密斯鼓励下属参与决策，注重对下属的激励和关心，给予下属较多的工作主动权和创新空间，员工的工作效率与积极性得到大幅提高。

启示：这是两种不同类型的企业，一种任务单一更需严谨的制度，一种更注重创新与活力。企业处于不同的情况，一个面临危机急需强有力的措施；一个处于平稳上升期，领导环境良好。史密斯对不同的企业情况采取了不同的领导方式进行管理，取得了良好的效果。

领导是一个组织能否有效地实现组织既定目标的关键因素。为了提高领导的影响力及其有效性，国外许多管理学家、心理学家通过长期调查研究，提出了几种具有代表性的领导理论。

一、领导特质理论

著名历史学家托马斯·卡约尔曾指出，世界的历史就是伟人的历史。受这种观点的影响，早期的心理学家在看待领导问题时往往从特质论入手，他们把研究的重点放在了人格特质与能否成为领导的关系上，提出了一系列的理论。

（一）理论内涵

领导特质理论是领导理论发展的第一个阶段，也是有关领导的最普遍的理论。20世纪30年代，美国学者波格达斯提出领导特质理论，认为领导者是天生的。特质理论强调领导者的个人特质或品质对领导有效性具有决定作用。

（二）理论假设

从20世纪30年代开始，国外学者对领导特质进行了大量研究并提出如下理论假设：

某些人天生具有某些特质，这些特质会使他们成为“伟大”的领导者。理论意义在于：研究领导者本身拥有的特质对领导有效性的影响。

（三）传统领导特质理论与现代领导特质理论

领导特质理论按领导特质来源的不同可以分为传统领导特质理论和现代领导特质理论。

1. 传统领导特质理论

传统领导特质理论认为，领导者所具有的特性是天生的，即有些人生来就具有当领导的天赋。心理学家吉布认为，领导者应具备七种个性特点：外表英俊潇洒，有魅力；有自信心；善言辞；心理健康；智力过人；性格外向，灵活敏感；善于控制和支配别人。与吉布的思路相似，斯托格迪尔发表了多种特质研究成果，在其中他概括了10种领导者特质，即责任感与完成工作的内驱力，追求目标的激情与恒心，解决问题的冒险与创新精神，勇于创新的内驱力，自信和自我认同感，愿意承担决定和行为的后果，有接受人际关系压力的准备，能承受挫折与延迟，能影响他人的行为，能适当处理人际关系。

2. 现代领导特质理论

现代领导特质理论提出，领导者所具有的特性是在实践中形成的，可以通过教育和训练来进行培养。领导的个人特质如表6—3所示。

表6—3　领导的个人特质

生理特征	精力充沛有持久力	与工作相关的特征	成就驱动，有超越自己的欲望，有责任心，在困难面前坚持不懈、坚韧
社会特征	善于交际，良好的处理人际关系的能力 易于合作 获取支持的能力 机智、灵活的交际手段	个人特征	自信、独立 诚实、正直 热情、积极 上进
智慧和能力	聪慧，良好的认知能力 知识渊博 具有判断和决策的能力	社会背景	教育 灵活性

（四）特质理论的应用、优点及局限性

1. 应用情况

特质理论对将成为领导者的人具有深远的指导意义，如果位于管理职位的人具有大家所期望的领导特质，那么组织就能够运行得很好。组织通常会通过人格测验工具去遴选恰当的人才，了解其优缺点。特质评估可以帮助管理者确定自己是否拥有晋升或调任到组织其他岗位上所具备的特质。

2. 优点

特质理论的研究深度和广度是其他理论所不能及的。此外，特质理论对那些认为领导者等同于“优异的”、“领导潮流的”人很有吸引力。同时，也给人们提供了一些标准，使

人们清楚要想成为领导者，需要在哪些方面进行提高。

3. 局限性

领导者特质模式力图从领导者所具有的特质角度来说明什么样的人才能产生有效的领导行为。但许多研究者对这一研究角度提出了质疑，并指出了它在解释有效领导方面的局限性。

(1) 忽视了下属的需要。具有某种特质的领导可能适合管理某些下属，但不适合管理另一些下属。

(2) 这种理论建立在什么是“最重要的”的领导特质的基础上，存在着严重的主观臆断。

(3) 特质理论没有将情境考虑进去。特质理论没有考虑到工作的结构性、领导权力的大小等情景因素的影响，因此不能解释为什么具有不同特质的领导在各自的组织中都可以工作得非常出色。

(4) 没有将特质与领导成果联系在一起。特质与绩效之间的相关研究并不能解释是因为具有某些特质才导致成功，还是因为成功才建立了这些特质。例如，虽然研究可能发现丰富的专业知识与管理的高绩效之间有很好的相关关系，但是这并不能表明到底是因为具有较高的专业知识才获得了管理的高绩效，还是因为担任了管理的职位才获得了丰富的专业知识。

(5) 特质理论对人员的培训和发展用处不大。鉴于此，研究者们开始把目光从领导者的内在特征转向对领导行为、领导环境的研究上。

二、领导行为理论

20世纪40年代到60年代后期，领导理论以研究领导行为为主，试图确立有效领导者的行为。领导行为理论集中研究领导者的工作作风、工作行为对领导有效性的影响，这些理论主要是从对人的关心和对生产的关心两个维度，上级控制和下属参与两个角度对领导行为进行分类。主要有勒温的三种领导风格、利克特的支持关系理论、领导行为四分图理论、布莱克和穆顿的管理方格理论。

(一) 勒温的三种领导风格

美国著名心理学家勒温及其小组通过对团队气氛和领导风格的研究，发现团队的领导们通常表现出不同的领导风格，这些领导风格对团体的工作绩效和工作满意度有着不同的影响。他将领导风格划分为三种类型：独裁型、民主型和放任型。

1. 独裁型领导

权力定位于领导者手中，领导者个人决定一切，靠权力和强制命令要求下属绝对服从，无条件执行。这类领导独断专行，不与下属进行交流和沟通，主要靠行政命令、纪律、惩罚来管理，少有鼓励。成员以自我为中心，相互攻击，推卸责任。

2. 民主型领导

领导者发动下属讨论，共同商量，然后决定，以理服人，以身作则，权力定位于群体。这种领导风格的主要优点是：有利于集思广益，制定出科学合理的决策，同时还能使决策得到认可和接受，从而减少执行的阻力，并增强下属的自尊心和自信心，提高工作满意度和工作热情。主要缺点是：决策制定过程长，耗时多，可能错失良机。

3. 放任型领导

领导者很少运用职权，给下属以极大的自由度，工作事先无布置，事后无检查，毫无规章制度，实行无政府管理。领导者这种管理可能导致下属各自为政，容易造成意见分歧、人际关系淡薄、无政府主义、工作效率低下，只达到社交目标而完不成工作目标。

勒温认为放任型领导工作效率最低，专制型领导使群体成员士气低落，民主型领导工作效率最高。实际上很少有极端型领导，一般都是融合专制型、民主型和放任型三种类型的混合型领导。

（二）利克特的支持关系理论

美国密歇根大学社会研究中心在伦西斯·利克特的主持下，在 1947 年开始对领导行为方式进行了长期研究，试图比较群体效率如何随领导者行为的变化而变化，提出了支持关系理论。该理论认为，领导方式通常有两种，即工作导向型和员工导向型。

1. 工作导向型

工作导向型领导关心工作的过程和结果，下属只是实现目标或任务绩效的工具。

2. 员工导向型

员工导向型领导关心员工，有意识地培养与高绩效的工作群体相关的人文因素，重视人际关系。

利克特在《管理的新模式》中，将领导风格进一步具体化为四种：专制—命令式、开明—命令式、协商式、参与式，如表 6—4 所示。

表 6—4　四种领导风格的比较

领导风格	对下属的信任度	激励方式	沟通方式	分权制度
专制—命令式	很少信任	主要采取惩罚的方式	自上而下	非常专制，决策权仅限于最高层
开明—命令式	有一定的信任和信心	奖赏和惩罚并用的方式	有一定程度的自下而上的沟通	向下属授予一定的决策权，但自己仍牢牢掌握控制权
协商式	对下属抱有相当大但并不完全的信任	主要采用奖赏方式	上下双向	允许下属部门对具体问题做出决策，并在某些情况下进行协商
参与式	对下属在一切事务上都抱有充分的信心与信任	主要采用奖赏方式	更多地从事上下级之间以及同级之间的沟通	积极采纳下属的意见，鼓励各级组织做决策

支持关系理论的研究结论表明，员工导向型领导者与高群体生产率和高满意度正相

关，而生产导向型领导者则与低群体生产率和低满意度正相关。

（三）领导行为四分图理论

美国俄亥俄州立大学学者在 20 世纪 40 年代末期进行了较多的行为理论研究，称为“领导行为四分图理论”或“俄亥俄四分图理论”。他们使用领导行为描述问卷来分析各种团体和情景中的领导。他们的研究事先并不强调领导行为是否有效，即“好领导”与“坏领导”，而是寻找领导行为的独特方面。研究最后将这些行为特征归纳为两大类，关心组织和关心人。从 1 000 多个行为维度着手，发现领导行为是两个方面的任意组合，即定规维度和关怀维度。定规维度即领导者构建任务、明察群体之间的关系和明晰沟通渠道的倾向。关怀维度即领导者对员工以及领导者与追随者之间的关系相互信任、尊重和关心。如图 6—1 所示。

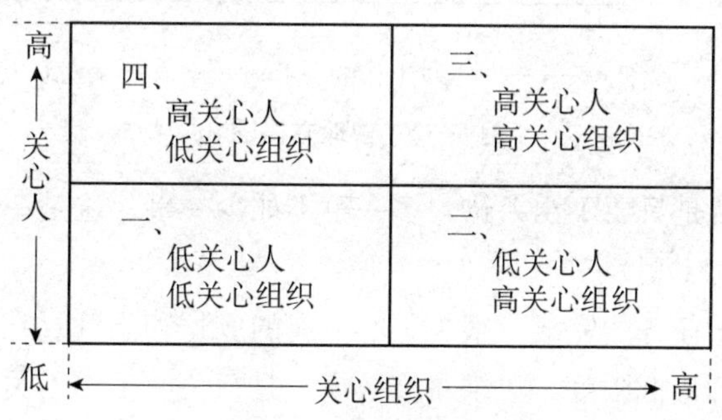

图 6—1　领导行为四分图

许多研究发现，工作管理和关心人得分高的领导，比其他类型的领导（在两个维度上都低，或在一个维度上低，在另一个维度上高）更能促使员工有高的绩效和高的工作满意度。研究还发现，在生产部门，工作绩效与定规程度呈正相关，而与关怀程度呈负相关。但在非生产部门，这种关系恰恰相反。

低关心组织高关心人的领导者是仁慈的领导者，高关心组织低关心人的领导者是严厉的领导者，高关心组织高关心人的领导者是高效成功的领导者，低关心组织低关心人的领导者是不合格的领导者。上述四种领导方式哪种效果最好，需视具体情况而定。

（四）布莱克和穆顿的管理方格理论

德克萨斯大学的罗伯特·R·布莱克和简·S·穆顿在 1964 年提出了管理方格理论。他们设计了一个巧妙的管理方格图，醒目地表示了主管人员对工作的关心程度和对人的关心程度，如图 6—2 所示。

把管理人员的绩效导向行为（称为对工作的关心）和维护导向行为（称为对人的关心）进行评估，给出等级分值。以此为基础，把分值标注在两个维度坐标界面上，并在这两个维度坐标轴上分别划出 9 个等级，从而生成 81 种不同的领导类型。

1. 贫乏式管理（1.1 型）

贫乏式管理表示对工作和人都极不关心，这种方式的领导者只做一些维持自己职务的

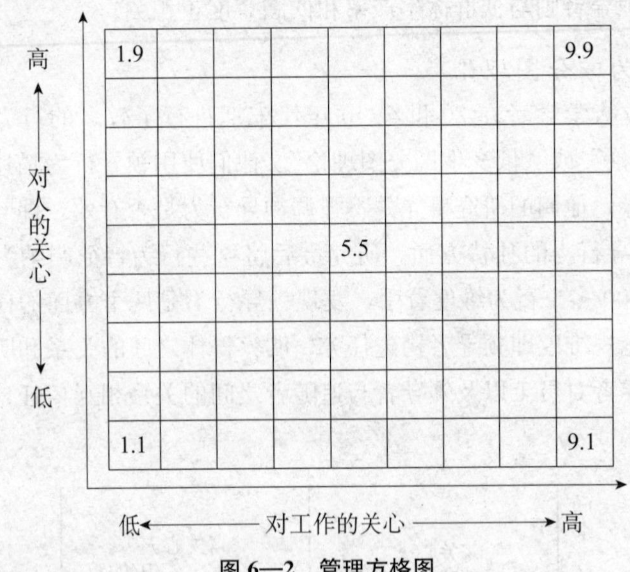

图 6—2 管理方格图

最低限度的工作，也就是只要不出差错，多一事不如少一事，这是一种不称职的管理。

2. 任务式管理（9.1 型）

管理者全神贯注于任务的完成，很少关心下属的成长和士气。在安排工作时，尽力把人的因素的干扰降低到最低限度，以求得高效率，是只关心工作不关心人的领导方式。

3. 俱乐部式管理（1.9 型）

俱乐部式管理表示特别关心职工，这种管理的结果可能很脆弱，一旦和谐的人际关系受到影响，生产成绩会随之下降。

4. 中间式管理（5.5 型）

管理者对人和生产都有适度的关心，保持完成任务和满足人们需要之间的平衡，既有正常的效率完成工作，又保持一定的士气，但是这种领导往往缺乏进取心，乐意维持现状，因而又被称为“中庸之道型管理”。

5. 团队式管理（9.9 型）

团队式管理对生产和人的关心都达到了最高点。应用这种方式的结果是，职工都能运用智慧和创造力进行工作，关系和谐，出色地完成任务，因而又被称为“战斗集体型管理”。

应该指出，上述五种典型的领导类型仅仅是理论上的描述，是一种极端的情况。在实际工作中，最有效的领导方式不是一成不变的，而要依据情况而定。这种管理方格图理论，对于培养有效的管理者具有积极的作用，它可以让管理者熟悉、理解管理方格图，并根据该图分析自己属于何种领导风格，争取向 9.9 型靠拢。

三、领导权变理论

领导权变理论研究在不同的环境条件下领导行为的有效性问题，该理论认为，领导行为是一个动态过程，是在一定环境条件下，通过领导者与被领导者的相互作用实现某一特定目标的过程。权变理论是在特质理论与行为理论的基础上发展起来的，反映了当代管理理论发展的重要趋势。

（一）菲德勒权变理论

美国华盛顿大学教授菲德勒在20世纪50年代以管理心理学和实证环境分析为理论基础研究领导学，经过长达15年的研究，系统地阐述了一种人们称之为“菲德勒模型”的领导权变理论，把领导科学的研究从以往盛行的静态学研究导入动态学研究的新轨道。

菲德勒是领导权变理论的开拓者，较早地提出了领导有效性与环境的关系。在菲德勒看来，领导的有效性取决于两个因素的合理匹配：与下属相互作用的领导的行为风格；情境对领导者的控制和影响程度。其基本观点可用下式表示：$S=f(L, F, E)$。其中S代表领导方式；L代表领导者特征，包括领导者的个人品质、价值观和工作经历；F代表追随者特征，包括追随者的个人品质、工作能力、价值观等；E代表环境，包括工作特性、组织特性、社会状况、文化影响及心理因素等。

菲德勒认为，不存在唯一最佳的领导风格，各种领导风格在与之相对应的领导情境或环境中最为有效。

（二）领导生命周期理论

领导生命周期理论是由科曼首先提出，先后由保罗·赫西和肯尼斯·布兰查德予以发展的，也称为情景领导理论。这一理论把下属的成熟度作为关键的情景因素，认为依据下属的成熟度水平选择正确的领导方式，决定着领导者的成功。

成熟度是指个体对自己的直接行为负责任的能力和意愿，它包括工作成熟度和心理成熟度。领导生命周期理论提出任务行为和关系行为两种领导维度，并将每种维度进行了细化，从而组合成四种具体的领导方式。

1. 命令型领导：高任务，低关系

领导者定义角色，告诉下属应该做什么、怎样做以及在何时何地做。

2. 推销型领导：高任务，高关系

领导者同时提供指导行为与支持行为。

3. 参与型领导：低任务，高关系

领导者与下属共同决策，领导者的主要角色是提供便利条件和沟通。

4. 授权型领导：低任务，低关系

领导者提供较少的指导或支持。

知识链接

管理决策新论

通过对领导者行为的研究，弗鲁姆得到一个极其重要的发现：有人说每个管理者都具有不同程度的参与性管理倾向，这并不完全正确。

弗鲁姆认为，规范模型行为与管理者实际行为之间的一个重要差别在于：规范模型行为随环境变化而发生明显的变化，而管理者行为对环境的反应却受到主观因素的影响，其结果是当环境变化时管理者行为可能不变或者变化不大。

弗鲁姆指出，领导者通过系统地考察自己的领导风格，并了解其行为与规范模型行为的相近之处和相异之处，便可以更有价值地利用领导行为模型，最大限度地发挥其作用。

（资料来源：[美] 彼得·德鲁克：《世界上最伟大的管理书》，北京，企业管理出版社，2006。）

课堂讨论

1. 练习并理解管理方格图，你认为9.9型的领导类型是唯一正确的领导方式吗？它的不足之处是什么？请按照管理方格理论评价你的领导方式，并在图6—2上标出。

2. 你认为学校班级里班长的权力从哪里来？

第三节 领导艺术

引例

——周恩来的领导艺术

1954年，中国代表团在日内瓦会议上举行首次新闻发布会，国民党“中央社”驻巴黎记者王家松要求参加，被我新闻联络官拒绝入场。事后，周恩来知道了，问：为什么要这样做？新闻联络官说，要警惕王家松在这里制造“两个中国”的言论。周恩来皱皱眉头对他说，不能无根据地讲警惕，没有事实根据的警惕是主观主义，就会变成自己制造紧张，给工作造成损失。接着周恩来向他分析了蒋介石的基本政策也是坚持“一个中国”和对美国人又投靠又不信任的矛盾心理。然后说，把他拒之门外，这于情不合，也并不利于别人了解中国的真实情况，没有根据地说他是国民党的官方代表，反而给别人造成了“两个中国”的假象，当新闻联络官认识到自己的错误后，周恩来又教给了他补救的办法。

启示：从处事艺术看，周恩来把原则性和灵活性高度统一了起来；从待人艺术看，周恩来发现下属工作失误，不是以势压人，采取命令主义，而是耐心细致地进行说服教育；从用权艺术看，在下属认识到工作失误后，周恩来不是撒手不管，而是相宜授权，精心指导。

随着信息化和全球化浪潮的到来，人类社会已进入了一个崭新的知识经济时代。面对新的时代挑战，作为现代领导者，如何用慧眼识别人才、挑选人才？如何保证优秀人才脱颖而出并且健康成长？这些都对现代领导者的“领导艺术”提出了新要求。

一、领导艺术的含义与特征

（一）领导艺术的含义

领导艺术是指领导者在领导方式方法上表现出的创造性和有效性。一方面是创造性，即真善美在领导活动中的自由创造。另一方面是有效性，即领导实践活动是检验领导艺术的唯一标准。

领导艺术是领导者个人素质的综合反映，因人而异。世界上没有完全相同的两片叶子，同样也没有完全相同的两个人，没有完全相同的领导者和领导模式。可以说，有多少个领导者就有多少种领导模式。

（二）领导艺术的特征

1. 模糊性

由于领导艺术本身固有的特点，很难对领导艺术作精确的描述，否则一切清清楚楚就会失去艺术的感染力。艺术的魅力就在于它的模糊性，领导艺术也不例外。需要注意的是，模糊性不是糊涂性，它仅仅是对于不需要清楚的不必苛求清楚，但核心原理还是清楚的。

2. 创造性

领导者在领导活动中会遇到常规事件和非常规事件。对于常规事件，领导者可以运用以往的程序化、模式化的方法去处理。但是在实际的工作中会出现大量的非常规事件，这就要求领导者不能按部就班、墨守成规、因循守旧，而要善于打破常规，勇于标新立异，对具有决定意义的关键环节，施以独特的方法，集中力量，突破一点，争取造成“连锁反应”，扩大战果。

3. 多样性

由于个人素质、阅历、知识结构等不同，这就决定了领导者在领导实践中不可能千篇一律，而是具有多样性。例如，在日常生活中，我们经常看到这样一种现象：在大体相同的条件下，不同的领导者运用同样的领导方法，有的人运用自如，有创造性，得心应手，效果很好；有的领导者机械照搬，效果很差，甚至事与愿违。造成这种差别的一个重要原因，就是领导者本人在知识、性格、兴趣、经验等方面存在差异性，因而在领导活动中就会显示出领导艺术的多样性。

4. 实践性

作为一名领导者不管其领导艺术如何高超、如何巧妙，总是不可避免地带有经验的痕迹，但是这种经验并不是无先例可鉴、无规律可循、玄妙莫测、高不可攀的东西。它是无数领导者经过多年的经验探索，逐渐形成的一套比较完整的知识体系。在管理实践中，领导艺术以一定的领导科学为基础指导领导实践，反过来又以自己的经验总结丰富和发展领导科学。这都体现了领导艺术的实践性。

二、学会与人相处

（一）如何领导下属

（1）平等待人，被领导者希望领导者承认自己的社会地位。

（2）尊重下属意见，被领导者期望自己能参与领导，发挥自己的聪明才智。

（3）被领导者渴望领导者能正确“理解”自己。

（4）被领导者希望领导者能分担自己失误时的“痛苦”。

（5）被领导者对新任领导往往采取“观察”的心理状态。

（二）如何与同事相处

（1）不耻下问，请教“老师傅”。

（2）真诚地关心同事，微笑地对待同事。

（3）做一名忠实的听众——善于倾听。

（4）不在领导面前讲同事坏话，不在同事面前讥笑领导。

（5）帮助同事，不要自傲，同事帮我，不能忘掉。

（三）与领导相处的艺术

1. 如何与领导相处

分析领导与被领导的心理需求是极为重要的。在与领导相处的过程中要做到以下几点。

（1）尊重领导，学习领导的长处。

（2）积极完成本职工作，不上推下卸，对于本职工作不必经常请示报告。

（3）理解领导处境，体谅领导难处。

（4）掌握领导的工作特点和兴趣特长，善于汇报。

（5）不介入领导层之间的矛盾纠纷。

（6）跟“事业”，不跟“个人”。

2. 如何为领导办事

（1）设计好请示问题，罗列主要问题，做到请示要点明确、清晰。

（2）分内事尽量自行解决，找领导协商能力范围内无法解决的问题，尽量少打扰领导。

（3）资料分析与筛选做到有结论，为领导提供资讯而不是资料。

（4）不能只带问题去见领导。

（5）不要在领导面前显示自己是“行家”。

（6）不要承诺超出你能力的事。

（7）书面文件切不可草率。

3. 如何对待领导的缺点

（1）可诚恳批评，不可冷嘲热讽。

（2）可直面交谈，不要背后传播。

（3）可大度容忍，不必小气难过。

（4）实在无法，可视而不见，不值得放在心上。

三、领导者用人的艺术

领导是管理过程活的灵魂，是一门科学也是一门艺术。如何有效建立并发挥领导者的影响力，是每一位领导者需要不断思考并需解决的问题。

（一）合理用人

用人艺术是人类社会一个永恒的课题，作为一名领导，要懂得知人善任，用人不疑；根据岗位需要合理选人，择优用人；知人所长，量才适用；善于识才，坚持正确的用人导向。

（二）善于决策

在领导者的日常工作中，无时无刻不在做决策。美国决策理论学派创始人西蒙认为，决策的关键是时机和信息。一个优秀的领导者要能够区分出工作中的轻重缓急，能很好地处理效率与效果的关系。如果这个关键抓不住，就很容易导致决策失误，使工作陷入被动。

（三）巧用激励

领导就是推动和激励他人遵照他所指出的路去实现目标。激励因素除薪酬驱动外，还有责任使命感驱动、理想驱动、职业生涯驱动、好奇心驱动等。针对不同员工的个性特质，找准驱动要素，就是领导的激励艺术。要研究不同员工的特点、背景，提供外出培训、晋升机会，明确工作目标，增加工作担子，是驱动员工不断前进的动力。

（四）合理授权

领导者要掌握授权的艺术。一个成功的领导者，并不需要事事亲力亲为，而是要学会通过适当的授权，让下级充分发挥积极性和创造力，从而实现自己的目标。领导者要因事择人，视能授权；明确权责，适度授权；授权留责，监督控制。要谨防“反授权”，防止“弃权”及“越权”行为。

课堂讨论

换种说法与下属沟通

在某次你主持召开的工作会议上，有个下属当着许多人的面无理地与你吵闹，事后你想与此人沟通，第一句话有四种说法，你喜欢哪一种？为什么？

1. “岂有此理，你眼里有没有我这个领导？”
2. “你错了，但我不和你计较。”
3. “你在那么多人面前吵闹，你想干什么？”
4. “你在许多人面前那样做，我感到很为难。”

本章小结

领导是领导者为了实现某一特定群体的共同目标，在一定客观环境影响下，采取恰当的方式，率领和引导被领导者完成预定任务的创造性实践过程。领导包括三个因素：领导者、被领导者和环境。拥有权力且适当地使用权力是领导者的基本素质。

管理和领导是两个既相区别又有联系的两个概念。领导的作用在于指挥引导、沟通协调、控制驾驭、激励调动。领导者影响力由权力性影响力和非权力性影响力两方面构成。领导理论主要有领导特质理论、领导行为理论及领导权变理论。领导行为理论主要有勒温的三种领导风格、利克特的支持关系理论、领导行为四分图理论、布莱克和穆顿的管理方格理论。

领导艺术是指领导者在领导方式方法上表现出的创造性和有效性。领导者用人的艺术表现在合理用人、善于决策、巧用激励、合理授权等方面。

管理小故事

鹦鹉老板

有一个老人非常寂寞，看到邻居家养了几只鹦鹉，就想自己也买一只。有一天，他来到鸟市，这里有许多大大小小的鹦鹉。

他看到一只鹦鹉前面标着：此鹦鹉会 2 门语言，售价 200 元。

他又来到另一只鹦鹉前面，这个鹦鹉前面标着：此鹦鹉会 4 门语言，售价 400 元。

这个人犯难了，买哪一只更好呢？两只鹦鹉都毛色光鲜，非常灵活可爱。他又在鸟市上溜达，看看还有没有更合适的。

最后，他发现了一只老掉牙的鹦鹉，毛色暗淡散乱，他想：这样的鹦鹉有谁愿意买呢？但他凑近了一看标签。吓了一跳：标价 800 元。

这人赶紧将老板叫来：“这只鹦鹉是不是会说 8 门语言？”

店主摇摇头说：“不。”

这人很奇怪地问：“那为什么又老又丑，又没有什么能力，它却会值这个价格呢？”

店主回答道：“因为另外两只鹦鹉叫这只鹦鹉老板。”

启示：这个故事告诉我们，真正的领导人，不一定自己能力有多强，只要懂信任，懂放权，懂珍惜，就能团结比自己更强的力量，从而提升自己的身价。相反，许多能力非常强的人却因为过于追求完美，事必躬亲，认为什么人都不如自己，最后只能做最好的公关人员或者销售代表，成不了优秀的领导人。

技能训练

穿网球鞋的“外星人”

训练目的：这是一个生动、有趣的游戏，参与者在游戏中口头教一位“外星人”穿短袜和网球鞋——不允许进行示范。本游戏的目的是教会参与者清晰地发出指挥命令。

时间：15～20 分钟

材料：一双短袜，一双球鞋（教师的尺码，其中一只网球鞋没系上鞋带），向学生分发文本材料（放映幻灯片也可，人手一份）。

资料：

穿网球鞋的“外星人”向学生分发材料。

刚刚发这份材料给你的“人”是到达地球的“外星人”，这个“外星人”双脚穿着鞋和袜子，然而出于好奇，这个“外星人”脱下了一只鞋和袜子，现在他不知道怎么穿回去了。

作为一个热心的地球人你来教他穿好鞋带，然后将袜子和穿上鞋带的鞋穿回脚上。你的任务是清晰地进行指导（抵达地球之前，“外星人”接受过汉语速成班，但是根本不会说）。

“外星人”没有能力模仿你，所以你穿自己的鞋和袜子，对他们没有任何帮助，还有在进化的过程中，“外星人”形成了只能一次听一个人说话的特点，请和其他参与者相互配合，轮流进行指导。

对了，再提醒一点：不要碰这个“外星人”，如果你碰了他，没有人确定将会发生什么。上次碰了这个“外星人”的人当时就被蒸发掉了。

步骤：

1. 教师扮演“外星人”，走进教室，一只脚穿着袜子和系了鞋带的鞋，另一只脚则光着。将材料分发给大家（或放映幻灯片），然后坐下，将短袜、鞋带和网球鞋放在你面前，等大家给你指导。

2. 教师的任务是帮助参与者认识到，他们做出的指令必须意思清晰。教师不说话，完全按照他们的指令去做。如果一个参与者说“将短袜放在脚上”，教师就捡起短袜放在脚上。如果参与者说“捡起鞋带”，教师就从中间“捡起鞋带”，而不是从两头。如果参与者说“将鞋带穿进鞋上的孔”，教师就将鞋带的头部穿进任何一个孔，而不一定是第一个，或者将鞋带整个塞进孔里。

3. 如果几个参与者同时对你进行指导，或某个参与者变得过于情绪化，教师可以停下来，装傻。如果参与者有对教师说了或做了教师愿意继续游戏的事，教师可以继续配合他们进行游戏。

4. 限时10分钟，停止活动，提出问题。如果时间允许，继续这个游戏，参与者在进行第二轮指导时就应该好多了。

问题（要求现场回答）：

1. 你从指导他人中学会了什么？

2. 在这个游戏中，你会看到“外星人”有时听从你的指导，有时又不听从你的指导。那么你怎样让他理解你的指导并加以实施呢？

3. 你怎样才能更好地指导“外星人”呢？

同步测试

一、单项选择题

1. 属于领导者个人权力的是（　　）。

A. 强制权　　B. 奖励权　　C. 专长权　　D. 法定权

2. 按照管理方格理论的观点，对工作和人都高度关心的领导行为类型是（　　）。

A. 俱乐部式管理　　B. 任务式管理

C. 中间式管理　　D. 团队式管理

3. 菲德勒的权变理论可用公式 $S=F(L, F, E)$ 表示，其中 L 表示（　　）。

A. 领导方式　　B. 领导者特征　　C. 追随者特征　　D. 环境

4. 领导者采用何种领导风格，应当视其下属的“成熟”程度而定。当某一下属既不愿也不能负担工作责任，学识和经验较少时，领导对于这种下属应采取（　　）领导方式。

A. 命令型　　B. 推销型　　C. 参与型　　D. 授权型

5. 根据权变理论，领导是否有效取决于（　　）。

A. 稳定的领导行为　　B. 领导者的品质权威

C. 领导者能否适应其所处的具体环境　　D. 是专制型领导还是民主型领导

6. 某部门主管将注意力几乎都放在了对任务的完成上，而对下属的心理因素、士气和发展很少关心。根据管理方格理论，该主管的领导作风属于（　　）。

A. 贫乏式　　B. 任务式　　C. 中间式　　D. 团队式

7. “士为知己者死”这一古训反映了有效的领导始于（　　）。

A. 上下级之间的友情　　B. 为下属设定崇高的目标

C. 为下属的利益不惜牺牲自己　　D. 了解下属的欲望和需要

8. 一个企业中的管理者为了提高自己对下属的领导效果，他应当（　　）。

A. 提高自己在下属中的非权力性影响力

B. 尽量升到更高的位置

C. 采取严厉的惩罚措施

D. 增加对下属的物质刺激，因为每个员工都是“经济人”

9. 如果你是某公司总经理，一位下属找你汇报工作，这位下属比较啰唆，在汇报工作之时讲许多与工作无关的理论、教条，而你此时正有其他下属在等待汇报工作。在这种情况下，你应该（　　）。

A. 任其讲下去，让其他下属耐心等待

B. 不客气地打断其讲话，让其他下属开始汇报工作

C. 情绪急躁地让其别啰唆，挑主要的讲

D. 有策略地打断其讲话，指出时间宝贵，别人还等着呢

10. 对“领导的本质就是组织成员的追随与服从”正确的解释是（　　）。

A. 将组织目标与成员个人目标很好地结合起来，实现有效的领导

B. 运用职权让组织成员按领导者意图办事

C. 运用奖励权激励成员实现组织目标

D. 运用惩罚权强制组织成员遵守规章制度

二、多项选择题

1. 领导职能在领导活动中的重要性表现在（　　）。

A. 领导职能是确定合理的组织机构、实现领导科学化的一个重要标志

B. 领导职能可以离开领导活动而存在

C. 领导职能是领导活动科学化的依据

D. 领导职能的实现情况是检验领导活动结果的依据

E. 领导职能对领导活动不起作用

2. 影响个人影响力的因素包括（　　）。

A. 职位　　B. 资历　　C. 品德　　D. 才能

E. 知识

3. 领导应具备的素质包括（　　）。

A. 人格魅力　　B. 影响追随者的能力

C. 懂得沟通　　D. 相信别人

E. 多关心员工

4. 领导行为四分图中领导行为分为四种类型，即（　　）。

A. 低关心组织高关心人　　B. 高关心组织高关心人

C. 高关系低任务　　D. 高关心组织低关心人

E. 低关心组织低关心人

5. 下列关于领导艺术的论述中正确的有（　　）。

A. 领导艺术要体现有效性

B. 领导艺术的核心是对领导方式方法的巧妙运用并富有创造性

C. 领导艺术的外在形态是领导风格和艺术形象

D. 领导艺术是模式化的领导科学

E. 领导艺术具有真理性、科学性和正义性等特征

三、简答题

1. 领导的含义是什么？

2. 领导者应具备哪些素质？

3. 管理方格理论的主要内容及作用是什么？

4. 谈谈三种领导理论各自的研究侧重点以及基本观点。

5. 试述领导者用人的艺术。

四、案例分析题

案例1：谁的方式更有效

高明是一位空调销售公司的总经理。他刚接到有关公司销售状况的最新报告：销售额比去年同期下降了25%，利润下降了10%，而且顾客的投诉上升。更为糟糕的是，公司内部员工纷纷跳槽，甚至还有几名销售分店的经理提出辞呈。他立即召集各主管部门的负责人开会讨论解决该问题。会上，高总说："我认为，公司的销售额之所以下滑都是因为你们领导不得力。公司现在简直成了俱乐部。每次我从卖场走过时，我看到员工们都在各处站着，聊天的、煲电话粥的，干什么的都有，而对顾客却视而不见。他们关心的是多拿钱少干活。要知道，我们经营公司的目的是为了赚钱，赚不到钱，想多拿钱，门儿都没有。你们必须记住，现在我们迫切需要的是对员工进行严密监督和控制。我认为现在有必要安装监听装置，监听他们在电话里谈些什么，并将通话记录下来，交给我处理。当员工没有履行职责时，你们要警告他们一次，如果不听的话，马上请他们走人……"

部门主管们对高总的指示都表示赞同。唯有销售部经理李燕提出反对意见。她认为问题的关键不在于控制不够，而在于公司没有提供良好的机会让员工真正发挥潜力。她认为每个人都有一种希望展示自己的才干，为公司努力工作并做出贡献的愿望。所以解决问题的方式应该从和员工沟通入手，真正了解他们的需求，使工作安排富有挑战性，促使员工们以从事这一工作而引以为豪。同时在业务上给予指导，花大力气对员工进行专门培训。

然而，高总并没有采纳李燕的意见，而是责令所有部门主管在下星期的例会上汇报要采取的具体措施。

请回答：

1. 高总是一位（　　）领导。

A. 独裁型　　B. 民主型　　C. 放任型　　D. 参与型

2. 根据领导生命周期理论，可以判断高总的领导类型基本属于（　　）。

A. 低任务，高关系　　B. 高任务，低关系

C. 高任务，高关系　　D. 低任务，低关系

3. 销售部经理李燕在该公司中属于（　　）管理人员。

A. 基层　　B. 中层　　C. 高层　　D. 专业

4. 你认为对高总的方案和李燕的方案作怎样的评价最合适？（　　）

A. 高总的方案和李燕的方案都不会产生效果

B. 高总的方案和李燕的方案都会奏效

C. 高总的方案更可行，没有严格的规章制度，工人的工作效率就不会有保证

D. 李燕的方案更可行，再严格的规章制度，如果工人不接受和服从也是无效的

5. 针对该公司已成了“俱乐部”，根据菲德勒的领导权变理论，请结合案例分析说明高总应该采取怎样的领导方式才有效？

案例 2：领导的难题

达利电器公司正处在艰难时期，这不仅归因于宏观经济的不景气，而且也归因于来自国外进口产品的冲击。一个时期以来，公司管理层与工人的关系已很糟糕。工人通常要求增加工资，而且也得到了。但最近几个月里，事情发生了变化，公司方面和工人都认识到他们的前景黯淡。

管理层认为，公司已处在朝不保夕的状态中，因而要求工人让步和削减工资。工人们则开了一个会，讨论了公司的情况，尽管有一名工人认为自己的工资高，赞同减低工资，但大多数工人却不同意，也不想做出任何让步。事实上，工人对管理部门很不信任，觉得如果做出了让步，就会促使公司提出一些额外要求。经过长时间的讨论之后，有些工人比较同意让步（假使管理部门能做出类似牺牲的话）。可是公司管理部门并不想做出任何承诺。在其后的几周内，情况愈来愈坏，解雇的事提出来了，工人同意实行削减一定的工资，但附有一个协议，即在公司情况好转后，工人可以某种方式分享公司的利润。

一个月之后，一些大公司的行政主管的薪水调查表在一家全国性杂志上发表了，其中透露出这家公司的行政主管拿到的报酬大幅递增。一名工人评论说：“我们不能够信任高层管理部门。希望我们能像日本公司那样，在艰难时刻，首先削减红利，然后削减高层管理部门的薪水，稍后再减少中层主管人员的薪水，至于工人的工资则应最后减少。”

问题：

1. 你认为工人应该做出让步并且同意降低工资吗？

2. 如果你是公司领导，你将怎样处理这种情况？

第七章

控制职能

1. 理解并掌握控制的含义和特征。
2. 认识控制的作用。
3. 了解控制的原则。
4. 理解控制的类型和过程。
5. 理解并掌握控制的方法。

第一节

控制概述

引例——海尔对营销渠道的控制

海尔在全国各地的销售渠道以设立店中店和专卖店等销售网点为主，为了加强对各个网点的控制，海尔在各个主要城市设立了营销中心。营销中心负责网点的设立、管理、评价和人员培训工作。

为了加强对店中店和专卖店的控制，使其能够真正成为海尔集团的窗口，发挥主渠道作用，海尔采用在当地招聘员工派入店中店和专卖店担任直销员的方法。海尔集团营销中心还通过一系列的工作对专卖店进行指导，从而为各地专卖店在当地扩大网络和销量发挥了极大作用。

启示：从上述事例不难看出，企业若想要常胜于“商场”，企业必须要制定一套能保证组织活动按计划进行从而达到预定目标的有规律的控制程序。

（资料来源：http：//wenku. baidu. com/view/035c92d526fff705cc170a87. html。）

控制职能是管理职能之一，与计划职能、组织职能、领导职能同样是管理循环过程中十分重要的一环。通常认为，管理工作始于计划的制定，然后是计划的实施，但是，计划实施的结果如何，计划确定的目标能否顺利实现，甚至计划本身是否科学合理，要了解和处理这些问题，就需要展开有效的控制工作。

一、控制的含义

在现代管理活动中，从广义上讲，控制与计划相对应，控制是指除计划以外的所有保证计划实现的管理行为，包括组织、领导、监督、测量和调节等一系列环节。从狭义上讲，控制是指继计划、组织、领导职能之后，按照计划标准衡量计划完成情况和纠正偏差，以确保计划目标实现的一系列活动。

管理学中的控制是指按照既定目标和标准，对组织活动进行监督、测量，发现偏差并分析原因，采取措施，使组织活动符合既定要求的过程，如图 7—1 所示。

理解控制的概念应从以下几个方面进行。

（1）控制是一项有目的的管理活动，即防止问题的发生，确保计划的执行和组织目标的达成。

（2）控制是通过“监督”和“纠偏”来实现的。

（3）控制是一个过程，即一个发现问题、分析问题和解决问题的过程。

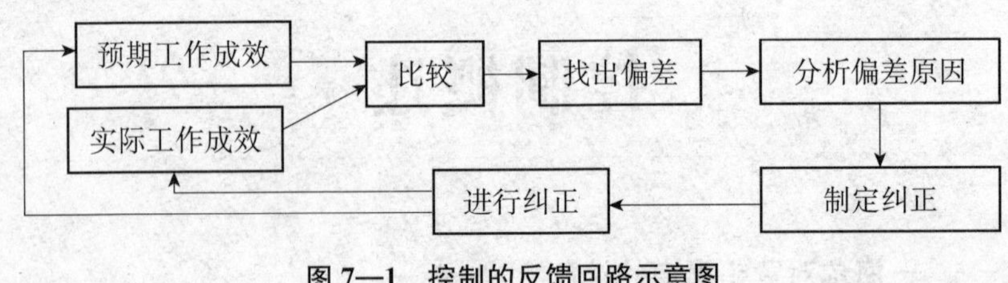

图 7—1 控制的反馈回路示意图

二、控制的特征

（一）整体性

整体性包括两层含义：一是从控制主体上看，完成计划和实现目标是组织全体成员共同的责任，因此参与控制是组织全体成员的职责和共同的任务；二是从控制对象上看，控制涉及组织的各个方面，企业的各种资源、各个层次、各个部门、各个工作阶段甚至各个人的工作都可以看做是控制的对象。

（二）动态性

控制就是要关注计划执行过程中的各种变化，对其做出评估，一旦发现问题能够及时采取行动。因此，控制的标准、方法不能固定不变，应该具有动态性。一方面，要调整行动本身，利用有利消除不利；另一方面，要审查计划和目标的可行性，随时做出更正。

（三）目的性

同其他所有管理工作一样，控制也是围绕着组织的目标而进行的，控制的意义就在于通过发挥“纠偏”、“调适”两方面的功能，促使组织目标有效实现。

（四）人性

在管理控制过程中，活动的主体是人。因此，管理控制不能忽视人性方面的因素，它不仅是监督，更重要的是指导和帮助。

（五）创新性

控制的目的不仅仅是使组织“维持现状”，而且还致力于使组织不拘泥于现状，勇于创新，争取达到新的目标与高度，这是由管理工作的特性决定的。

三、控制的作用

控制的作用十分重要，具体表现在以下四个方面。

（一）控制是实现计划的保障

控制通过“纠偏”，使计划执行中的偏差得以及时防止或减少，以保证计划目标的实现，有助于组织保持正确的战略方向；同时，通过“调适”，积极调整原定标准或重新制定新的标准，确保计划运行的适应性，这是控制最根本的作用。

（二）控制有助于提高组织的效率

控制可以使复杂的组织活动协调一致，有序运作，可以增强组织活动的有效性。控制要解决的不单纯是做什么的问题，还有怎么做的问题。正确的事情以高效的方法来做是难得的，不正确的事情以高效的方法来做是危险的。控制就是要把效能与效率结合起来进行考察，做出评价，尽最大可能改善组织业绩。

（三）控制增加了组织对环境的适应性

一个组织要想生存发展，就必须适应环境。任何组织的计划都是在确定计划前提条件的基础上制定的。控制可以补充与完善期初制定的计划与目标，以有效减轻环境的不确定性对组织活动的影响。组织的内外部环境充满了不确定因素，一个组织只有不断地适应变化着的环境，才能更好地生存和发展。

（四）控制是强化成员责任心的重要手段

要使组织成员尽职尽责，切实地负起责任来，就必须让他们知道他们的职责是什么，他们的绩效如何评价和考核，以及在评价的过程中有效的绩效标准是什么。通过控制工作，可以不断地对下级的工作进行评估，对其造成持续不断的压力和连续不断的激励，从而使其更好地负起责任来，高效地完成所承担的任务。

四、控制的原则

任何组织要想实现目标计划，必须要有一个适宜有效的控制系统，而构造这个系统则应遵循以下原则。

（一）控制必须与计划和组织相适应

控制应当反映组织结构的类型和特征。管理的各项职能相互关联、相互制约，既然控制的目标是为了保证组织计划得到顺利实现，它就必须与计划和组织相适应。

（二）控制应突出重点，强调例外

控制要突出重点，抓住关键。任何控制不可能面面俱到，事无巨细，同等对待，而是应根据具体情况，选择关键点，实行重点控制，以取得事半功倍的效果。即对重要的、关键的少数因素实施重点控制。另外，控制关键点原则和例外原则应结合起来运用，它们两者有某些共同之处。但仅仅关注例外情况是不够的，管理应把更多的注意力集中在关键点的例外情况的控制上。

（三）控制应具有灵活性、及时性和经济性的特点

1. 灵活性

控制系统能适应主客观条件的变化，持续地发挥作用，控制工作本是动态变化的，控制所依据的标准、衡量工作所用的方法等都可能随着情况的变化而调整、变化。

2. 及时性

控制工作还必须注意及时性，因为控制对象随时都有可能发生变化。

3. 经济性

控制工作一定要坚持适度、适量的原则，以提高控制工作的经济性。

（四）控制应注意控制事物的发展趋势

有时控制现状是比较容易的，但控制现状所预示的变化趋势则比较困难。管理者在控制工作过程中要特别注意到次一层级控制标准的从属性和服务性地位，这一点对于成功、有效地实施控制至关重要。即要使控制有效，就要注意控制事物的发展趋势。

（五）控制工作应注重培养组织成员的自我控制能力

企业的员工是各种计划、决策的最终执行者，他们处于生产和业务活动的第一线。所以，企业员工进行自我控制是提高控制有效性的根本途径。

五、控制系统

（一）控制系统的含义

控制系统是指由控制主体、控制客体和控制媒体组成的具有自身目标和功能的管理系统。控制系统是为了使被控制对象达到预定的理想状态或使被控制对象趋于某种需要的稳定状态而实施的。

（二）控制系统的三要素

控制系统主要由以下三个要素构成。

1. 控制的主体

控制系统中的控制主体是各级管理者及其所属的职能部门。组织内的控制活动是由人来执行的，它以各层次的管理者为主体，能根据变化了的环境和条件有意识地调节自己的活动。

2. 控制的客体

控制系统中的控制客体，即控制对象，是整个组织的活动。控制对象可以从不同的角度进行划分。从横向上看，组织中的人、财、物等资源都是控制的对象；从纵向上看，组织中的各个层次也都是控制的对象；从控制的阶段看，组织内不同的业务阶段及业务内容也是控制的对象。因此，组织活动应当作一个整体来控制，使控制工作协调一致，以便达到整体优化的效果。

3. 控制的目标系统

任何控制活动都有一定的目标取向，在一个组织中，控制应服从于组织发展的总体目标。组织的总体目标及派生出来的分目标都是控制的依据。控制的目标体系与组织的目标体系是相辅相成的。

知识链接

破窗理论

美国斯坦福大学心理学家詹巴斗曾做过这样一项试验：他找来两辆一模一样的汽车，一辆停在比较杂乱的街区，一辆停在中产阶级社区。他把停在杂乱街区的那一辆的车牌摘掉，顶棚打开，结果一天之内就被人偷走了。而摆在中产阶级社区的那一辆过了一个星期也安然无恙。后来，詹巴斗用锤子把这辆车的玻璃敲了个大洞，结果，仅仅过了几个小时，它就不见了。

后来，政治学家威尔逊和犯罪学家凯琳依托这项试验，提出了一个“破窗理论”。这一理论认为：如果有人打坏了一个建筑物的窗户玻璃，而这扇窗户又未得到及时维修，别人就可能受到暗示性的纵容去打烂更多的窗户玻璃。久而久之，这些破窗户就给人造成一种无序的感觉。那么在这种公众麻木不仁的氛围中，犯罪就会滋生、蔓延。

启示：管理者必须及时修好“第一个被打碎的窗户玻璃”，做好控制工作。中国有句成语叫“防微杜渐”，说的正是这个道理。“破窗理论”在社会管理和企业管理中都有着重要的借鉴意义。在日本，有一种叫“红牌作战”的质量管理活动，其主旨也和“破窗理论”相通。比如，日本的企业将有油污、不清洁的设备贴上具有警示意义的“红牌”，将藏污纳垢的办公室和车间死角也贴上“红牌”，以促其迅速改观，从而使工作场所清洁整齐，营造出一个舒适有序的工作氛围。在这样一种积极暗示下，久而久之，人人都能遵守规则，认真工作。

课堂讨论

麦当劳公司的管理控制之道

麦当劳金色的拱门允诺：每个餐厅的菜单基本相同，而且“质量超群，服务优良，清洁卫生，货真价实”。它的产品、加工和烹制程序乃至厨房布置，都是标准化的、严格控制的。麦当劳各分店都是由当地人所有和经营管理。鉴于在快餐饮食业中维持产品质量和服务水平是其经营成功的关键，麦当劳公司在采取特许连锁经营这种战略开辟分店和实现地域扩张的同时，特别注意对连锁店的管理控制。如果管理控制不当，使顾客吃到不对味的汉堡包或受到不友善的接待，其后果就不仅是这家分店将失去这批顾客及其周遭人光顾的问题，还会影响到其他分店的生意，乃至损害整个公司的声誉。为此，麦当劳公司制定了一套全面、周密的控制方法。

问题：麦当劳公司的控制在经营管理活动中起到了哪些作用？

第二节

控制的类型

引例 ——扁鹊三兄弟

魏文王问名医扁鹊："你们家兄弟三人，都精于医术，到底哪一位医术最好?"扁鹊回答说："大哥最好，二哥次之，我最差。"文王再问："那么为什么你最出名呢?"扁鹊答道："我大哥治病，是治病于病情发作之前。由于一般人不知道他事先能铲除病因，所以他的名气无法传出去，只有我们家里的人才知道。我二哥治病，是治病于病情刚刚发作之时。一般人以为他只能治轻微的小病，所以他只在我们的村子里才小有名气。而我治病，是治病于病情严重之时。一般人看见的都是我在经脉上穿针管来放血、在皮肤上敷药等大手术，所以他们以为我的医术最高明，因此名气响遍全国。"文王连连点头称道："你说得好极了。"

启示：事后控制不如事中控制，事中控制不如事前控制，可惜大多数的企业经营者未能体会到这一点，等到错误的决策造成了重大的损失才寻求弥补。弥补得好，当然是声名鹊起，但更多的时候是为时已晚。对企业高层管理者来说，最重要的才能莫过于能做出正确的判断，而这种特殊才能将是电脑永远无法取代的。

在实际管理过程中，控制的类型是多种多样的，从不同的角度可以把控制分成多种类型。各种不同类型的控制都有其不同的特点、功能与适应性。

一、按控制的环节分类

控制的手段可以在行动之前、进行之中或结束之后进行，因此从控制的环节可将控制分为事前控制、现场控制和事后控制三种类型，如图 7—2 所示。

（一）事前控制

1. 事前控制的含义

事前控制亦称前馈控制。它是根据可靠准确的信息，运用科学先进的方法，在组织营运之前，对营运中可能出现的潜在问题，产生的偏差进行预测和估计，并采取防范措施，将营运中可能发生的问题消除在产生之前。组织各类计划执行前，针对完成计划制定的系

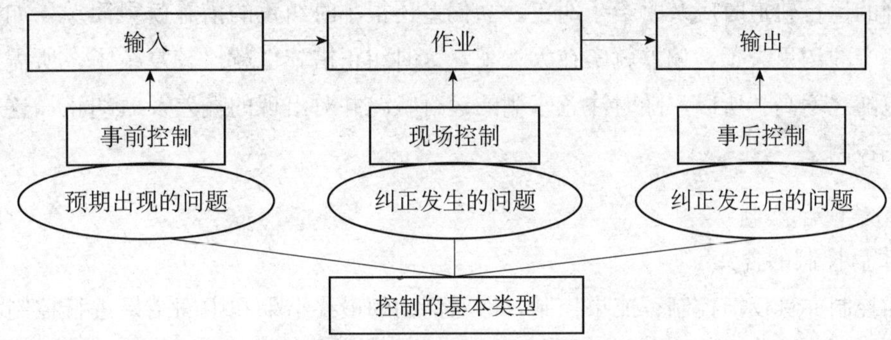

图 7—2　控制的基本类型（按控制环节分类）

列规章制度、资源保证措施等，都属于事先控制的形式。例如进厂材料和设备的检查、验收，工厂的招工考试，入学考试，干部的选拔等等。

2. 事前控制的特征

事前控制的着眼点是防患于未然，首先要防止不符合标准的资源投入，避免因资源投入不当而造成工作偏差；其次通过有关工作，引导人们采取必要的预防措施，防止问题发生。也就是说，事前控制是控制原因，而不是控制行动结果。显然事前控制是一种预防性控制，它只能而且必须建立在对整个系统和计划透彻分析的基础之上。事前控制的困难在于需要大量、及时和准确的信息，并要求管理人员充分了解事前控制因素与计划工作的影响关系。

（二）现场控制

1. 现场控制的含义

现场控制亦称同步控制或同期控制、过程控制，是指对正在进行的工作过程加以控制，及时纠正问题，避免重大损失。

2. 现场控制的职能

现场控制是控制工作的基础，现场控制有监督和指导两项职能。监督是根据计划、标准检查正在进行的工作和现场的作业，以保证计划的完成、目标的实现。指导是管理人员针对工作、作业中出现的问题和偏差，用自己的知识和经验指导下属改进工作，帮助员工纠正作业中的偏差，使其完成计划，提高工作能力和作业技能。

3. 现场控制的特征

现场控制的优点在于有指导职能，可提高工作能力及自我控制能力。缺点是受管理者时间、精力、业务水平的制约。主管人员应通过深入现场亲自监督检查、指导和控制下属的活动，主要的控制行为有：

（1）向下级指示恰当的工作方法和工作过程。

（2）监督下级的工作，以保证计划目标的实现。

（3）发现不合标准的偏差时，立即采取纠正措施。

例如，在驾车过程中，驾驶员必须保持高度警惕，注意车辆的行驶状况，当车辆稍微偏离正确的运行轨道时应及时给予纠正。当偏差还很小时纠正的措施就很简单，如果当车辆开到路旁的沟里去了，偏差就实在太大了，这时纠正措施也就比较复杂了，所需要花费的成本也随之增高。所以，随时注意车辆的运行状况并对出现的偏差及时纠正，这就是所谓的现场控制。

（三）事后控制

1. 事后控制的含义

事后控制亦称反馈控制、成果控制，即对活动的最终结果和中间结果进行控制，它是一种最主要也是最传统的控制方式。它是将计划执行的结果与预期计划、标准进行对比，经过分析和评价，采取举措，改进控制方法，或者调整完善计划，修订控制标准。

2. 事后控制的特征

事后控制具有稳定系统、跟踪目标和抗干扰的特性，这使得它可以用来改善管理控制工作，提高工作效率，因而事后控制在现实生活中的应用十分普遍。但事后控制存着在一个重大的缺陷，即实施控制时，整个活动已经结束，活动中出现的偏差已在系统内造成损害，并且已无法弥补或避免，也就是说，它只能在事后发挥作用。

事后控制并非最好的控制，但它目前仍被广泛地使用。目前，在组织中应用最广泛的反馈控制方法有如下四种：财务报告分析；标准成本分析；质量控制分析；工作人员成绩评定。其中，最重要、最困难的是“工作人员成绩评定”。

（四）三种控制的主要区别

1. 馈入信息不同

事前控制是以系统的输入信息为馈入信息；事后控制是以系统的输出信息为馈入信息；现场控制是以系统计划执行信息为馈入信息。

2. 目的不同

事前控制是对系统的输入控制；事后控制是对系统的输出控制；现场控制是对系统的作业控制。

二、按控制的集中分散程度分类

在控制管理形成的过程中，按控制的集中分散程度可将控制分为集中控制和分散控制两种类型。

（一）集中控制

集中控制是指在组织中建立一个相对稳定的控制中心，由控制中心对组织内外的各种信息进行统一的加工处理，发现问题并提出问题的解决方案。在集中控制中，信息处理、偏差检测、纠偏措施等都是由一个中心统一完成的。集中控制对组织的重大项目与事务成立专门的控制机构，进行重点控制。

集中控制最大的优点就是能够保证组织的整体一致性。但是，集中控制容易造成下层管理人员缺乏积极性，出现官僚主义，甚至导致组织反应迟钝，也可能出现控制中心失误带来整个组织的坍塌。集中控制是一种较低级的控制，只适合于结构简单的系统，如小型企业、家庭作坊等。这种形式的特点是所有的信息（包括内部、外部）都流入中心，由控制中心集中加工处理，所有的控制指令也全部由控制中心统一下达。

（二）分散控制

分散控制是指日常的一般性、常规性事务由各部门、各岗位及全体员工自行控制。分散控制将系统中的控制部分表现为若干个分散的、有一定相对独立性的子控制机构，这些机构在各自的范围内各司其职，各行其道，互不干涉，各自完成自己的目标。当然这些目标是整个系统目标中的分目标。

分散控制的特点与集中控制相反，不同的信息流入不同的控制中心，不同的控制指令由不同的控制中心发出。分散控制的优点是针对性强，信息传递效率高，系统适应性强；缺点是信息不完整，整体协调困难。分散控制适应系统组织较松散的部门，如城市各交叉路口的交通管理、企业集团的一些外围企业管理等。

知识链接

公共突发事件的控制

我国是一个自然灾害、事故灾难等突发事件发生较多的国家。例如，2008 年 5 月 12 日在四川省阿坝藏族羌族自治州汶川县境内发生的汶川大地震、2013 年 7 月 20 日在北京首都国际机场 T3 航站楼发生爆炸事件、2013 年 10 月 28 日在北京天安门金水桥发生的暴恐事件、2014 年 3 月 1 日在云南昆明火车站发生的暴恐案件等。各种突发事件的频繁发生，给人民群众的生命财产造成了巨大损失。

党和国家历来高度重视突发事件应对工作，采取了一系列措施，建立了许多应急管理制度。我国于 2007 年 8 月 30 日，在第十届全国人民代表大会常务委员会第二十九次会议上通过了《中华人民共和国突发事件应对法》，并于自 2007 年 11 月 1 日起施行。《中华人民共和国突发事件应对法》的主要内容包含：预防与应急准备、监测与预警、应急处置与救援、事后恢复与重建、法律责任等。制定该法规的核心思路是，重在预防，关口前移，防患于未然，从制度上预防突发事件的发生，及时消除风险隐患。突发事件的演变一般都有一个过程，这个过程从本质上看是可控的，只要措施得力、应对有方，预防和减少突发事件发生，减轻和消除突发事件引起的严重社会危害，是完全可能的。因此《中华人民共和国突发事件应对法》把预防和减少突发事件发生，作为立法的重要目的和出发点，对突发事件的预防、应急准备、监测、预警等都作了详细规定。

课堂讨论

作为大学生的你，有没有对自己的业余生活时间进行管理控制？举例说明你是怎样进行事前控制、现场控制和事后控制的。

控制的过程

引例　——丰田门召回事件

2009年8月24日，丰田在华两家合资企业——广汽丰田、一汽丰田宣布，由于零部件出现缺陷，自8月25日开始，召回部分凯美瑞、雅力士、威驰及卡罗拉轿车，涉及车辆总计688 314辆。这是我国2004年实施汽车召回制度以来，数量最大的一次召回。

这次丰田“召回门”事件主要是由于踏板问题引起的。针对这个问题，丰田宣布“2010年年底前刹车优先系统（BOS）将成为所有国产丰田车的标准配置。”据专家介绍，车辆安装BOS系统后，安全性将大幅提高。丰田这一举动得到了同行的响应，美国通用随后表示，也要在所有新车上安装BOS系统。

启示：丰田的这次召回事件从最初的沸沸扬扬到现在的平静接受，虽然在一定程度上造成丰田企业的市场信誉度下降以及销量下降，但从另一层面上可以说丰田的“召回”事件是丰田对其汽车在使用过程中的纠偏，是丰田汽车进一步完善的必经之路。

控制是一个有规律的程序化过程，它贯穿于整个管理活动的始末。在组织目标的实现过程中，不断地在计划与实施结果之间进行比较，发现两者之间差距，并找出这种差距的原因和制定新的改进措施，这就是控制过程。

控制职能就是保证组织活动按计划进行从而达到预定目标的过程。控制职能由其性质与目的决定，它的步骤遵循计划的逻辑思路：制定标准；衡量实际绩效；比较实际绩效与标准；纠正偏差。如图7—3所示。

一、制定标准

（一）标准的含义和类型

1. 标准的含义

所谓标准就是指评判成绩的尺度。控制的第一步是建立一系列切实可行并被员工接受的绩效标准，以便确定控制的目标和依据，因而拟定标准是进行控制的基础，管理人员可以对照标准判断绩效和成果。控制标准是从一个完整的计划中遴选出来的、对工作成果的

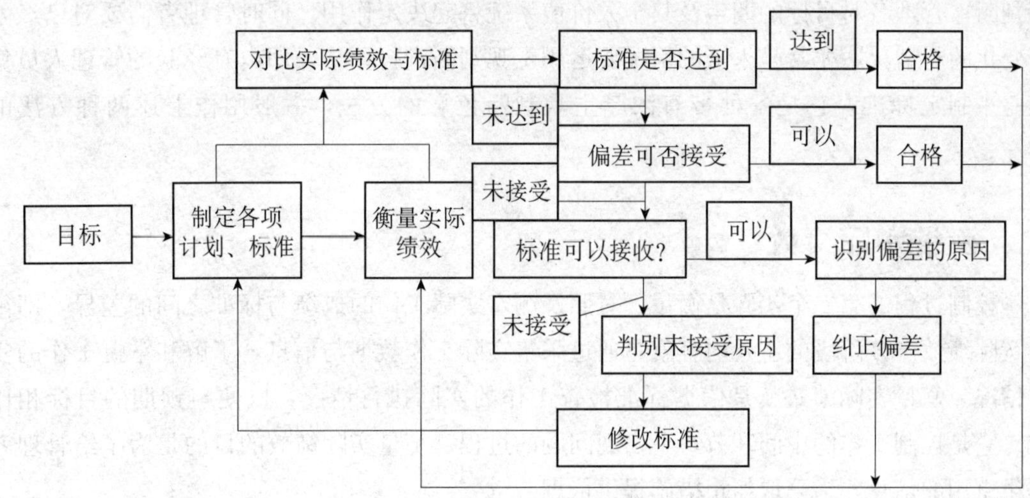

图 7—3　控制过程示意图

衡量具有重要意义的关键点。没有一套完整的标准，衡量绩效和纠正偏差就失去了客观依据，所以标准必须合理可靠。

2. 标准的类型

标准的表现形式很多，大致分为定性标准和定量标准两大类。标准可以是数量上的，如销售额、利润等，也可以是质量上的，如观众看完广告后的印象等。

以工商企业为例，目前经常使用的标准主要有以下几种类型：时间标准；生产力标准；消耗标准；质量标准；行为标准。当然，这只是一个总体的表述，对不同的组织、不同的计划、不同的控制环节，控制标准也会而且应当有所不同。

（二）制定标准的方法

制定标准的方法通常有以下三种。

1. 统计计算法

统计性标准也叫历史性标准，是利用统计方法来确定预期结果，以分析反映企业经营在各个历史时期状况的数据为基础来为未来活动建立的标准。即根据企业的历史数据或对比同类企业的水平，运用统计学的方法确定有关标准——统计标准，它常用于制定与企业的经营活动和经济效益有关的标准。

2. 工程方法

工程方法指通过对工作情况进行客观分析，并以准确的技术参数和实测的数据为基础来制定的工程标准。即以准确的技术参数和实测的数据为基础来确立有关标准——工程标准，它主要用于测定生产定额标准。这种方法建立在客观测量的基础上，因此它更客观、更科学。

3. 经验估计法

经验估计法就是根据经验和判断来估计结果，根据评估建立标准。人们有时缺乏对历史数据的积累，而主管人员的经验可在一定程度上弥补这一不足。它实际上反映了一种价值判断，管理者对目标的期望及其个人价值系统将起决定作用。同时管理者需要对已经发生变化的新情况，尤其是未来的情况要运用主观判断进行评估，即由有经验的管理人员凭经验来制定标准，它是一种带有浓厚主观判断色彩的方法，一般用作上述两种方法的补充。

二、衡量实际绩效

控制过程的第二个步骤是衡量、对照及测定实际工作的成绩与标准之间的差异，即衡量实际绩效。该阶段的主要内容就是通过采集实际工作数据与信息，了解和掌握工作的实际情况。衡量实际绩效就是依据标准检查工作的实际执行情况，以便与预期的目标相比较。它是控制工作的中间环节，是发现问题的过程。衡量实际绩效的目的是为了给管理者提供有用的信息，为采取纠正措施提供依据。

衡量实际工作绩效的两个核心问题是衡量什么和如何衡量。

（一）衡量什么

衡量什么是衡量的首要问题，管理者衡量什么将在很大程度上决定员工追求什么。一项工作、活动可衡量的内容有很多，我们应考虑哪些方面才能够反映真实的绩效情况，这是一个复杂的问题。对于有明确数量标准的活动，如营业额、利润、出勤率等是容易衡量的，对于没有明确数量标准的活动结果，需要管理者去分析。在管理实践中，管理者既可将活动分解成能够用目标去衡量的工作，也可寻求一种主观衡量法。

（二）如何衡量

个人观察、走动管理；统计报告、图表；口头汇报、会议、谈话、电话；书面汇报等信息常被管理者用来衡量实际工作绩效，各类信息形式各有优缺点，管理者在控制中必须加以综合运用。

三、比较实际绩效与标准

管理者如何确定实际绩效与标准之间的偏差，“比较”这一步骤决定了实际绩效与标准之间的差异程度。在某些活动中，偏差是难免的，因此确定可接受的偏差范围非常重要。凡是超过这一范围偏差的就应引起管理者的关注。在进行比较时，管理者要特别注意偏差的程度和方向。

在对实际工作绩效进行评估分析时，对于达到标准及在偏差范围内的，要注意分析成功的原因。总结交流经验，表彰做得好的员工，为后续发展制定计划、标准积累经验和提供参考资料；对于不达标准及不在偏差范围内的，更要分析原因。

四、纠正偏差

纠正偏差是控制的关键，体现了执行控制职能的目的。这一阶段可具体分为两个环节。

（一）找出偏差产生的原因

当偏差产生时，应当对许多可能的原因进行调查，以发现造成这种偏差产生的原因、条件，并进行深入分析，找出其中的主要原因，这样才能有针对性地采取纠正措施，从根本上纠正偏差。

一般来说，导致偏差产生的原因不外乎三种：其一是计划或标准本身是基于错误的假设和预测，即计划或标准本身就不科学、不合理；其二是组织内部因素的变化，如营销工作不力、生产人员工作懈怠等；其三是组织外部环境的变化，如宏观经济的调整等。

（二）实施纠偏

当实际业绩与计划业绩标准发生偏差并查出偏差产生的原因后，必须采取有效的行动去纠正这些情况。在实施纠偏的过程中需要经过两个阶段。

1. 经营阶段

在经营阶段，要及时调查偏差产生的原因；决定所需纠偏措施；根据决策，对纠正情况及时予以指导；紧密监督纠偏措施，从而确保它根据指导要求是可以实行的，并确保其有效性。

2. 行政管理阶段

在行政管理阶段，需要进一步调查重复出现的问题，确定造成这一问题的原因；根据具体情况，采取积极的或消极的惩罚措施；制定创造性计划防止偏差情况重复出现；正确理解所处的环境状况，并引入已计划好的措施。

知识链接

平衡记分卡

罗伯特·卡普兰和戴维·诺顿研究并提出了“平衡计分卡”的概念。他们认为传统的金融财务会计方法已经不再适应时代，必须度量其他方面的表现。平衡计分卡理念的核心是整合，公司必须控制从事着不同工作、发挥着不同职能的部门。平衡计分卡提供了一个制定共同目标，从共同的基础出发制定计划和按照同一个标准衡量绩效的机会，其结果就是实现整体绩效管理。平衡计分卡是以一个度量系统出现的，但是卡普兰和诺顿认为它也是一种新型管理方法的基础。

平衡记分卡的优势在于可以把总公司的指标一层一层分解到子公司，分解到事业部，分解到各个领域，从而保证各个子单位的业绩同总公司的目标保持一致。近年来，这方面的资料在各种出版物中比较多，对于企业管理具有很大的参考价值。还有些公司对平衡记分卡的方式进行了一些改良。例如，有些公司根据马尔克姆·波多里奇国家质量奖所考评的七个主要方面来构造自己的平衡记分卡，而不是最早的提出来的四个方面，这也是一种可行的做法，其总的思路都是要通过全面的考核评价，全面地纠正组织的行为，保证组织的运作能够向着长期目标，向着愿景踏踏实实地走下去。

课堂讨论

有一个七人团体参加了为期一个月的沙漠野外生存活动，假设在没有称量用具的情况下分食一份饭菜，以解决每天的吃饭问题，但更要命的是每天的饭菜总量都是不够的。请大家思考一下，应该怎样安排才合理？这个事例说明了什么道理？

第四节 控制的方法

引例 ——沃尔玛的成功

沃尔玛是位列世界500强的著名企业，那么沃尔玛是如何实现天天低价的呢？其中重要的一点是沃尔玛有主导竞争力的成本控制能力。

启示：沃尔玛有五项竞争能力，最为核心的是成本控制能力，其他的业态创新能力、快速扩张能力、财务运作能力和营销管理能力，都是围绕着成本控制能力来运行的，最终都在不同的方面节省了沃尔玛的整个运营成本。

（资料来源：http：//bbs. canet. com. cn/thread-402052-1-1. html。）

要实现科学而有效的控制，就必须构建科学而有效的控制机制。了解控制方法有助于进一步理解控制职能。下面将简单地介绍一些控制方法。

一、质量控制

（一）质量控制的含义

企业要在激烈的市场竞争中生存和发展，仅靠方向性的战略性选择是不够的。残酷的现实告诉我们，任何企业间的竞争都离不开“产品质量”的竞争，没有过硬的产品质量，企业终将在市场经济的浪潮中消失。而产品质量作为最难以控制和最容易发生问题的因素，往往让供应商苦不堪言，小则退货赔钱，大则客户流失，关门大吉。因此，如何有效地进行过程控制是确保和提升产品质量，促使企业发展，赢得市场，获得利润的核心。

为达到质量要求所采取的作业技术和活动称之为质量控制。这就是说，质量控制是通过监视质量形成过程，消除质量环上所有引起不合格或不满意效果的因素，以达到质量要求，获取经济效益，而采用的各种质量作业技术和开展的活动。

（二）质量管理的发展阶段

1. 质量检查阶段

事后检测，不让废次品流入下道工序和顾客手中。

2. 统计质量管理阶段

根据已有的质量统计状况，探究其规律，用以控制日后的生产过程。如 ABC 分类法、鱼骨图法、分布图法、控制图法等。

3. 全面质量管理阶段

全面质量管理（简称 TQM）是 20 世纪 50 年代末美国的菲根鲍姆首先提出来的。它是一个把品质深入到成本、交期等领域的概念。它强调采取行动防止错误的发生，所以在各个领域被广泛采用。全面质量管理是一种预先控制和全面控制制度。进行全面质量管理必须要做到“三全”，它的主要特点就在于“全”字。

（1）管理的对象在横向上是全面的。表现为内容和方法的全面性。不仅要着眼于产品的质量，而且要注重形成产品的工作质量。注重采用多种方法和技术，包括科学的组织管理工作、各种专业技术、数理统计方法、成本分析、售后服务等。

（2）管理的对象在纵向上是全程的。表现为全程控制性。即对市场调查、研究开发、设计、生产准备、采购、生产制造、包装、检验、储存、运输、销售、为用户服务等全过程都进行质量管理。

（3）管理的主体是全员的。表现为全员性。即企业全体人员包括领导人员、工程技术人员、管理人员和工人等都参加质量管理，并对产品质量各负其责。

全面质量管理是一种对产品或服务乃至工作质量实行全面管理与控制的科学管理方法。对产品或服务质量进行控制，并进而对为之服务的工作质量及全体人员进行控制，是管理控制中极为重要的内容。

二、预算控制

（一）预算控制的含义

预算是各类管理者采用的最基本的一种控制工具。预算是经法定程序审核批准的组织年度集中性财务收支计划。预算控制就是根据预算规定的收入与支出标准来检查和监督各个部门的生产经营活动，以保证各种活动或各个部门在充分达成既定目标、实现利润的过程中对经营资源的利用，从而使费用支出受到严格有效的约束。

预算控制是通过编制预算并以此为基础，执行和控制企业经营活动，并在活动过程中比较分析预算和实际的差距及其原因，然后对差异进行处理，是管理控制中运用最广泛的一种控制方法。

（二）预算的种类

预算的实质是用统一的货币为组织各部门的活动编制计划，能把整个组织内所有部门的活动用可考核的数量化方式表现出来，因此它使得组织在不同时期的活动效果和不同部门的经营绩效具有可比性，明确了组织及其各部门的目标，为组织调整活动指明了方向，为协调和评价各部门的工作业绩提供了依据。用数量形式的预算标准对照组织活动的实际效果大大方便了控制过程中的绩效衡量工作，为组织采取纠正措施奠定了基础。

企业的预算大体上包括经营预算、投资预算和财务预算三大类，并由不同的各种预算组成预算体系。各类预算还可以进一步细分，不同行业其具体内容有所差别。

1. 经营预算（Operational Budget）

经营预算是指企业日常发生的各项基本活动的预算。它主要包括销售预算、生产预算、直接材料采购预算、直接人工预算、制造费用预算、单位生产成本预算、推销及管理费用预算等。

2. 投资预算（Investment Budget）

投资预算是对企业的固定资产的购置、扩建、改造、更新等在可行性研究的基础上编制的预算。投资预算具体反映何时进行投资、投资多少、资金从何处取得、何时可获得收益、每年的现金流量为多少、需要多长时间回收全部投资等。由于投资的资金来源往往是企业的限定因素之一，而对厂房和设备等固定资产的投资又往往需要很长时间才能回收，因此，投资预算应当力求和企业的战略以及长期计划紧密联系在一起。

3. 财务预算（Financial Budget）

财务预算是指企业在计划期内反映现金收支、经营成果和财务状况的预算。财务预算主要包括“现金预算”、“预算收益表”和“预计资产负债表”。需要注意的是，前述的各种经营预算、投资预算中的资料，都可以折算成金额反映在财务预算内。因此，财务预算就成为各项经营业务和投资的整体计划，故称“总预算”。

（三）预算控制的作用

预算控制使得企业在不同时期的活动效果和不同部门的经营绩效具有可比性，为协调企业活动提供了依据。预算控制清楚地表明了计划始终与控制是紧密联系在一起的，其作用主要体现在以下方面。

1. 为企业的各项活动确立财务标准

预算的编制与执行始终与控制过程联系在一起，用预算为组织的各项活动确立的数量形式的财务预算标准来对照企业活动的实际效果，大大方便了控制过程中的绩效衡量工作。

2. 为考核、评价实际工作绩效提供依据

预算使管理控制目标更加明确，使人们清楚地了解所拥有的资源和开支范围，使工作更加有效。在评定各部门工作业绩时，要根据预算的完成情况，分析偏离预算的程度和原因，划清责任，实现奖罚分明。

3. 为采取纠正措施奠定了基础

通过预算控制可以把企业内部各部门、各层次的日常工作全部纳入预算并使各项预算之间相互协调，形成一个以完成组织总体目标为目的的有机整体。

（四）预算控制的局限性

预算是一种普遍使用的、行之有效的计划和控制方法，但是传统预算方法过于强调全面、详细和控制的严肃性，导致在预算编制和执行工作中潜存着一些使预算控制失效的危险倾向。具体体现在以下几个方面。

1. 缺乏弹性

特别是涉及较长时期的预算可能会过度束缚决策者的行动，使企业经营缺乏灵活性和适应性。组织活动的外部环境是在不断变化的，这些变化会改变组织的资源配置方法，从而使预算变得不合时宜，需要相应调整预算方案。

2. 忽视本期活动实际需要或发生目标置换

编制预算时通常会参照上期的预算项目和标准，从而可能会忽视本期活动的实际需要。预算目标可能取代组织目标，发生目标置换。例如，为了不超出预算要求的支出规模，销售部门不得不放弃一些必要的产品促销和营业推广工作，使产品销售受阻。

3. 有可能存在道德风险，造成效率低下

预算通常是在以往基础上编制的，且具有刚性，即按先例递增的趋势，而某项支出是否必要及增长是否合理常常被忽视。同时，由于主管人员知道，在预算获得最后批准的过程中，存在着申请的预算金额被削减的可能性，因此预算申报数往往被有意扩大，即大于实际需要，特别是对于那些难以观察、难以量化的项目的费用，更是如此。所以，必须防止预算变成掩盖效率低下的管理人员的“保护伞”。

4. 控制过细可能忽视了部门活动的本来目的

规定过于烦琐，控制过细。在部门预算和项目预算中，组织往往不仅为各部门和项目制定具体的利润指标，而且也限定了其具体的开支费用额度，甚至有的制定得非常细。由于对极细微的支出也做了琐细的规定，结果有可能造成各级主管人员对本部门管理自主权的丧失，使对管理者的授权名存实亡。

三、非预算控制

除了预算控制方法以外，管理控制工作中还采用了许多非预算方法。有些方法属于传统的控制方法，例如亲自观察。随着组织规模的扩大，分权管理的发展，对管理工作的综合控制显得日益重要。此外，还有一个显著的特点，那就是许多控制方法同时也是计划方法。这就再一次说明了一个客观事实，即控制和计划是一个问题的两个方面，控制任务有助于计划目标得以顺利实现。

非预算控制方法包括传统的亲自观察、报告、比率分析、盈亏分析等。

（一）亲自观察

亲自观察是一种常用的控制方法，也算得上是一种最古老、最直接的控制方法，它的基本作用就在于获得第一手的信息。

（二）报告

报告是用来向负责实施计划的主管人员全面地、系统地阐述计划的进展情况、存在的问题及原因、已经采取了哪些措施、收到了什么效果、预计可能出现的问题等情况的一种重要方式。报告的主要目的是提供一种如有必要，即可用作纠正措施依据的信息。

（三）比率分析

比率分析是通过组织经营活动中的各种不同度量之间的比率分析企业的一些实际情况，是一项非常有益的和必需的控制技术或方法。

企业经营活动分析中常用的比率分为两大类：财务比率、经营比率。前者主要用于说明企业的财务状况；后者主要用于说明企业的经营活动状况。

（四）盈亏分析

盈亏分析是根据成本、销售量和利润三者之间的关系，对企业的盈亏平衡点和盈利情况的变化进行分析的一种方法，又称“本量利”分析。它是一种很有用的控制方法和计划方法。

四、成本控制

（一）成本控制的含义

成本控制就是指以成本作为控制手段，通过制定成本总水平指标值、可比产品成本降低率以及成本中心控制成本的责任等，达到对经济活动实施有效控制目的的一系列管理活动与过程。

成本分直接成本和间接成本两种。直接成本是指与产出的产品和服务的数量成比例关系的成本（如劳动、材料等）；间接成本是指不受产出量变化影响的成本（如管理费、保险费等）。

许多组织都成立了成本中心，成本中心的主管对其单位的所有直接成本负责，而间接成本则不必由他们控制；高层管理者应明确什么方面可以控制，并使基层管理者对其控制下的所有成本负责。

（二）成本控制的作用

开展成本控制活动的目的就是防止资源的浪费，使成本降到尽可能低的水平，并保持已降低的成本水平。控制成本，减少企业价值活动过程中的一切浪费，是精益生产的精髓。

（三）成本控制的步骤

控制的对象不一样，对控制工作的要求也就各不相同，但总的来说，其步骤是相同的。

1. 确定控制标准

确定控制标准是确定评定工作绩效的尺度。管理者应以计划为基础，制定出控制工作所需要的标准条件。

2. 衡量工作成效

衡量工作成效就是通过管理信息系统采集实际工作中的数据与已制定的控制标准中所对应的数据对比，以了解和掌握工作的实际情况。在这一过程中，要特别注意获取信息的质量问题，保证所获得的信息准确、及时、可靠和适用。

3. 分析衡量结果

分析衡量结果就是将实际工作结果与标准进行对照，找出偏差并分析其发生的原因所在，为进一步采取管理行动做好准备。在控制中这是最需理智分析的环节，是否要进一步采取管理行动就取决于此。若分析结果表明没有偏差或只存在“健康”的正偏差，那么控制人员就不必再进行下一步，控制也就到此为止了。

4. 采取纠偏措施

采取管理行动，纠正偏差。纠正偏差的方法有两种：一是改进工作绩效；二是修订标准。

知识链接

质量投入实践

约瑟夫·朱兰与爱德华·戴明、菲利普·克罗斯比等人都被称为质量管理运动的先驱。戴明和克罗斯比更多地从哲学角度来阐述质量问题，主张公司应将质量作为一种概念来接受，而朱兰则一直致力于质量体系的计划和实施。

朱兰认为，质量是对“一个公司要实现其质量目标所需进行的活动的确定和实施过程”。他提出了两条原则：第一，经理人必须认识到，“不是工人，而是他们自己应担负起公司表现的大部分责任”；第二，他们要明白，一旦质量成为首要任务后能够带来的经济效益。他就这样首次将质量列入了管理范畴。他认为，提高质量需要一套系统的、全公司范围的方法；单个小组或部门的微薄之力是不起作用的。朱兰提出，质量由使用者评价，而不是生产者。如果顾客认为一件产品质量不好，这就意味着公司失败了。因此对于质量的评估，管理层必须同时注重公司内部和外部的意见。

课堂讨论

西湖公司的控制系统

西湖公司是由李先生靠 3 000 元创建起来的一家化妆品公司。开始只经营指甲油，后来逐步发展成为颇具规模的化妆品公司，资产已达 6 000 万元。李先生于 2004 年发现自己患癌症后，对公司的发展采取了两个重要措施：

制定公司要向科学医疗卫生方面发展的目标；高薪聘请雷先生接替自己的职位，担任董事长。

雷先生上任后，采取了一系列措施，推行李先生为公司制定的进入医疗卫生行业的计划：在特殊医疗卫生业方面开辟一个新行业，同时开设一个凭处方配药的药店，并开辟上述两个新部门所需产品的货源、运输渠道。与此同时，他在全公司内建立了严格的控制体系：要求各部门制定出每月的预算报告；要求每个部门在每月初都要对本部门的问题提出切实的解决方案；每月定期举行一次由各部门经理和顾客代表参加的管理会议；要求各部门经理在会上提出本部门在当月的主要工作目标和经济往来数目。同时他特别注意资产回收率、销售边际及生产成本等经济指标的变动，他也注意人事、财务收入和降低成本费用方面的工作。

由于实行了上述措施，该公司获得了巨大的成功。到2008年，年销售量提高24%，到2010年达到20亿元。然而，2012以来，该公司逐渐出现了问题：2013年出现了公司有史以来第一次收入下降、产品滞销、价格下跌。主要原因有：化妆品市场的销售量已达到饱和状态；该公司制造的高级香水一直未打开市场，销售情况没有预测的那样乐观；国外公司挤占了本国市场；公司在国际市场上出现了不少问题，如推销员的冒进，得罪经销商，公司形象没有很好地树立等。

雷先生也意识到公司存在的问题，准备采取有力措施，以改变公司目前的处境。他计划对国际市场方面进行总结和调整，并开始研制新产品。他相信投入了大量资金研制的医疗卫生工业品不久也可以进入市场。

问题：

1. 雷先生在西湖公司采取了哪些控制方法？

2. 假设西湖公司原来没有严格的控制系统，雷先生在短期内推行这么多控制措施，其他管理人员会有什么反应？

3. 就西湖公司的目前状况而言，雷先生应怎样健全控制系统？

本章小结

控制职能是管理职能之一，是确保计划确定的目标得以实现的有效手段。在管理活动中，控制的作用十分重要。它是由管理人员对当前的实际工作是否符合计划进行测定，纠正偏差，使组织各项活动都能按照预定的计划进行，促使组织目标实现的过程。控制系统由主体、客体和目标系统三个要素构成。控制按环节可以分为事前控制、现场控制和事后控制，控制按集中分散程度可以分为集中控制和分散控制。控制过程包括制定标准、衡量实际绩效、比较实际绩效与标准和纠正偏差四个程序。要实现科学而有效的控制，就必须掌握并在实际生活中合理运用质量控制、预算控制、非预算控制和成本控制四种控制方法，控制方法的学习有助于进一步理解管理控制职能。

管理小故事

有位客人到某人家里做客，看见主人家厨房灶上的烟囱是直的，旁边又有很多木材。客人告诉主人："烟囱要改曲，木材须移去，否则将来可能会导致厨房火灾。"主人听了不以为然，没有做任何表示。不久主人家厨房果然失火，四周的邻居赶紧跑来救火，最后火被扑灭了，于是主人烹羊宰牛，宴请四邻，以酬谢他们救火的功劳，但是并没有请当初建议他将木材移走、烟囱改曲的客人。有人对主人说："如果当初你听了那位先生的话，今天也不用准备筵席了，而且没有火灾的损失，现在论功行赏，原先给你建议的人没有被感恩，而救火的人却是座上客，真是很奇怪的事呢！"主人顿时省悟，赶紧去邀请当初给予建议的那位客人。

启示：一般人认为，解决企业经营过程中各种棘手问题的人，才是优秀的管理者，其实这是有待商榷的。俗话说："预防重于治疗"，能防患于未然之前，更胜于治乱于已成之后。由此可见，企业问题的预防者，其实优于企业问题的解决者。

技能训练

根据目前在校大学生课堂出勤率不理想的状况，请结合学校、教师和学生三个方面，试用管理控制理论分析，找出提高大学生上课出勤率的方法。

同步测试

一、单项选择题

1. 能够有效地监督组织各项计划的落实与执行情况，发现计划与实际之间的差距，这一管理环节是（　　）。

A. 领导　　B. 组织　　C. 控制　　D. 协调

2. 在现代管理活动中，管理控制的目标主要是（　　）。

A. 纠正偏差　　B. 修定计划

C. 保持组织这一系统稳定运行　　D. 以上都对

3. 过程控制通常又被称作（　　）。

A. 前馈控制　　B. 反馈控制　　C. 作业控制　　D. 现场控制

4. 在集中控制中，信息处理、偏差检测、纠偏措施的拟定等都是由（　　）统一完成的。

A. 控制中心　　B. 最高决策层　　C. 中级管理层　　D. 监督机构

5. 将组织管理系统分为若干相对独立的子系统，每一个子系统独立地实施内部直接控制，这就是（　　）。

A. 分散控制　　B. 分层控制　　C. 集中控制　　D. 内部控制

6. 在控制活动过程中，管理人员所在的部门、所处的管理层次不同，实施控制的主要任务也不尽相同。一般来说，（　　）主要从事例行的、程序性的控制活动。

A. 高层管理人员　　B. 中层和基层管理人员

C. 重点部门管理人员　　D. 科研部门管理人员

7. 一个组织的全部行为活动构成控制的（　　）。

A. 目的　　B. 客体　　C. 媒体　　D. 主体

8. 控制系统是指由（　　）组成的具有自身目标和功能的管理系统。

A. 控制主体、控制客体和控制载体　　B. 控制实体、控制客体和控制媒体

C. 控制主体、控制客体和控制目的　　D. 控制主体、控制客体和控制媒体

9. 控制应当从实际目标出发，采用各种控制方式达到控制目的，不能过分依赖正规的控制方式，也要采用一些能随机应变的控制方式和方法。这体现了控制的（　　）。

A. 随机性　　B. 灵活性　　C. 多变性　　D. 弹性

10. 制定控制标准的时候，要注意把标准变成定量指标，这才符合制定控制标准的（　　）要求。

A. 可检验性　　B. 可操作性　　C. 应用性　　D. 可行性

二、多项选择题

1. 下列控制方法中，属于非预算控制方法的是（　　）。

A. 视察　　B. 报告　　C. 盈亏分析　　D. 预算控制

E. 数字化技术

2. 下列属于反馈控制的有（　　）。

A. 年终考核　　B. 对各种财务报表的分析

C. 对产成品的质量检查　　D. 在生产过程中对产品质量的抽查

E. 对投入资源是否符合计划目标的要求进行检查

3. 分散控制的优点主要表现在（　　）。

A. 对信息存储和处理的要求相对较低，易于实现

B. 反馈环节少，反应快、时滞短，控制效率高，应变能力强

C. 即使个别控制环节出现问题，也不会导致整个系统的混乱

D. 各分散系统相互协调困难

E. 难以保证各分散系统的目标与组织总目标的一致性，严重的甚至会导致失控

4. 前馈控制的有效条件有（　　）。

A. 过去的经验对今后的工作总是有效的

B. 对系统将来运行的情况是可以准确预测的

C. 按照要素输入标准所输入的各种要素必须能按照预定的要求发挥作用

D. 基层管理人员具有较高的素质

E. 充分的授权

5. 反馈控制应该避免哪些情况？（　　）

A. 避免反馈失真　　B. 避免反馈滞后

C. 避免矫枉过正　　D. 避免下级人员的参与

E. 避免授权

三、简答题

1. 简述控制的作用。

2. 简述管理控制的过程。

3. 试比较事前控制、现场控制、事后控制的区别。

4. 在实施纠偏的过程中有哪两个重要步骤？

5. 简述预算控制的作用。

四、案例分析题

A公司的两种业务

A公司是一家专门提供汽车租赁服务的公司。其业务包含两项内容：一项是为酒后需要驾车回家的人提供代驾服务；另一项是长期为三家旅行社提供客车租赁服务。尽管代驾和客车租赁服务都涉及汽车租赁业务，但A公司提供的收费方式却很不相同。代驾服务是以当时实际价格交付的方式进行的。即公司首先估计每晚大约需要多少代驾员服务，然后按每千米多少钱给出一个基础价格。如果顾客愿意"买"他的服务，公司就会在将顾客送达目的地后给出一份账单。而在客车租赁服务中，A公司根据合同规定每月要付给三家旅行社一定数量的代管费换取长期租车的经营权。A公司收入的大部分来源于代驾服务人员所获得的费用。

问题：

1. A公司的控制问题在两种场合相同吗？为什么？

2. 在事前、事后和现场控制三种类型中，公司对客车租赁服务业务和代驾服务业务应分别采取何种控制手段？

第八章

激励职能

1. 理解并掌握激励的含义。
2. 了解激励的心理过程。
3. 理解激励的作用。
4. 掌握激励理论的内容。
5. 掌握激励机制设计的原则。

第一节

激励概述

引例——长寿公司俱乐部

英国有一家著名的长寿公司俱乐部，申请加入该俱乐部的企业寿命必须要超过 300 年。这家俱乐部成员的一个共同点就是，这些企业都能跟随时代造就出符合时代要求的激励机制，从而使企业具有高度的敏感性。这种敏感性包括对外部市场变化的高度敏感、对企业内部管理的高度敏感、对企业发展技术的高度敏感、对内部控制的高度敏感和对人才吸引的高度敏感。正是企业的高度敏感性造就了企业的百年老店。

启示：企业的敏感性来自哪里？就来自激励制度带来的企业活力。一家企业如何采取全新的激励机制，雇佣优秀的员工，发挥他们的优势呢？世界著名的经理人韦尔奇给出的答案是：要搞好一家企业，关键是要给 20%的表现优秀的员工不断地加薪，而不断地淘汰企业里表现较差的 10%的员工。只要企业的最高决策层能做到这一点，企业肯定就能办好。

充分调动被管理者的生产、工作积极性，是实施科学管理的关键。因而，研究如何根据被管理者的心理活动规律，科学地实施激励，在管理心理学中有着重要的意义。关于被管理者积极性激励的理论，在管理心理科学中，占据着重要的地位，它在整个学科体系中，所占的分量也比较重。

一、激励的含义

所谓激励就是管理者根据被管理者心理活动的规律，采取合理的、科学的管理措施，创设一定的条件，激发被管理者实现工作目标的积极性、主动性和创造精神的活动过程。激励积极性的工作是人力资源开发中最关键也是最困难的工作。所以，管理心理学对如何激励被管理者的生产、工作积极性的问题展开了相当广泛和相当深入的研究，形成了一些各具特色的激励理论。

激励被管理者的生产、工作积极性的途径主要有三条：一是通过满足、引导被管理者的需要来激励其积极性；二是通过设置富有吸引力且实现可能性大的工作目标来激励被管理者的生产、工作积极性；三是通过一定的管理方式，不断强化被管理者的行为，从而激励被管理者的生产、工作积极性。对激励问题的研究，基本上也是从这三个方面展开的。

二、激励的心理过程

根据上述对激励积极性的理解，激励有三种不同的模式。激励模式之一的基本组成部分是：刺激（内外诱因）、个体需要、动机（内驱动）、目标等，如图 8—1 所示。激励模式之二的基本组成部分是：需求、动机、行为、目标等，如图 8—2 所示。激励模式之三的基本组成部分是：未满足的需要与欲望、心理紧张、动机、目标导向、目标行为、需要满足、紧张解除、产生新的需要、反馈等。

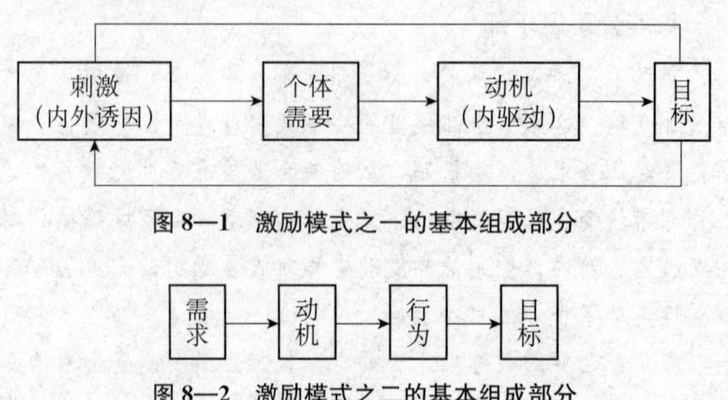

图 8—1　激励模式之一的基本组成部分

图 8—2　激励模式之二的基本组成部分

上述三种激励模式虽各不相同，但基本组成部分仍是相同的。激励作为过程都是由需要未满足开始的，因目标实现、需要满足而告终。激励过程均包含三种基本变量之间的相互关系（即刺激变量；需要、动机、个性等机体变量；行为反应变量）。因此人的行为激励过程就其本质来说，就是由刺激变量（目标、诱因等）引起机体变量（个体需要与动机等）产生激活与兴奋状态，从而引起积极的行为反应，实现目标，提高工作绩效。

激发人的动机的心理过程模式可以表示为：需要引起动机，动机引起行为，行为又指向一定的目标。这说明，人的行为都是由动机支配的，而动机则是由需要引起的，人的行为都是在某种动机的策动下为了达到某个目标的有目的的活动。

从心理学的角度分析激励过程，实质上就是要处理好三类变量之间的相互关系。这三类变量是指刺激变量、机体变量和反应变量。刺激变量是指对有机体的反应发生影响的刺激条件，其中包括可以变化与控制的自然与社会的环境刺激。机体变量是指对有机体反应有影响的特性，这些都是被试者本身具有的特性，如性格、动机、内驱力强度等。反应变量是指刺激变量和机体变量在行为上引起的变化。

由此可见，上述两图中的需要和动机属于机体变量，行为属于反应变量，外界的目标实际上是刺激变量。

人的行为的激励过程，实质上就是要使刺激变量引起机体变量（需要、动机）产生持续不断的兴奋，从而引起积极的行为反应，当目标达到之后，经反馈又强化了刺激，如此周而复始、延续不断。

应该指出，激励过程的内容在不同的社会制度下是根本不同的，但是就其形式而言，上述的激励过程的模式图（见图 8—1、图 8—2）在一定程度上反映了人类行为和心理活动的共同规律。因为心理学的研究已证实了这样一些客观的规律性：人的意志行动开始于需要以及由需要而引起动机。具体说来，人受到刺激产生了需要，需要不满足时，引起心理紧张，成为寻找目标以满足需要的驱动力，由此激发了动机。因此，从需要着手来探求激励，是符合心理规律的有效途径。

当然，支配行为的动机除需要外，还有愿望、意志、情感、兴趣、价值观等。人们在生活实践过程中，在某种需要的基础上，还产生了各种各样的社会情感、兴趣、信仰和理想，最后形成世界观。由世界观决定的崇高的理想、坚定的信念，这些都将成为人的行为动机，驱使人们去实现各种目标，甚至明知要牺牲自己也在所不惜。

三、激励的作用

在传统的组织和人力资源管理中，激励的作用没有得到足够的和系统的认识，管理者激励对组织管理具有重要的作用，只是自觉或不自觉地运用激励手段，进行人力资源的管理和开发工作。但随着“人”的因素在组织生存和发展中的作用日益提升，人们越来越发现，激励对组织管理具有重要作用，具体而言，表现在以下几个方面。

（一）激励是实现企业目标的需要

企业的目标是靠人的行为实现的，而人的行为是由积极性推动的。实现企业的目标，要有人的积极性、人的士气。当然，实现企业的目标，还需要其他多种因素，但不能因此而否定、忽视人的因素。特别是不能因其他因素重要，而否定人的积极性这种关键因素。

（二）激励可以充分发挥企业各种生产要素的效用

企业的生产经营活动是人有意识、有目的的活动。人、劳动对象、劳动手段是企业的生产要素，在这些要素中，人是最活跃、最根本的因素，其他因素只有同人这个生产要素相结合，才会成为现实的生产力，才会发挥各自的效用。因此没有人的积极性，或者人的积极性不高，再好的装备和技术、再好的原料都难以发挥应有的作用。

（三）激励可以提高员工的工作效率和业绩

激发人的积极性是古今中外政治家、军事家、思想家、管理学家们都十分重视的问题。通过激励可以激发员工的创造性与革新精神，提高员工努力程度，取得更好的业绩。

（四）激励有利于提高员工的素质

提高员工素质，不仅可以通过培训的方法，也可以运用激励的手段。企业可以采取措施，对坚持学习科技与业务知识的员工给予表扬，对不思进取的员工给予适当的批评，并在物质待遇、晋升等方面区别考虑。员工在激励措施的鼓舞下，为了能取得更好的工作绩效，必定会主动熟悉业务，钻研技巧，从而提高自身的业务能力。

知识链接

股权激励

股权激励是一种通过经营者获得公司股权形式给予企业经营者一定的经济权利，使他们能够以股东的身份参与企业决策、分享利润、承担风险，从而勤勉尽责地为公司的长期发展服务的一种激励方法。

在不同的激励方式中，工资主要根据经理人的资历条件和公司情况、目标业绩预先确定，在一定时期内相对稳定，与公司的目标业绩关系非常密切。奖金一般以超目标业绩的考核来确定经理人该部分的收入，因此与公司的短期业绩表现关系密切，经理人有可能为了短期的财务指标而牺牲公司的长期利益。但是从股东投资角度来说，他更多关心的是公司长期价值的增加。尤其是对于成长型的公司来说，不能仅仅只看到短期财务指标的实现。

为了使经理人关心股东利益，需要使经理人和股东的利益追求尽可能趋于一致。对此，股权激励是一个较好的解决方案。通过使经理人在一定时期内持有股权，享受股权的增值收益，并在一定程度上以一定方式承担风险，可以使经理人在经营过程中更多地关心公司的长期价值。股权激励对防止经理人的短期行为，引导其长期行为具有较好的激励和约束作用。

课堂讨论

请列举身边的管理事例，说明激励的作用。

第二节 激励理论

引例

——加班的动力

老板：“今天加班！给你们补助，晚上我请你们吃一顿好的！”

小张：“哎呀，老总啊，我和我女朋友说好了陪她去看电影啊！这……”

老板：“哟，得，得，多给你一倍的加班费，行了吧！和你女朋友说说，这笔生意急啊！”

小张：“老总，这不是钱的问题。我挣的也不少了，够花就行了呗！主要是享受生活不是？老工作不成机器啦？”

老板：“这你就满足了啊？你那同学小刘可比你有干劲，买了高级别墅和跑车呢！看人家活得多精彩啊！我看你也应该往高处走嘛！你的车是不是该换换啦？呵呵……”

小张：“也是，我女朋友前几天还说想换个好点的住处……好吧，我先和她说一声。咱们什么时候开始？”

启示：作为管理者，在对员工进行激励时一定要发现高期望值、高效价的因素，这样对员工的激励才是有效激励。如果发现期望值高，但是低效价，就没有什么激励作用。或者高效价，比较好实现，但是员工又不需求，同样也没有激励作用。管理者应努力把员工的低效价提高为高效价，把他的低期望值提高为高期望值，使之变成激励因素。

关于激励理论，西方国家研究得比较广泛，也比较深入。近些年来，一批中国管理心理学者，在学习、借鉴西方激励理论的基础上，结合对中国管理问题的深入研究，也相继提出了一些新的激励理论。本节主要介绍激励理论中应用最为广泛的内容型激励理论和过程型激励理论。

一、内容型激励理论

内容型激励理论着重研究影响激励动机的因素。由于这类理论的内容都具体到对人的需要的研究上，所以也称为需要理论。其中以马斯洛的需要层次理论和赫茨伯格的双因素理论最具有代表性。

（一）马斯洛的需要层次理论

马斯洛是美国近几十年影响相当广泛的人本主义心理学家。他于 1943 年初次提出了“需要层次”理论，后又对这一理论作了进一步的发展和完善。马斯洛的需要层次论在世界各国广为流传，在我国思想界尤其是在我国的心理学界和管理理论界，也都产生了很大的影响。

需要层次理论的主要内容如下。

1. 需要的五个层次

需要层次理论把人类纷繁复杂的需要分为生理的需要、安全的需要、友爱和归属的需要、尊重的需要和自我实现的需要五个层次。

（1）生理的需要。生理的需要是人们最基本的需要。衣、食、住、行是每个人都少不了的，也是人们首先要考虑的。当然，这些需要不可能直接从工作上得到满足。但是，他们可以通过完成工作而获得金钱，以金钱来实现他们在衣、食、住、行等方面的需要。一旦这些生理需要得到相对满足，那么人们的注意力就会集中到高一层次的需要上去。

（2）安全的需要。每一个人均希望安全，不仅希望人身安全，而且也希望避免疾病、失业和其他各种危险。这些需要是通过企业采用安全的设备、医疗、保险和退休福利等措施来满足的。

(3) 友爱与归属的需要。人们都愿意与其他人进行社会交往，这种交往通常通过交谈和建立友谊来实现。人一般都喜欢与别人为伍，渴望得到别人的支持和友爱，得到承认。同时，人又给予别人以友爱。因此，工作环境不仅仅是一个工作场所，而且为人们进行社交活动，建立友谊和归属感提供了机会。

(4) 尊重的需要。每个人都有自尊和被人尊重的需要。人们都感到自己是很重要的，这样当他们干工作时才会增加自己的信心。在工作中满足尊重需要的方法很多，主要有提高其对完成工作的认识，提高其在同事中的社会地位，以及提升其职位等。

(5) 自我实现的需要。自我实现的需要也叫自我成就需要，它是指一个人希望发挥个人的潜力，实现个人的理想和抱负。这是一种高级的精神需要，这种需要可以分为两个方面：

1) 胜任感，表现为人总是希望干称职的工作，喜欢干带有挑战性的工作，把工作当成一种创造性活动，为出色完成任务而废寝忘食地工作。

2) 成就感，表现为人总是希望进行创造性的活动并取得成功。例如，画家努力完成好自己的绘画，音乐家努力演奏好乐曲，指挥员千方百计要打胜仗，工程师力求生产出新产品等，这些都是在成就感的推动下产生的。

2. 五种需要按次序逐级上升

当下一级需要得到基本满足后，追求上一级的需要就成了驱动行为的动力。但这种需要层次逐渐上升并不是遵照"全"或"无"的规律，即一种需要100%满足后，另一种需要才会出现。事实上，社会中的大多数人在正常的情况下，他们的每种基本需要都只是部分地得到了满足。

3. 五种基本需要分为高、低两级

马斯洛认为，生理的需要、安全的需要、友爱和归属的需要属于低级的需要，这些需要通过外部条件使人得到满足，如借助于工资收入满足生理需要，借助于法律制度满足安全需要等。尊重的需要、自我实现的需要是高级的需要，它们是从内部使人得到满足的，而且一个人对尊重和自我实现的需要，是永远不会感到满足的。因此，通过满足职工的高级需要来调动其生产积极性，具有更稳定、更持久的力量。

(二) 赫茨伯格的双因素理论

双因素理论是美国心理学家赫茨伯格于20世纪50年代后期提出来的一种需要理论。这一理论是在他和助手们对200多名工程师、会计师调查访问的基础上提出来的。这个理论颠覆了以泰勒的管理思想为代表的传统认识，即激发人的积极性主要靠金钱的观念。双因素理论认为，激励人的积极性主要从内部、从工作本身进行。

赫茨伯格认为，人类有两种不同类型的需要，或者对激励而言，存在着两种不同的因素，它们是彼此独立的，且能以不同的方式影响人们的行为。这两类因素，一类叫做保健因素（Hygiene Factor），一类叫做激励因素（Motivation Factor）。

保健因素是指和工作环境或条件相关的因素。这类因素处理不当，或者说，这类需要得不到基本满足，会导致职工不满，甚至严重挫伤职工的积极性；反之，这一类因素处理得当，则能防止职工产生不满情绪。由于这类因素带有预防性质，所以被称作保健因素。赫茨伯格认为，这类因素主要有以下 10 个。

（1）公司的政策和行政管理。

（2）技术监督系统。

（3）与监督者个人之间的关系。

（4）与上级之间的关系。

（5）与下级之间的关系。

（6）薪金。

（7）工作安全性。

（8）人的生活。

（9）工作环境。

（10）地位。

上述这些外在因素没有激励人的工作积极性的作用，但带有预防性质，处理得好，这些因素可以保证职工的工作积极性不受削弱。

激励因素是指和工作内容紧紧联系在一起的因素。这类因素的改善，或者说这类需要的满足，往往能给职工以很大程度上的激励，产生工作的满意感，有助于充分、有效、持久地调动他们的积极性。激励因素主要有：

（1）工作表现机会和工作带来的愉快。

（2）工作上的成就感。

（3）由于良好的工作成绩而得到的奖励。

（4）对未来发展的期望。

（5）工作职务上的责任感。

（6）提升。

在进行深入分析研究的基础上，赫茨伯格认为，传统的满意—不满意观念（即认为满意的对立面是不满意的观念）是不确切的。满意的对立面应该是没有满意，不满意的对立面应该是没有不满意。

赫茨伯格认为，激励因素是这样一些因素：有它，感到满意；没有它，没有满意。而保健因素却是：有它，没有不满意；没有它，感到不满意。赫茨伯格曾根据其研究数据绘出了满意与不满意因素比较图，如图 8—3 所示，可供管理学习者和工作者参考。

在图中，纵坐标上列出的是影响职工满意程度的因素。每种因素对应着一个长方形线框，其长度表示该因素在面谈中出现的频数，宽度表示满意或不满意情绪持续的时间。横坐标的左半段表示因某项因素不具备或强度低而导致不满意，右半段表示因某项因素具备或强度高而导致满意，数字表示因素出现频数百分比。赫茨伯格从案例调查中发现，造成员

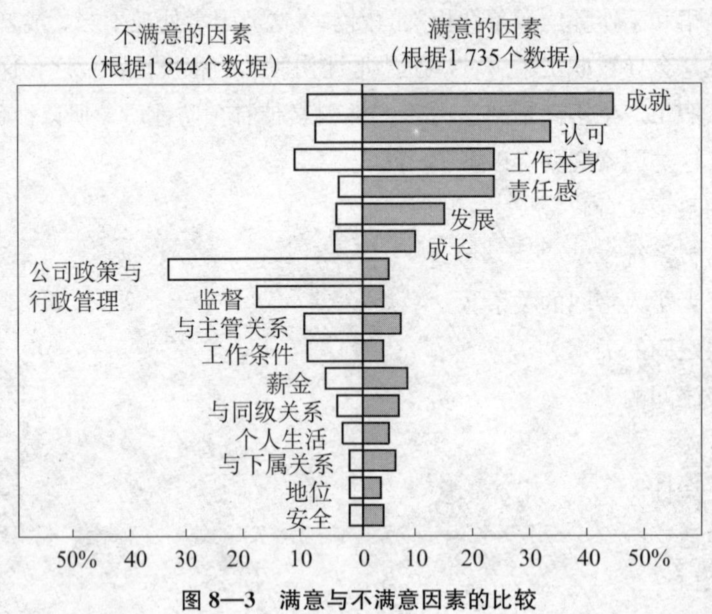

图 8—3 满意与不满意因素的比较

工不满的原因，主要是由于公司政策与行政管理、监督、工作条件、薪金、地位、安全以及对各种人事关系的处理不善。这些因素的改善，虽不能使员工变得非常满意，真正地激发员工的积极性，却能解除员工的不满，故这种因素称为保健因素。研究表明，如果保健因素不能得到满足，往往会使员工产生不满情绪、消极怠工，甚至引起罢工等对抗行为。

二、过程型激励理论

过程型激励理论重点研究从动机的产生到采取行动的心理过程。主要包括弗鲁姆的期望理论、海德的归因理论和亚当斯的公平理论等。

（一）弗鲁姆的期望理论

期望理论是心理学家弗罗姆提出的理论。期望理论认为，人们之所以采取某种行为，是因为他觉得这种行为可以有把握地达到某种结果，并且这种结果对他有足够的价值。换言之，动机激励水平取决于人们认为在多大程度上可以达到预计的结果，以及人们判断自己的努力对于个人需要的满足是否有意义。

怎样使激发力量达到最好值，弗鲁姆提出了人的期望模式：

个人努力→个人成绩（绩效）→组织奖励（报酬）→个人需要

在这个期望模式中，需要兼顾三个方面的关系。

（1）个人努力和个人成绩的关系。这两者的关系取决于个体对目标的期望值。

（2）个人成绩与组织奖励的关系。人们总是期望在达到预期成绩后，能够得到适当的奖励，如奖金、晋升、提级、表扬等。组织的目标如果没有相应有效的物质和精神奖励来强化，时间一长，积极性就会消失。

（3）组织奖励和个人需要的关系。奖励什么要适合各种人的不同需要，要考虑效价。

要采取多种形式的奖励，满足各种需要，最大限度地挖掘人的潜力，最有效地提高工作效率。

在研究激励过程中，一条途径是研究人们需要的缺乏，运用马斯洛的需要层次理论，找出人们所期望满足的某种需要，并以满足这些需求为手段，来激励人们从事组织所要求的行为；另一条途径是从个人追求目标的观点来研究个人对目标的期望，这就是期望理论。依照这一条途径，所谓的激励就是推动个人向其期望目标而前进的一种动力。期望理论侧重于“外在目标”，需要理论着眼于“内在缺乏”。本质上这两种途径是互相关联和一致的，都认为激励的过程是在于：实现外在目标的同时又满足了内在需要。

（二）海德的归因理论

归因理论是美国心理学家海德于1958年提出的，后由美国心理学家韦纳及其同事的研究而再次活跃起来。归因理论是探讨人们行为产生的原因与分析其因果关系的各种理论和方法的总称。归因理论侧重于研究个人用以解释其行为原因的认知过程，即研究人的行为受到激励是“因为什么”的问题。

归因理论认为，人们对过去的成功或失败主要归结于四个方面的因素：努力、能力、任务难度和机遇。这四种因素又可按内外因、稳定性和可控性进一步分类：从内外因方面来看，努力和能力属于内因，而任务难度和机遇则属外因；从稳定性来看，能力和任务难度属于稳定因素，努力与机遇则属不稳定因素；从可控性来看，努力是可以控制的因素，而任务难度和机遇则超出个人控制范围。海德指出，在日常生活中，每一个人都是心理学家，都对各种行为的因果关系感兴趣，力图弄清周围人们行为的前因后果。海德的归因理论开创了研究归因问题的先河，他对行为原因所做的个人—环境的划分一直是归因的基础，影响深远。随后，琼斯和戴维斯的相应推断理论扩充和发展了海德的归因理论，这种理论认为，人们的外显行为是由行为者内在的人格特质直接引起的，也就是说一个人的行为与其人格特征是相当一致的。

（三）亚当斯的公平理论

公平理论又称社会比较理论，它是美国行为科学家亚当斯在《工人关于工资不公平的内心冲突同其生产率的关系》、《工资不公平对工作质量的影响》、《社会交换中的不公平》等著作中提出来的一种激励理论。该理论侧重于研究工资报酬分配的合理性、公平性及其对职工生产积极性的影响。

公平理论认为，人能否受到激励，不但受到他们得到了什么而定，而且还受到他们所得与别人所得相比是否公平而定。这种理论的心理学依据就是，人的知觉对于人的动机的影响很大。即一个人不仅关心自己所得所失本身，而且还关心自己与别人所得所失的关系。他们以相对付出和相对报酬全面衡量自己的得失。如果得失比例和他人相比大致相当时，就会心理平静，认为公平合理心情舒畅。比别人高则令其兴奋，是最有效的激励，但有时过高会带来心虚，不安全感激增。低于别人时产生不安全感，心理不平静，甚至满腹怨气，工作不努力，消极怠工。因此分配合理性是激发人在组织中工作积极性的因素和动力。

知识链接

马斯洛

亚伯拉罕·哈洛德·马斯洛（1908—1970），美国社会心理学家，人格理论家，人本主义心理学的主要发起者。马斯洛对人的动机持整体的看法，他的动机理论被称为“需要层次论”。1968 年当选为美国心理学会主席。

他是智商高达 194 的天才，伟大的先知。他没有美学专著，其美学思想融合在其心理学理论中。

马斯洛的人本主义心理学为其美学理论提供了心理学基础。其心理学理论核心是人通过“自我实现”，满足多层次的需要，达到“高峰体验”，重新找回被技术排斥的人的价值，实现完美人格。他认为人作为一个有机整体，具有多种动机和需要，包括生理的需要、安全的需要、友爱与归属的需要、尊重的需要和自我实现的需要。马斯洛认为，当人的低层次需要被满足之后，会转而寻求实现更高层次的需要。其中自我实现的需要是超越性的，将最终导向完美人格的塑造，高峰体验代表了人的这种最佳状态。

课堂讨论

民营企业老板张总最近十分是苦恼。他给每位员工每个月开支 6 000 元钱，算是当地的高工资了。可是员工还是发牢骚，工作热情也不高。

问题：这是怎么回事？结合激励理论知识作出分析。

激励机制的设计与实施

引例

——兴盛集团的改革三部曲

兴盛集团是一家大型国有企业，为了加快发展速度，它遵照“四化”方向进行了彻底的激励机制改革。它的改革经历了三个阶段：从 2000—2005 年，打破了干部只能上不能下的机制，实现了干部任用的竞聘制，重能力看贡献等机制；2006—2010 年，它抓住了集团机构调整的时机，健全了员工的培训体制，完善了任用制，尤其是完善了科学的绩效考评制度，并且推出了全员的目标责任制、比例淘汰制；第三个阶段是规范提高阶段，从 2011 年开始一直到现在，加强了高薪引进人才的做法。它的大范围的改革，极大地强化了科研人员的力量，并对科研人员的贡献一律重奖，所以企业发展得相当成功。

启示：不能把员工的收入固定住，或者按一定的比例拿钱，例如，固定工资总是收入的70%，奖金总是收入的30%，这都是不符合激励原则的。符合激励原则的做法应该是一种科学的动态的薪酬体系。定时调整员工薪酬体系，固定部分到底应该占多少，激励部分应该占多少，要跟公司每年的发展战略和发展计划有机地结合起来。

一、激励机制的内容

激励机制是在组织系统中，激励主体系统运用多种激励手段并使之规范化和相对固定化，而与激励客体相互作用、相互制约的结构、方式、关系及演变规律的总和。激励机制是企业将远大理想转化为具体事实的连接手段。激励机制包含以下几个方面的内容。

（一）诱导因素集合

诱导因素就是用于调动员工积极性的各种奖酬资源。对诱导因素的提取，必须建立在对员工个人需要调查、分析和预测的基础上，然后根据组织所拥有的奖酬资源情况设计各种奖酬形式，包括各种外在性奖酬和内在性奖酬（通过工作设计来达到）。需要理论可用于指导对诱导因素的提取。

（二）行为导向制度

行为导向制度是组织对其成员所期望的努力方向、行为方式和应遵循的价值观的规定。在组织中，由诱导因素诱发的个体行为可能会朝向各个方向，即不一定都是指向组织目标的。同时，个人的价值观也不一定与组织的价值观相一致，这就要求组织在员工中间培养统驭性的主导价值观。行为导向一般强调全局观念、长远观念和集体观念，这些观念都是为实现组织的各种目标服务的。

（三）行为幅度制度

行为幅度制度是指对由诱导因素所激发的行为在强度方面的控制规则。根据弗鲁姆的期望理论公式（$M=V\times E$），对个人行为幅度的控制是通过改变一定的奖酬与一定的绩效之间的关联性以及奖酬本身的价值来实现的。根据斯金纳的强化理论，按固定的比率和变化的比率来确定奖酬与绩效之间的关联性，会对员工行为产生不同的影响。前者会带来迅速的、非常高而且稳定的绩效，并呈现中等速度的行为消退趋势；后者将带来非常高的绩效，并呈现非常慢的行为消退趋势。通过行为幅度制度，可以将个人的努力水平调整在一定范围之内，以防止一定奖酬对员工的激励效率的快速下降。

（四）行为时空制度

行为时空制度是指奖酬制度在时间和空间方面的规定。这方面的规定包括特定的外在性奖酬和特定的与绩效相关联的时间限制，员工与一定的工作相结合的时间限制，以及有效行为的空间范围。这样的规定可以防止员工的短期行为和地理无限性，从而使所期望的行为具有一定的持续性，并在一定的时期和空间范围内发生。

（五）行为归化制度

行为归化是指对成员进行组织同化和对违反行为规范或达不到要求的员工进行处罚和教育。组织同化是指把新成员带入组织的一个系统的过程。它包括对新成员在人生观、价值观、工作态度、合乎规范的行为方式、工作关系、特定的工作机能等方面的教育，使他们成为符合组织风格和习惯的成员，从而具有一个合格的成员身份。关于各种处罚制度，要在事前向员工交代清楚，即对他们进行负强化。若违反行为规范或达不到要求的行为实际发生了，在给予适当的处罚的同时，还要加强教育，教育的目的是提高当事人对行为规范的认识和行为能力，即再一次的组织同化。所以，组织同化实质上是组织成员不断学习的过程，对组织具有十分重要的意义。

以上五个方面的制度和规定都是激励机制的构成要素，激励机制是五个方面构成要素的总和。其中诱导因素起到发动行为的作用，后四者起导向、规范和制约行为的作用。一个健全的激励机制应是完整的包括以上五个方面、两种性质的制度。只有这样，才能进入良性的运行状态。

二、激励机制设计的原则

（一）目标原则

在激励机制中，目标设置必须同时体现组织目标和员工需要，否则激励将偏离实现目标的方向，无法提高员工的目标效益，达不到满意的激励强度。

（二）结合原则

有形激励手段指物质等经济性激励手段，它是基础。无形激励手段指地位、权力、成就感、社会认同等非经济性激励手段，它是根本。在两者结合的基础上，要逐步过渡到以无形激励手段为主。员工存在着物质需要和精神需要，相应的激励方式也应该是物质激励与精神激励相结合。

（三）惩恶扬善原则

激励机制要做到正激励与负激励相结合，对员工符合组织目标的期望行为要进行奖励，而对员工违背组织目标的非期望行为要进行惩罚。

（四）公平合理原则

激励的公平合理原则指激励措施要公平和合理。但要注意，有些激励措施的公平性比合理性更重要，如报酬制度。

（五）直观和公开原则

直观和公开原则包含两层意思，一是激励的内容应当公开；二是激励机制涉及的对象也要公开。员工可以直接参与到激励所涉及的所有环节和内容。

（六）时效性原则

要把握好激励的时机，激励越及时，越有利于将人们的积极性推向高潮，使其创造力连续有效地发挥出来，如上海经邦集团推出的中国式合伙股权激励方案。

（七）按需激励原则

激励的起点是满足员工的需要，但员工的需要因人而异，因时而异，并且只有满足最迫切需要（主导需要）的措施，其效用才高，其激励强度才大。

三、影响激励机制设计的因素

（一）考虑物质激励和精神激励相结合

物质激励是指通过物质刺激的手段，鼓励员工工作。它的主要表现形式有正激励，如发放工资、奖金、津贴、福利等；负激励，如罚款等。物质需要是人类的第一需要，是人们从事一切社会活动的基本动因。所以，物质激励是激励的主要模式，也是目前我国企业内部使用非常普遍的一种激励模式。但在实践中，不少单位在使用物质激励的过程中，耗费不少，而预期的目的却并未达到，职工的积极性不高，反倒贻误了组织发展的契机。例如，有些企业在物质激励中为了避免矛盾实行不偏不倚的原则，极大地抹杀了员工的积极性，因为这种平均主义的分配方法非常不利于培养员工的创新精神，即平均等于无激励。同时，目前中国还有相当一部分企业没有力量在物质激励上大做文章。事实上人类不但有物质上的需要，也有精神方面的需要，因此企业单用物质激励不一定能起作用，必须把物质激励和精神激励结合起来才能真正地调动广大员工的积极性。

（二）充分考虑员工的个体差异，实行差别激励机制

激励的目的是为了提高员工工作的积极性，那么影响工作积极性的主要因素有：工作性质、领导行为、个人发展、人际关系、报酬福利和工作环境等，而且这些因素对于不同企业所产生影响的排序也不同，要根据不同企业的类型和特点制定激励制度，而且在制定激励机制时一定要考虑到个体差异：例如女性员工相对而言对报酬更为看重，而男性则更注重企业和自身的发展；在年龄方面也有差异，一般20～30岁的员工自主意识比较强，对工作条件等各方面要求比较高，因此“跳槽”现象较为严重，而31～45岁的员工则因为家庭等原因比较安于现状，相对而言比较稳定；在文化方面，有较高学历的人一般更注重自我价值的实现，即除了物质利益方面的考虑外，他们更看重的是精神方面的满足，如工作环境、工作兴趣、工作条件等，而学历相对较低的人注重的则是基本需求的满足；在职务方面，管理人员和一般员工之间的需求也不同，因此，企业在制定激励机制时一定要考虑企业的特点和员工的个体差异，这样才能收到最大的激励效力。

（三）企业家的行为

企业家的行为对激励制度的成败至关重要，首先是企业家要做到自身廉洁，不要因为自己多拿多占而产生负面影响；其次是要做到公正不偏，不任人唯亲；要经常与员工进行

沟通，尊重支持下属，对员工所做出的成绩要尽量表扬，在企业中建立以人为本的管理思想，为员工创造良好的工作环境；最后是企业家要为员工做出榜样，即通过展示自己的工作技术、管理艺术、办事能力和良好的职业意识，培养下属对自己的尊敬，从而增加企业的凝聚力。总之，企业家要注重与员工的情感交流，使员工真正在企业工作中得到心理的满足和价值的体现。

四、激励机制设计的程序

（一）培养适合企业特点的企业文化

管理在一定程度上就是用一定的文化塑造人，企业文化是企业管理中的一个重要因素，成功的企业文化，对于调动职工积极性，激发大家的凝聚力、向心力和创造力，起着现实和长远的作用。

（二）从转变观念入手

继续加强对广大职工的思想教育，引导职工明确企业引入有效的竞争激励机制和能上能下、能进能出用人机制的意义，使其自觉做到局部利益服从整体利益、个人利益服从企业利益、当前利益服从长远利益。同时，企业还应通过竞争观念的教育，激励优胜者勇于开拓创新，迎接新的挑战，鼓励失败者永远不言放弃，并积极创造条件，为其提供重新奋起的机会，让竞争的压力尽快转化为继续学习的动力。

（三）制定精确、公开的激励机制

激励制度首先要体现公平的原则，要在广泛征求职工意见的基础上出台一套大多数职工认可的制度，并将制度公开，让激励严格按制度执行并长期坚持；其次激励制度要和考核制度结合起来，这样才能激发职工的竞争意识，使这种外部的推动力量转化成一种自我努力工作的动力，充分发挥人的潜能；最后是在制定激励制度时要体现科学性，也就是要做到工作细化，企业必须系统地分析、搜集与激励有关的信息，全面了解职工的需求和工作质量的好坏，不断根据情况的变化制定出相应的政策。

（四）建立科学合理的奖惩制度

首先奖惩的数额要适当拉开差距，不搞平均主义；其次，管理者必须以职工的实际能力和工作业绩为标准，制定出公平合理的竞争及奖酬分配制度，让职工感到获得的奖励无论是同自己所做的贡献相比，同他人相比，还是同企业做出的承诺相比都是公平的，这样才能使之成为激励动力而不是阻力；再次，要把握好奖励时机。奖励是有生效期限的，拖延时间、错过最佳时机，奖励将会失去激发职工后续工作潜力的作用。

（五）善于根据不同群体特点选择适宜的激励方式

激励分为正激励（奖励性激励）和负激励（惩罚性激励）。由于不同类型的职工群体具有不同的理想兴趣和需求特点，从而决定了只有选择不同的激励方式或手段才能更为有效。从需求层次看，对于以生理需要为优势需要的职工群体，激励的形式应侧重于满足其生活中的衣食住行等，并且采取硬性淘汰制等负激励的方式也常能取得明显的效果；而对于更加关心自我实现的职工群体，丰富的物质奖励往往不及为其提供一份富有挑战性的工作更能激发其工作热情，如采用负激励很可能会减少他们的成就感和认同感。从职务层次来看，一般情况下，科技人员、管理干部、文化素质高的职工的精神需要往往比金钱需要更为迫切。而且，他们大多从事具有高度创新性的脑力劳动，惩罚性激励则易产生精神压力和不安定感，不利于其创造性的发挥，甚至会给企业带来人才外流等负面效应。与之相反，对于层次较低、素质相对较差的职工，物质激励的作用则越为明显，采用惩罚激励所带来的负面效应也越小。所以，企业在制定激励制度时，切忌“一刀切”，而宜根据不同职工群体的不同特点，采用相应的激励方式。

例如，新上任的人力资源经理老魏，发现公司的惩罚过多导致部分员工士气比较低落，于是针对这部分员工的特点，他把惩罚单改成了改进单，并在改进单的前面写上“发此单的目的是要鼓励您正确前行”，这样就把负激励的强度降下来了，而这部分员工在纠正了自身不良行为的同时也会继续保持高昂的工作热情。

（六）综合运用多种激励机制

企业可以根据本企业实际情况和特点，采用不同的激励机制。例如，可以用工作激励，尽量把职工放在合适的位置上，培养职工工作的热情和积极性。也可以运用参与激励，通过参与使职工形成对企业的归属感、认同感，以进一步满足职工的自尊和自我实现的需要，现在企业里的职代会制度等形式就是如此。此外，荣誉激励的方式在企业中采用的也比较普遍。事实上，激励方式多种多样，主要是根据本企业的特点综合运用不同种类的激励方式，就一定可以激发出职工的积极性和创造性，使企业得到进一步发展。

（七）善于营造职工激励的良好环境和氛围

首先，必须为职工工作扫除客观上的障碍，创造良好的环境。其次，要注意发挥领导者的人格魅力：一是处处身先士卒、以身作则、言行一致、廉洁勤政，通过榜样的作用影响职工，激发他们的情感；二是领导者的民主作风，对培养职工的归属感和主人翁责任感也大有裨益；三是领导者要善于及时发现、重点培养、大力宣传并保护本单位的先进典型，使行为激励由表及里、由点到面收到最佳效果。

总之，无论什么样的企业要发展都离不开人的创造力和积极性。因此，企业一定要重视对员工的激励，根据实际情况，综合运用多种激励机制，把激励的手段和目的结合起来，改变思维模式，真正建立起适应企业特色、时代特点和职工需要的开放的激励体系，使企业在激烈的市场竞争中立于不败之地。

五、激励机制设计应注意的问题及误区

企业管理者都想通过自己的激励措施来调动员工的积极性，但实际的激励效果却不那么明显。形成这种现象的主要原因就在于，管理者们往往单凭经验或感觉行事，常常步入无效激励的死胡同。具体而言，主要存在以下四个方面问题。

（一）士气低落才激励

很多管理者都认为激励是常规性工作，无须花太多的精力。其结果呢，直到公司内部人员频繁跳槽，才认识到激励的重要性，但为时已晚。激励应保持连贯性，才能有效调动员工积极性，留住人才。

（二）物质激励与精神激励有失偏重，形式单一

现实中，一些企业管理者并不总是考虑员工的内心需要，即马斯洛的高级需要。在激励时不分层次，不分形象，不分时期，都给予物质激励，形式单一，造成激励的边际效应逐年递减。企业不仅浪费了人力、物力、财力，而且激励效果也不尽如人意。因此，张雪奎教授认为，在激励时必须将物质激励与精神激励进行有机结合，必须在形式上多样化，这样才能保证实现激励效应的最大化。在激励前，一定要清楚员工最需要什么，而且想方设法满足他，才有可能产生良好的激励效果。

（三）轮流坐庄搞平衡，挫伤了先进员工的工作积极性

在企业激励实践中，不少企业没有拿真正的标准来衡量，评先评优轮流坐庄，今年你当，明年我当，年年如此，年年走过场，先进不再带头，后进保持着落后，激励成为可有可无的工具。

（四）缺乏考核依据，激励成为无源之水

一些企业管理制度不健全，没有工作标准，难以对员工进行合理的业绩考核。企业效益好时，领导一拍脑袋，就发奖金。大多企业比较流行的做法是，"当官"的多拿一些，员工少拿一些。奖金成了"大锅饭"，发了白发。激励下属应当有依据，这个依据就是对工作业绩的考核。企业应当根据实际情况建立起激励机制，要让员工明确工作目标，并且清楚实现目标后能得到什么回报，这才能调动大家的积极性，促进企业的发展。

以上四个方面的问题很多企业都存在，特别是中小企业，企业人少规模小，管理不科学，等发现问题时再去亡羊补牢，往往已给企业带来了损失。除了激励过程中存在的问题，企业中还存在许多激励的误区，这主要是管理的观念落后造成的。

知识链接

鲶鱼效应

挪威人喜欢吃沙丁鱼，尤其是活鱼。市场上活沙丁鱼的价格要比死鱼高许多。所以渔民总是千方百计地想让沙丁鱼活着回到渔港。可是虽然经过种种努力，绝大部分沙丁鱼还是在中途因窒息而死亡。但却有一条渔船总能让大部分沙丁鱼活着回到渔港。船长严格保守着秘密。直到船长去世，谜底才揭开。原来是船长在装满沙丁鱼的鱼槽里放进了一条以鱼为主要食物的鲶鱼。鲶鱼进入鱼槽后，由于环境陌生，便四处游动。沙丁鱼看见鲶鱼十分紧张，左冲右突，四处躲避，加速游动。这样一来，一条条沙丁鱼活蹦乱跳地回到了渔港。这就是著名的"鲶鱼效应"。

启示：鲶鱼效应对于渔民来说，在于激励手段的应用。渔民采用鲶鱼作为激励手段，促使沙丁鱼不断游动，保证沙丁鱼活着回到渔港，以此获得最大利益。在企业管理中，管理者要实现管理的目标，同样需要引入鲶鱼型人才，以此来改变企业"一潭死水"的状况。

课堂讨论

目前，大学生的奖学金评定方法是否能激励全体同学努力学习？

本章小结

激励就是管理者根据被管理者心理活动的规律，采取合理的、科学的管理措施，创设一定的条件，激发被管理者实现工作目标的积极性、主动性和创造精神的活动过程。激励可以提高员工的工作效率和业绩，有利于提高员工的素质，激励能够充分发挥企业各种生产要素的效用，是实现企业目标的需要。激励积极性的工作是人力资源开发中最关键也是最困难的工作。

激励理论中应用最为广泛的是内容型激励理论和过程型激励理论。内容型激励理论以马斯洛的需要层次理论和赫茨伯格的双因素理论最具有代表性。过程型激励理论主要包括弗鲁姆的期望理论、海德的归因理论和亚当斯的公平理论等。

激励机制是企业将远大理想转化为具体事实的连接手段。激励机制包含诱导因素集合、行为导向制度、行为幅度制度、行为时空制度和行为归化制度五个方面的内容。在设计和实施企业激励机制时，应遵循七个重要原则，考虑到影响激励机制设计的三大因素及应注意的问题和误区。

管理小故事

兔子的思考

南山坡住着一群兔子。在蓝眼睛兔王的精心管理下，兔子们过得丰衣足食，其乐融融。可是最近一段时间，外出寻找食物的兔子带回来的食物越来越少。为什么呢？兔王发现，原来是一部分兔子在偷懒，那些偷懒的兔子不仅自己怠工，对其他的兔子也造成了消极影响。那些不偷懒的兔子认为，既然干多干少一个样，那还干个什么劲呢？也一个个跟着偷起懒来。于是，兔王决心要改变这种状况，宣布谁表现好谁就可以得到他特别奖励的胡萝卜。

一只小灰兔得到了兔王奖励的第一根胡萝卜，这件事在整个兔群中激起了轩然大波。兔王没想到反响如此强烈，而且居然是适得其反的反响。有几只老兔子前来找他谈话，数落小灰兔的种种不是，质问兔王凭什么奖励小灰兔。兔王说：“我认为小灰兔的工作表现不错。如果你们也能积极表现，自然也会得到奖励。”

于是，兔子们发现了获取奖励的秘诀。几乎所有的兔子都认为，只要善于在兔王面前表现自己，就能得到奖励。那些老实的兔子因为不善于表现，总是吃闷亏。于是，日久天长，在兔群中竟然盛行起一种变脸式（当面一套背后一套）的工作作风。许多兔子都在想方设法讨兔王的欢心，甚至不惜弄虚作假。兔子们勤劳朴实的优良传统遭到了严重破坏。

为了改革兔子们弄虚作假的弊端，兔王在老兔子们的帮助下，制定了一套有据可依的奖励办法。这个办法规定，兔子们采集回来的食物必须经过验收，然后按照完成的数量确定是否可以得到奖励。

一时之间，兔子们的工作效率为之一变，食物的库存量大有提高。

兔王没有得意多久，兔子们的工作效率在盛极一时之后，很快就陷入了每况愈下的困境。兔王感到奇怪，仔细一调查，原来在兔群附近的食物源早已被过度开采，却没有谁愿意主动去寻找新的食物源。

有一只长耳朵的大白兔指责他唯数量论，助长了这种短期行为的功利主义思想，不利于培养那些真正有益于兔群长期发展的行为动机。

兔王觉得长耳兔说得很有道理，他开始思考如何解决这一问题。有一天，小灰兔素素没能完成当天的任务，他的好朋友嘟嘟主动把自己采集的蘑菇送给他。兔王听说了这件事，对嘟嘟助人为乐的行为非常赞赏。

过了两天，兔王在仓库门口刚好碰到了嘟嘟，一高兴就给了嘟嘟双倍的奖励。此例一开，变脸游戏又重新风行起来。大家都变着法子讨好兔王，不会讨好的就找着兔王吵闹，弄得兔王坐卧不宁、烦躁不安。有的说："凭什么我干得多，得到的奖励却比嘟嘟少？"有的说："我这一次干得多，得到的却比上一次少，这也太不公平了吧。"

时间一长，情况愈演愈烈，如果没有高额的奖励，谁也不愿意去劳动。可是，如果没有人工作，大家的食物从哪里来呢？兔王万般无奈，宣布凡是愿意为兔群做贡献的志愿者，可以立即领到一大筐胡萝卜。布告一出，报名应征者好不踊跃。兔王心想，重赏之下，果然有勇夫。

谁也没有料到，那些报名的兔子之中居然没有一个如期完成任务的。兔王气急败坏，跑去责备他们。他们异口同声地说："这不能怨我呀，兔王。既然胡萝卜已经到手，谁还有心思去干活呢？"

启示：在人力资源管理中，胡萝卜是什么意思呢？就是能激励员工努力完成工作任务的方法。从这个意义上讲，能起到激励作用的任何方法都可以是胡萝卜。胡萝卜有许多种类，并不仅限于现金。作为管理者要善用胡萝卜，否则使用不当，胡萝卜也会失去激励作用！对一个极度饥饿的人来说，给他第一碗饭吃是救命；第二碗饭是满足；第三碗饭则是毒药。等到他吃第三碗饭时，饭的价值对于他而言，已经完全发生了变化，他哪里还能体味"粒粒皆辛苦"的意义呢？同样的道理，那个兔王的胡萝卜不仅没能起到激励的作用，反而使兔子们一个个变得骄奢淫逸起来了。所以，作为管理者，应该先弄懂胡萝卜的含义，否则，不仅无法激励员工们努力工作，反而会惹出许多麻烦；给他们的也不是什么快乐，而是毒药。

根据马斯洛的需要层次理论，只有能满足一个人的需要的给予，才能成为激励他的因素。而员工的的需要等级和马斯洛的需要层次论在结构上是一样的。这种结构基于三个基本假设：第一，人要生存，他的需要能够影响他的行为，只有未满足的需求才能影响行为，已经满足了的需要不能继续充当激励工具；第二，人的需要按重要性排成一定的次序，形成层次性的结构；第三，当人的某一级的需要得到最低限度满足后，才会追求高一级的需要，如此逐级上升，成为推动人不断努力的内在动力。

技能训练

请说说你身边通过激励机制的改变而提高工作效率的例子。

同步测试

一、单项选择题

1.（　　）主张对激励进行针对性的刺激，只看员工的行为及其结果之间的关系，而不是突出激励的内容和过程。

A. 强化理论　　B. 双因素理论　　C. 期望理论　　D. 公平理论

2. 处于需要最高层次的是（　　）。

A. 生理的需要　　B. 安全的需要

C. 尊重的需要　　D. 自我实现的需要

3. 为了激发员工内在的积极性，一项工作最好授予（　　）。

A. 能力远远高于任务要求的人　　B. 能力远远低于任务要求的人

C. 能力略高于任务要求的人　　D. 能力略低于任务要求的人

4. 提出期望理论的是（　　）。

A. 马斯洛　　B. 卢因　　C. 弗鲁姆　　D. 亚当斯

5. 提出公平理论的是（　　）。

A. 马斯洛　　B. 卢因　　C. 弗鲁姆　　D. 亚当斯

6. 某公司对其员工的工作条件进行了改善，这是为了更好地满足员工的（　　）。

A. 生理的需要　　B. 安全的需要　　C. 自我实现的需要　　D. 尊重的需要

7. 从期望理论中，我们得到的最重要的启示是（　　）。

A. 目标效价的高低是激励是否有效的关键

B. 期望概率的高低是激励是否有效的关键

C. 存在着负效价，应引起领导者注意

D. 应把目标效价和期望概率进行优化组合

8. 期望理论的关键是，正确识别个人目标和判断三种联系，下列选项不属于这三种联系的是（　　）。

A. 个人努力与个人成绩的关系　　B. 组织奖励与个人目标的联系

C. 个人努力与个人目标的联系　　D. 个人成绩与组织奖励的联系

9. 根据双因素理论，下列选项中（　　）不属于激励因素。

A. 成就　　B. 地位　　C. 责任　　D. 承认

10. 下列不属于激励机制设计原则的是（　　）。

A. 公平合理原则　　B. 目标结合原则

C. 效益第一原则　　D. 直观和公开原则

二、多项选择题

1. 内容型激励理论包括（　　）。

A. 需求层次理论　　B. 双因素理论　　C. 激励需求理论　　D. 期望理论

2. 激励机制设计的原则有（　　）。

A. 目标结合原则　　B. 惩恶扬善原则

C. 公平合理原则　　D. 勤俭节约原则

3. 激励机制设计常见的错误有（　　）。

A. 士气低落才激励　　B. 缺乏考核依据

C. 激励过程中缺乏沟通　　D. 过度激励

4. 下列不属于激励过程理论的是（　　）。

A. 强化理论　　B. 需要层次理论　　C. 期望理论　　D. 公平理论

5. 下列属于激励机制内容的有（　　）。

A. 行为导向制度　　B. 行为幅度制度

C. 行为时空制度　　D. 行为归化制度

三、简答题

1. 什么是激励？

2. 激励的理论主要有哪些？

3. 激励机制设计的原则有哪些？

4. 激励机制设计的程序是什么？

5. 设计激励机制应注意哪些问题？

四、案例分析题

美国通用汽车公司的激励机制

20 世纪 90 年代，美国通用汽车携手上海汽车工业（集团）总公司将通用汽车旗下的别克品牌率先引入中国，别克开始踏上在中国新时期的旅程。别克作为上海通用汽车的支柱品牌，2010 全年别克累计销售突破 55 万辆。其中凯越这一款车型即售出 22.25 万辆，在全国轿车销量排行中名列第五。自 2008 年至今，别克举办了例如别克高尔夫挑战赛、赞助亚洲博鳌论坛、别克 S 弯、别克汽车公园等一系列活动，同时还加强了售后服务，改善了与客户的沟通，收到了良好的效果。此外，得益于“全球平台”产品和上海通用“绿动未来”的策略，客户在产品的使用成本上大幅降低，比如油耗更低、维修保养更便宜等，让通用别克得到了一致好评。

对于经销商的销售人员来说，别克厂家主要通过在线软件和网络平台来了解一线销售人员的销售情况，但并没有基于这一平台的积分机制或者长期激励体系。由于别克经销商在销售人员管理上有较大的自主权，各经销商可以制定自己一线销售人员的薪酬制度。基本工资也是随着销量而递增的，比如卖了 2 台，这个月的基本工资就是 1 000 元；卖出 3 台，基本工资就是 1 200 元。销售人员的奖金主要是单车奖，公司奉行的是多奖少罚的理念，比如公司规定，销售人员每个月必须卖出 1 台二手车，完成了就会奖励 500 元/台，如果没有完成则会扣 400 元/台。当销售团队销量达到一定程度，还会获得销售团队奖励。别克厂商较少直接激励经销商一线销售人员，通常是为了消化库存而制定一种临时性奖励政策。奖励对象一般是团队，奖励方式是现金或实物奖励，奖励频次大约半年一次。别克厂商每季度会举行一次销售评比。全年还有金牌销售员评比，且分全国性和区域性，奖励程度也不同。别克厂商和经销商每年都会组织人员参加培训、人员评级等激励活动，但各自工作重点不同，别克厂商更多关注中高层销售管理人员，而经销商在中低层销售人员管理上具有较多决定权。

问题：

1. 美国通用汽车采取的是什么样的激励机制？

2. 如果你是中国的汽车厂商管理人员，你会采用什么样的方式来提高经销商销售你们汽车的积极性？

第九章

沟通职能

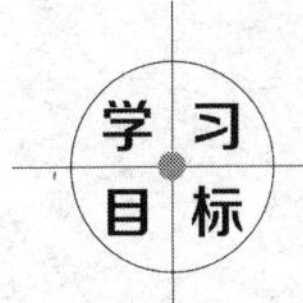

1. 理解沟通的含义和意义。
2. 了解沟通的过程和类型。
3. 了解有效沟通的原则和影响沟通效果的主要因素。
4. 理解并掌握实现有效沟通的途径和技巧。
5. 理解协调的含义、作用及内容。
6. 理解人际关系的含义及影响人际关系的因素。
7. 理解并掌握处理人际关系的原则和技巧。

第一节

沟通概述

引例——同事变冤家

小王是某公司销售部一名员工，为人比较随和，和同事的关系处得都比较好。但是，前一段时间，不知道为什么，同一部门的小李老是处处和他过不去，有时候还故意在别人面前指桑骂槐，对跟他合作的工作任务也都有意让小王多做，甚至还抢了小王的好几个老客户。起初，小王觉得都是同事，没什么大不了的，忍一忍就算了。但是，看到小李如此嚣张，小王一赌气，告到了主管那儿。主管把小李批评了一通，从此，小王和小李成了绝对的冤家了。

启示：小王所遇到的事情是在工作中常常出现的一个问题。在一段时间里，同事小李对他的态度大有改变，这应该让小王有所警觉，应该留心是不是哪里出了问题。但是，小王只是一味地忍让，但忍让不是一个好办法，他应该及时主动和小李进行一次真诚的沟通。但结果是，小王到了忍不下去的时候选择了告状。其实，找主管来说明一些事情，不能说方法不对。关键是怎么处理。在这里，小王、部门主管、小李三人犯了一个共同的错误，那就是没有坚持对事不对人，主管做事也过于草率，没有起到应有的调节作用，他的一番批评反而加剧了两人之间的矛盾。正确的做法是应该把双方产生误会、矛盾的疙瘩解开，通过加强员工沟通来处理这件事。

沟通是一种能力，是现代人成功的重要条件。美国著名教育家卡耐基曾说过，一个人的成功，15%靠的是专业知识，85%靠的是良好的人际沟通。有效、良好的沟通能力已经成为人们最重要的能力之一。

一、沟通的含义

沟通在汉语中原意指开沟挖渠，让水从一个地方流到另一个地方。现在通常把沟通理解为信息的双向交流，即信息的发送者凭借一定渠道，将信息、思维和情感等传达给既定对象，并寻求反馈以达到相互理解的过程。如管理者的决策需要信息沟通，决策一旦做出，也需要沟通，否则决策就难以得到贯彻和执行。又如组织成员的一些好的建议、好的想法，也需要沟通，否则就无法得到认可和实施。

二、沟通的过程

沟通过程是指沟通主体（信息的发送者）将需要传递、交流的信息有计划、有目的地通过相应沟通渠道传递给沟通客体（信息的接收者），实现双向交流互动的过程。简单地说，沟通过程就是信息传递、分享的过程。在这个过程中，除了传递、分享的信息外，还包含信息发送者、信息接收者、信息传递环境、信息传递渠道等要素，如图 9—1 所示。

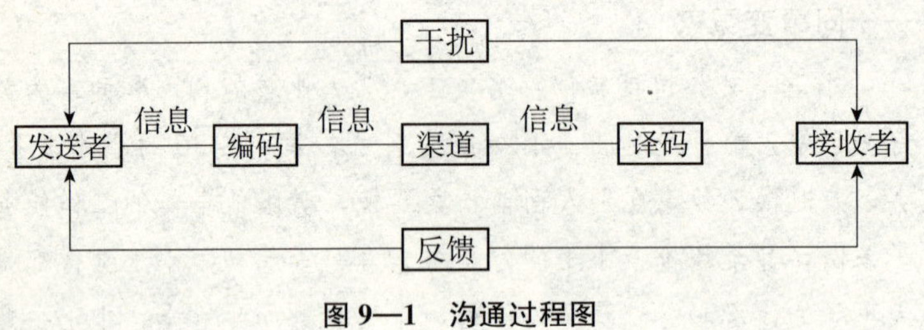

图 9—1　沟通过程图

（一）信息发送者

信息发送者是有目的地对沟通客体施加影响的个人和团体，在沟通过程中处于主导地位。

（二）信息接收者

信息接收者也称沟通对象，是沟通过程中的信息接收方，在沟通过程中具有积极的能动作用。

（三）信息传递内容

信息传递内容即沟通内容，是传递、分享的信息，也是信息发送者用以影响、作用于信息接收者的要素之一。

（四）信息传递环境

信息传递环境即沟通时周围的环境和条件，如社会整体环境、信息接收者直接生活的区域环境，是影响沟通效果的重要因素之一。

（五）信息传递渠道

信息传递渠道也称沟通途径。信息传递渠道不仅能使正确的思想观念尽可能全、准、快地传达给信息接收者，而且还能广泛、及时、准确地收集接收者的思想动态和反馈的信息，是实施沟通、提高沟通效果的重要一环。

三、沟通的类型

根据不同情况，从不同角度，沟通可以分为以下几种类型。

（一）从沟通是否存在反馈来看，沟通可以分为单向沟通和双向沟通

单向沟通不允许对方提问，也就是说一方发送信息，另一方只能接收信息。在我们日常生活中，这种沟通一般适用于组织机构内的上下级关系，如公司的领导演讲、作报告、发布命令、布置任务等。单向沟通是指令式的，不涉及信息接收者的信息反馈。在进行单向沟通时，信息发送者应特别注意所选择的沟通渠道，同时也要特别注意信息接收者的接受、理解能力，以及信息发送者是否完整准确地表达出了需要对方理解的意图和信息。

当然，沟通在正常的情况下应该是双向的信息交流，是一种有反馈的信息传递和分享。双向沟通的过程应该是一个反复的过程，即信息的发送者和接收者相互转换“身份”，由一方传达给另一方，另一方有什么不理解，有什么意见等，反馈回来，然后再传达，再反馈，形成一个循环往复的过程，直到信息被准确无误地理解接受为止。

（二）从沟通是否有严格组织程序和系统来看，可以分为正式沟通和非正式沟通

正式沟通是指通过组织明文规定的程序、原则和方式，以组织系统为渠道进行信息的传递和交流。其特点是比较严肃、正规、权威，约束力强。如组织与组织之间的公函来往、组织内部报告文件的上情下达、召开的正式会议等。

在正式沟通中，根据信息流向又可以分为上行沟通、下行沟通和平行沟通。

1. 上行沟通

上行沟通指下级组织或人员从下而上的与上级组织或领导进行的沟通，如下级向上级呈报材料、反映情况等。上行沟通的目的是让上级了解下级组织或人员当前的情况和想法，寻求领导理解和支持，也为领导决策提供必要依据。

2. 下行沟通

下行沟通指上一层管理者按照组织系统原则，将信息自上而下与下级组织或人员进行的沟通。目的是让下级单位或下属人员充分了解领导意图，更好地完成工作目标和任务。

3. 平行沟通

平行沟通指同一层次的组织或人员之间的信息交流和沟通。目的是增进工作协同人员之间的相互了解、明确目标、相互激励、协调一致，减少不必要的工作误会、矛盾和摩擦，提升工作效率。

非正式沟通是指正式途径之外的、不受组织结构约束和限制的沟通方式。这种沟通途径众多且形式多样，不限时间、地点和内容，如领导关心下属的生活或看望突发家庭变故的职工，同事间的聊天，甚至小范围的聚餐、喝酒等。这种不拘形式的沟通直接明了且传递速度迅速，对正式沟通有很好的补充作用。但非正式沟通也存在着难以控制、传递信息

失真的困难和风险，要慎重考虑和把握。

（三）从沟通内容的表现形式看，可以分为语言沟通和非语言沟通

语言沟通是指人们借助语言、文字等形式进行的信息交流和沟通，包括口头语言沟通和书面文字沟通。口头语言沟通是主要以做报告、演讲、会谈、交谈、谈判、电话联系等用口头语言表达为主的沟通。书面文字沟通是主要以通知、报告、文件等书面材料为表达形式的沟通。口头语言沟通和书面文字沟通充分发挥语言在社会生活中的积极作用，配以表情、语言环境等众多因素提高沟通效果和达到沟通目的。

非语言沟通是指通过身体动作、体态、语气语调、空间距离等方式交流信息，如借助表情、目光等方式支持、修饰或否定语言沟通中的内容。因此，非语言信息通常作为解释内容来表达信息的相关部分。

四、沟通的意义

沟通是人类活动的基本特征，没有沟通，就不可能形成组织和人类社会。

（一）沟通是领导者实现领导职能的基本途径，也是提高管理者决策能力的重要方法

一个优秀的领导者，不管他的领导水平多高，管理方法多高效，他都需要下属能理解和领会他的想法和意图，需要下属完整、准确地执行。另外，领导在决策时，必须了解各类有效的信息，而要获得这些有效、及时、全面的信息就需要有效沟通。

（二）沟通是组织与外部环境之间联系的重要途径，也是组织实现创新变革的重要方法

一个组织要生存发展，必然要时刻关注外部环境的变化，且随着外部环境的变化调整组织自身的产品结构、经营手段等。在瞬息万变的社会中，如果组织不注重对外交流和沟通，不及时了解社会对组织或企业的需求，就不可能在激烈的竞争中占据先机。同时，在竞争日趋激烈的社会经济生活中，要想立于不败之地，必须要有足够的创造力，这种创造力往往需要通过讨论、交流、启发等方式的有效沟通来实现。因此，沟通也是组织实现创新变革的方法之一。

（三）沟通是协调组织内部各要素，形成良好人际关系环境，提高组织整体凝聚力的重要手段

每个组织每项工作任务的完成都需要多个部门、多个员工共同协作完成。为了使每个员工更好地理解组织目标，认识自身工作任务来保证整体工作任务的完成，需要通过相互交流统一认识、互相帮助、互相尊重、和睦相处，促使组织成员之间关系协调，从而增强组织凝聚力和战斗力。

知识链接

——钥 匙

一把坚实的大锁挂在大门上，一根铁杆费了九牛二虎之力，还是无法将它撬开。钥匙来了，他瘦小的身子钻进锁孔，只轻轻一转，大锁就“啪”地一声打开了。铁杆奇怪地问：“为什么我费了那么大力气也打不开，而你却轻而易举地就把它打开了呢?”钥匙说：“因为我最了解他的心。”这个故事说明：每个人的心，都像上了锁的大门，再粗的铁杆也撬不开。唯有关怀，才能把自己变成一把细腻的钥匙，进入别人的心中，了解别人。所以沟通时，一定要多为对方着想，以心换心，以情动人。

我们每天都要进行许多次沟通，但您注意到沟通的效果了吗？通过以上小故事的分享，相信您对沟通有了更深刻的认识：沟通是解决问题的必须途径；沟通前要做好充足的准备，包括找对沟通的主题、对象、时间、环境等；找对沟通的时机和切入点将会事半功倍；懂得倾听的人，才会赢得对方的尊敬；只有先解决别人的问题，增加对方的价值，才能提高别人的参与度，从而达到沟通的目的；用对方听得懂的语言沟通；沟通时，信心非常重要，只有充满信心，说话才会有理有力。

课堂讨论

你被人误解后会采用哪些方法和措施？请大家评议其有效性。

有效沟通

引例 ——请听别人把话说完

美国知名主持人林克莱特一天访问一名小朋友，问他：“你长大后想要当什么呀?”小朋友天真地回答：“嗯……我要当飞机的驾驶员!”林克莱特接着问：“如果有一天，你的飞机飞到太平洋上空所有引擎都熄火了，你会怎么办?”小朋友想了想说：“我会先告诉坐在飞机上的人绑好安全带，然后我挂上我的降落伞跳出去。”当在现场的观众笑得东倒西歪时，林克莱特继续注视这孩子，想看他是不是个“自作聪明”的家伙。没想到，接着孩子的两行热泪夺眶而出，这才使得林克莱特发觉这孩子的悲悯之情远非笔墨所能形容。于是林克莱特问他：“为什么要这么做?”小孩的答案透露出一个孩子真挚的想法：

> “我要去拿燃料，我还要回来的！”
>
> 启示：你听别人说话时……你真的听懂他说的意思了吗？你懂吗？如果不懂，就请听别人说完吧。这是“听的艺术”，是沟通的艺术，也是实现有效沟通的重要法宝。

在我们生活中，经常觉得工作不舒心、生活不开心。仔细分析发现，这些不舒心、不开心的缘由就是诸多事情沟通不顺，信息交流渠道不畅，特别是信息意图受到干扰或误解，甚至信息失真，这就是沟通障碍。要实现有效沟通，必须将沟通障碍降低到最低限度。因此，对于管理者来说，有效的沟通是至关重要的。

一、影响沟通效果的主要因素

（一）沟通双方知识技能、个性等方面的差异

1. 知识技能差异

沟通双方知识技能方面的差异，可能直接导致信息能否准确被发送和理解。如信息发送者能否准确无误地以沟通对象能理解接受的方式发送信息，表达他的意图；信息接收者能否很好地领会和理解信息发送者的意图，都是影响沟通效果的重要因素。

例如，一个刚从农业大学毕业的大学生到农村进行支农、扶农活动，为农民朋友讲解农业科技知识。在讲某种农作物种植环境和土壤要求时说，该作物适合在pH值为2.5的土壤环境里生长，等等，农民朋友却摇头说“什么都没听懂”。

2. 个性差异

沟通双方的个性因素差异也不容小视。由于遗传、教育等因素的影响，每个人的个性都是不一样的，在面对同一现象时也就有不同的表现方式。这种差异也是影响沟通效果的直接因素。

例如，小梅看到宠物店中有一条博美小狗，经过一番讨价还价，把小狗买下来带回了家。晚上小梅给二姐打电话，说她买了一条小狗。二姐非常高兴，马上询问狗是什么颜色，多大了，可爱吗？晚上，大姐打电话来询问小梅最近的情况，小狗在小梅接电话的时候叫起来，大姐在电话里一听到有狗在叫，就问是否很脏，咬人吗？有没有打预防针……同样是对一条狗的理解，不同的人反应差别很大。二姐从小就喜欢狗，所以一说到狗，在她的脑海中就会出现一条可爱小狗的影像。而大姐的反应却是狗是否会给小梅带来什么麻烦，在她脑海中浮现的则是一幅“肮脏凶恶的狗”的影像。

此外，不同的兴趣爱好也影响沟通效果。比如“臭豆腐”，有人喜欢有人烦。喜欢的人视若宝贝，吃得津津有味；不喜欢的人掩鼻而过，甚至恶心呕吐。因此，我们在进行沟通时，需要细心地去体会对方的感受，做到真正用“心”去沟通。

（二）沟通方式选择是否得当

沟通方式涉及口头或书面、语言或非语言、正式或非正式、公开或非公开等，各有优

缺点。沟通双方要根据沟通目的选择合适的沟通方式。如批评教育敏感、性格内向的犯错误学生，可以选择非公开、面对面的口头沟通方式；如两个组织之间涉及维权问题则应该选择正式、书面的沟通方式，必要的话还需要用公开的沟通方式。如果选择了不恰当的沟通方式，不但不能实现有效沟通，反而会适得其反。

例如，小王 3 个月前被提拔为一家合资药业公司的业务主任，并负责一个小城市的医药推广业务。他进入这家公司已经 1 年了，在开拓本地市场上立下了汗马功劳。本来单纯做业务时，什么也不用多想，只要把业绩做好了，就可以拿到让人羡慕的提成。正当小王春风得意的时候，公司对小王进行了提拔。作为主任，他不用再像以前那样直接与客户沟通，只须维护好本地市场，并负责培养新人就行了。没想到的是，根据公司的薪酬制度，他的收入也转成了行政人员的收入，提成额大大下降，收入也大大缩水，于是很自然小王想到了加薪。根据公司制度，只有在公司工作满 3 年以后，才会有加薪机会，但小王过分乐观了，他想，凭自己对公司的贡献，经理还能不破例吗？于是，小王在一次去分部述职的时候，也没想太多就直接走进了经理办公室，提出了加薪的要求，经理答应考虑一下，10 多天后，从总部下来一纸调令，要调小王到总部学习，并派了一个人下来接替小王（这是公司想要撤换一个人的前兆），小王愤而辞职。

由此可见，对实现有效沟通而言，没有最好的沟通方式，只有更合适的沟通方式。

（三）沟通环境和时机的选择

沟通环境是沟通时周围的环境和条件，如社会整体环境，沟通对象直接生活、学习、工作的区域环境。要想提升沟通效果，必须要充分关注信息传递过程中环境因素的影响。如教育学生敬老爱幼（老人倒了扶不扶），就面临当今有些不良社会现象的影响；管理者在员工下班回家后临休息的时候交代工作事宜也会影响沟通效果。

（四）有效信息量减少导致信息失真

在信息传递过程中，因信息的筛选、过滤等，致使有效信息量不断减少乃至信息失真，直接影响沟通效果。

例如，从前有一户人家，每天必须派一个人从很远的地方挑水才勉强能保证每天生活用水，如果天气不好的话，还不能准时供应，非常艰难和辛苦。因此，户主经过慎重思考，决定在自家门前挖一口井。经过千辛万苦，终于打好一口井，再也不用派人外出挑水了。有邻居问："挖井怎么样呢？"户主说："很好哇，多出一个人来！"后来，一传十，十传百，结果来了官府的人，了解他家挖井挖出一个人的事情……

二、有效沟通的原则

（一）诚信宽容的心态

1. 有效沟通的基础是诚信

诚信就是诚实、守信用。"诚"是内诚于心，"信"是外信于人。"诚"表现为人的内在的诚恳、真诚、诚挚等情感，“信”则表现在对他人的重承诺、守信用等精神。诚信，是言行一致，不说假话，讲信用，不失信，能够履行跟人约定的事情而取得的信任。孔子把讲诚信看成是做人的根本。《论语·为政》中记载，“人而无信，不知其可也。大车无輗，小车无軏，其何以行之哉？”诚信是中华民族的传统美德，是古往今来做人的最基本的品质。诚信是有效沟通的基础，如果沟通双方不诚信、不真诚，如领导对下属不信任，就会对下属的汇报产生质疑，也不会放心地将工作任务交给下属去完成；如果下属不信任上司，也就不会或不敢汇报自己真实的想法。这种不信任的感受越多，越无法实现有效沟通。古人云：领导要“用人不疑、疑人就不用”！试想一下，如果双方随时都在揣测对方的说法或用意，谁还能有十足的心思来思考如何更好地完成工作？如果这种不信任的状态持续下去，有效沟通甚至有效的工作业绩就无从谈起。

2. 良好沟通需要有宽容大度的心态

在诚信基础上，还需要有宽容大度的心态。宽容的主要表现就是承认和理解，承认和理解的过程就是求同存异、减少差异性的过程。要想实现有效沟通，就必须用宽容的心态、承认和理解的态度，学会理解和认可对方的立场和处境，而不是一味用自己主观的自我印象来对待和处理问题，更不能将自己的主观意见强加于对方，强迫对方理解和接受你的观点和看法。

在诚信和宽容基础上，沟通双方明确沟通目标，统一认识，并围绕同一主题充分分析交流，进而解决实际问题。

（二）自信的人生态度

沟通是一种技能，无论是在家庭、工作还是在社交生活中，你的成功很大程度上取决于沟通。如果事情变糟，你追溯问题的时候，会发现是沟通出了问题。当然，你成功了，仔细分析也会发现有效沟通是重要法宝，它让你博得尊敬，赢得信任，受人爱戴。而成功者，往往不随波逐流，唯唯诺诺，而是都有自己的想法和工作作风，他们表现出的共同点就是自信。他们非常清楚自己需要什么，并且充分肯定自己，能想办法表达自己需要对方理解和接受并且要求对方执行的意图。凡成功者，都有充分的自信和积极的人生态度。他们始终以饱满的热情、强烈的自信心和积极的人生态度，坦然地面对一切困难，并用自信不屈的人生态度不断沟通，力图让对方理解并接受，并想办法克服一切困难。

（三）选择合适的沟通方式和技巧

在诚信宽容交流和自信沟通的前提下，选择正确、合适的沟通方式和沟通技巧非常关键。根据不同的沟通对象、不同的沟通内容和不同的工作任务，选择不同的沟通方式。

例如，某制造公司有一部门主管，专业知识技能非常优异，执行力非常强，唯一的不足就是性格倔强，逆反心理较重。有一次，公司新引进一条生产线，根据公司总体情况，暂时不希望他所在的部门上这条生产线。公司领导了解该主管的性格，因此在开会商议这条生产线由哪个部门上的时候，公司领导故意说让他这个部门上。结果，该部门主管拒绝了这条生产线，达到了公司领导的目的。随着时间推移，公司又上新的生产线，这次领导希望由他这个部门来使用推广。公司领导开会的时候却故意说不给他部门上，结果他据理力争，最后争到了新生产线的使用推广权……这就是公司领导的管理艺术和沟通技巧。

可见，沟通技巧能否合理运用直接影响沟通效果，即要选择合适的表达技巧达到沟通效果。俗话说，“话有三说，巧说为妙”。所以，要想实现有效沟通，达到沟通目的，一定要注意沟通方式和技巧的选择。

三、实现有效沟通的技巧

（一）说的技巧

当今社会，说话技巧作为一项基本技能，不仅是一种传递信息的手段，而且也是一个人内在素质外显的重要表现方式。生活中我们经常看到，有时候一句话可以化干戈为玉帛，有时候也可以让朋友变成仇人。“良言一句三冬暖，恶语一言六月寒”。懂得说话技巧的人，能通达人的内心，处处受人尊敬；能说会道的人，在商战中往往左右逢源，通过说服他人，赢得与人合作的宝贵机会。

1. 在说话中，注意语法、词汇、修辞、语调、语顿的作用

语法的作用是把话说对，词汇的作用是把话说准，修辞的作用是把话说好，语调、语顿的作用是提升说话的效果。

在日常的学习过程中，要加强学习，注意知识积累；平时要多关注生活，用自己的心感受社会生活，积累社会生活经验，接地气，用对方听得懂的语言沟通交流。例如，有个秀才冬天买柴，他文绉绉地对卖柴的人说：“荷薪者过来!”卖柴的人不明白什么意思，但听到了“过来”，于是担柴来到秀才面前。秀才又问：“其价几何?”卖柴的人不明白什么意思，但听到了“价”，于是告诉了秀才柴的价格。秀才东选选西看看后说：“外实而内虚，烟多而焰少，请损之!”卖柴的人完全不明白，担着柴就走了。

2. 在说话中，注意用词，选择说的环境和时机

语言是人内在素质外显的重要表现方式，即语言表达习惯和表达效果直接体现了一个人的素质。因此，注意平时养成良好的说话习惯，多说敬语；多说商量、尊重的话；多说理解宽容的话；多说赞美鼓励的话；多说关怀体贴的话……不能因为相互熟悉而忽略说话礼貌，忽略必要的礼节，相反更要注意说话环境和时机。孔子曾在《论语・季氏》里说：“言未及之而言谓之躁，言及之而不言谓之隐，不见颜色而言谓之瞽。”意思就是说不该说话的时候说了，叫做急躁；应该说话的时候却不说，叫做隐瞒；不看对方的脸色变化贸然

信口开河，叫做闭着眼睛瞎说。

3. 在说话中，学会用语调、语顿等提升说话效果，达到沟通目的

例如，一个著名演员在一次宴会上，用非常悲情的语调念着一份书稿，念得大家泪眼淋淋，只有他的好朋友一个人偷偷地笑。原来，他不是在表演悲凉的剧情，而是在用悲情的语调念当天宴会的菜单。这就是语调的魅力。

语顿是说话过程中利用语言和语气停顿，造成短时歧解，以便使表情达意更为生动形象的一种语言现象。例如，在一次会上，最后发言的领导说，会开得很长了，我还要讲很长的话（稍作停顿），大家是不欢迎的，所以，我只讲三分钟。本来在会议快要结束的时候，“还要讲很长的话”当然不受欢迎。领导故意在这个容易让人反感的地方来个停顿，造成暂时误解，然后逆转补救，于是产生跌宕，形成反差，听者自然就感到讲话者有自知之明和自爱之德，自然也就洗耳恭听了。

（二）听的技巧

我国古代就有“愚者善说，智者善听”之说。在现实生活中，很多人在与人沟通之前担心自己不会说，说不好，总是在思考自己怎样才能说得更好，而很少考虑自己是否会听。可见，听也许是沟通技巧中容易被忽略的部分。大量的事实表明，很多时候的交流失败不是因为你说错了什么或者说得不好，而是你不注意听或者你听的太少。在接到投诉的时候，表现得尤为明显。如果顾客的话还没说完你就急着辩解；或者你一边听顾客陈述一边看着电脑处理其他事情等都不能很好地解决问题。一位心理学家曾说，以同情和理解的心情倾听别人的谈话，是维系人际关系、保持友谊最有效的方法。有人问上帝，人为什么有两只耳朵而只有一张嘴，上帝说就是要人多听少说。一个成功的沟通者，成功的策略之一就是多倾听，而且是有效倾听。

倾听是保证有效沟通的重要手段，良好的倾听技巧有助于解决很多实际问题。听不单纯是一种本能，而应该是一种技巧。

1. 要想实现有效沟通，必须学会主动倾听

主动倾听就是在倾听过程中要有回应，如恰当地使用语言、表情回应。回应的方式有：点头，鼓励他继续说下去；目光注视正在说话的对方；以尽量少的言辞如“嗯”、“是这样的”、“我明白”等表示肯定和鼓励；或者重复对方说的话……当然，为了避免遗漏或者对对方说的信息有疑问，还应该选择适当的时机用恰当的语言进行核实。如“你刚才说的……我这样理解对吧?”、“刚才你的意思是……”、“我不完全理解你的意思，能告诉我……”等。在交流沟通过程中，为了更加充分了解对方的沟通信息或理解对方的沟通意图，还需要适当的引导，如转述、提问，将对方的话概括、解释、推理后用陈述或提问的方式表达出来待对方确认，在对方陈述后及时作出反应。此外，在听的过程中，还应该集中精力，不东张西望或心不在焉，不随意打断对方说话，适当用手势、表情等非语言方式来达到有效沟通。

2. 要想实现有效沟通，还需要学会批判式倾听

批判式倾听即不仅仅满足于对对方表述表层的听，还需要从对方的言语中听出更多含义和话中的话或弦外之音，分析对方肢体语言中隐含的信息，把握说话者的真实意图。这就要求在听的过程中要“细”，注意细节。如顾客到服装商场买衣服，拿到一件衣服从款式、质量、做工等各方面进行挑剔，其真实目的是什么？是真的对衣服不满意还是想砍价？在听顾客说话的时候进行必要观察，或者直接问顾客需要什么质地或什么价位的衣服，进而进行进一步沟通。

3. 要想实现有效沟通，还需要做到移情式沟通

移情式沟通即情感投入式倾听，站在对方立场理解他的感受，将自己的情感投入到对方的情感中去，和对方一起商议解决问题的办法。有效沟通中一定有一个出色的倾听者，当对方提出不同意见时，他一定是站在对方的角度和立场倾听，不是单纯地指导，而是尽可能地理解、顺应，从而最大限度地影响对方，最大限度地实现求同存异，从而实现有效沟通的目的。

（三）问的技巧

在沟通交流中，要达到充分沟通交流的目的，必须有充分的信息反复传递和反馈，而在深入有效的反复的信息传递过程中，提问方式及技巧的作用不容小视。一般说，提问方式有封闭式提问、开放式提问、探索式提问、诱导式提问、复合式提问等。

1. 封闭式提问

封闭式提问的问题比较简单、具体，回答方用简短、确切的语言就能做出回答，如“你是否参加过某某活动?”等。

2. 开放式提问

开放式提问的问题比较笼统，没有固定答案，需要对方说出自己的感受、认识、态度和想法等，适用于了解对方真实的情况。如“你对某某怎么看?”、“你如何评价我们公司?”、“请你做个自我介绍……”等。

3. 探索式提问

探索式提问又称探究式提问，即提问的目的是希望搞清楚究竟是什么原因，问清事情本由，以了解某一问题、某认识或行为产生的原因。探索式提问适用于对某一问题进行深入了解，分析缘由进而判断。如“你为什么来应聘我们公司?”

4. 诱导式提问

诱导式提问，即在提出的问题中包含提问者的观点，希望或暗示对方做出提问者想要的回答。如“你今天感觉好多了吧?”等。

5. 复合式提问

提出的问题存在 2 种或 2 种以上类型的就是复合式提问。这种提问容易使回答者感到困惑，不知道怎么回答更合适或者先回答哪个问题，因此一般情况下不用复合式

提问。

（四）答的技巧

回答问题多用陈述语句，即对提问者提出的问题进行回答叙述。回答陈述时要简单明了、简洁有力、干净利落，切记啰唆、反复。回答陈述时要流畅，即口齿清楚，内容前后衔接合理，因果叙述清楚明了。回答陈述时要准确表达意图，能根据不同情况重点回答问题。在回答陈述时还要注意用语技巧，叙述生动、新颖、富有感染力。

（五）辅助语言的表达技巧

一位美国语言学家提出一个著名的沟通公式：沟通的效果＝7％的语言＋38％的声音＋55％的表情。可见，语言在沟通中的效果非常有限，而非语言等辅助表达对沟通效果的影响非常大。因此，我们更多的时候不单纯是从说话交流中获取信息、判断是非，更要从肢体语言、眼神、表情等辅助语言里分析其他更深层的含义。根据辅助语言的不同来源，可以从以下几个方面来理解辅助语言表达对沟通效果的作用。

1. 眼神

俗话说“眼睛是心灵的窗口”，人们心灵深处的情感可以通过眼睛表现出来。在有效沟通中，成功者往往会主动合理地注视对方。当你注视对方时，表示你对对方说的话感兴趣，如果你回避他的注视表示你对他的话不感兴趣。如果你一直盯着对方看也会让对方急促不安。因此在整个沟通中，目光交流的时间占60％左右比较合适。注视的区域一般是对方眼睛和鼻子的三角区域。另外眨眼次数也能说明对方的心理状态。一般说，正常人每分钟眨眼5～8次，如果对方眨眼的间隔超过1秒，则表示对方已经厌烦、不满，因此在交谈中我们尽可能避免频繁地眨眼。

2. 表情

人的面部表情可通过眼部肌肉、颜面肌肉和口部肌肉的变化来表现各种情绪状态。人的面部表情最为丰富，可以跨越不同文化、语言等障碍，传递相似的情感，如喜、怒、哀、乐。一般来说，眼睛和口腔附近的肌肉群是面部表情最丰富的部分。如面部肌肉松弛表明心情愉快、轻松、舒畅；肌肉紧张表明痛苦、严峻、严肃。如果面部各个器官协调一致则表达出同一种情感，当人感到尴尬、有难言之隐或想有所掩饰时，其五官将出现复杂而不和谐的表情。

3. 肢体

身体姿势无声地传递人的思想情感和个人修养。如在交谈时，你身体前倾表示感兴趣；身体后仰表示不在乎或傲慢；对着别人跷二郎腿表示蔑视；双手抱在胸前表示抗拒；频繁更换坐姿表示紧张或不耐烦等。表示兴奋和激昂的情绪时，手势位置一般在身体的上半部分；表示低沉、气愤的情绪时，手势的位置往往向下；表示坦率、直接的情绪时，最好让对方看清你的手掌；表示隐蔽或被动时一般显示你的手背；双手摊开手掌向上表示欢迎和公开等。说话时肢体语言运用得当，有助于加强感染力，如果动作不当则令人生厌。

4. 距离

人与人沟通交流的空间距离不是固定不变的，它具有一定的伸缩性，这依赖于具体情境、交谈双方的关系、社会地位、文化背景、性格特征、心境等。不同的场合及熟悉程度有不同的距离标准。美国人类学家爱德华·霍尔博士划分了四种距离：公众距离、社交距离、私人距离、亲密距离。公众距离可以达到3.6米远，一般属于演讲者和听众之间的距离；社交距离一般为1.2～3.6米，属于非个人化或公务性活动场合；私人距离大概是0.5～1.2米，属于伸手可以碰触到对方的有比较亲密友谊的人；亲密距离则小于0.5米，如亲人、恋人之间的距离。

知识链接

人格结构的PAC理论

加拿大心理学家柏恩在1964年提出了人格结构的PAC理论。即人的心理结构一般由P、A、C三态构成，P（Parent）表示父母态，A（Adult）表示成人态，C（Child）表示儿童态。

以P（Parent）父母态谈话为主的人往往表现出明显的优越感和权威感，凭主观印象办事，在人际交流中经常使用“必须”、“绝对不行”等不留余地的词语。这种谈话方式容易引起谈话对象反感，难以实现谈话目的。

以A（Adult）成人态谈话为主的人具有客观和理智的特征，善于根据过去的经验估计各种可能性，然后做出决策。这种交流建立在平等主体之间，能够为谈话对象所接受，因此谈话目的较容易实现。

以C（Child）儿童态谈话为主的人就像儿童那样容易冲动，讲起话来总是“我猜想……”、“可能是……”等。这种谈话者表现得没有主见，谈话内容不易被交谈对象所信服和采纳。

从上述几个方面看，P、C型人格结构的谈话者惯用的语言表达方式不利于达到沟通效果，只有A型人格结构的谈话者惯用的谈话方式才有利于人际交流和互动，达到沟通交流的目的。

课堂讨论

请客的故事

有一个人请客，看看时间过了，而客人只来了一半，这人有点着急，忍不住自言自语：“哎，该来的不来！”有客人听到后心想，他是说我们不该来，于是拍拍屁股走了。这人一看着急了，说：“怎么不该走的走了呢？”剩下的人听了心里特别生气，于是又走了一半。这人更着急了，大声地说：“我说的不是你们啊！”最后剩下的人听了扭头就走，最后房间只剩下他自己一个人。

请大家讨论，面对这样的情况应该怎样进行沟通交流？

人际关系的协调

引例——合理的会议安排

某高校为保证教学工作顺利进行，一般都把会议安排在每周星期二下午。这虽然保证了会议时间，但同时产生了另外一个矛盾，由于会议时间集中，往往产生各系、处室同时开会，会议场地不能满足要求，还有的要请校领导参加，校领导应接不暇。面对这样的情况，校长办公室主任想了个办法：各系、处室提前一周申报，说明会议内容、所需要时间、拟请哪位校领导参加、会议轻重缓急等。办公室根据申报情况进行统一协调安排，甚至合并开会。这既满足了各系、处室的会议需求，又优化组合、合理利用了资源，得到了领导、各系、处室的理解和认可。

启示：优良的协调能力是综合部门顺利开展工作的重要保证。

一、协调

（一）协调的含义

协调是对组织系统内各要素进行统筹安排和全面调度，以使各要素之间相互配合、相互支持，共同实现组织目标。因此，从一定意义上说，管理者的任务就是协调关系。

（二）协调的作用

1. 使个人目标与组织目标一致，促进组织目标的实现

若个人目标与组织目标一致，人们的行为就会趋向统一，组织目标就容易得到实现。但是我们知道，人们加入组织是为了满足个人的某些需要，如生存的需要、安全的需要、尊重的需要等，这使得个人目标往往与组织目标不完全一致。管理者可以通过协调工作，使个人目标与组织目标相辅相成，从而促进组织目标的实现。

2. 解决冲突，促进协作

人与人之间、人与组织之间、组织与组织之间的矛盾、冲突是不可避免的，并且这种矛盾和冲突如果积累下去就会由缓和变为激烈、由一般形式发展到极端形式。如果这样下去，轻则干扰组织目标的实现，重则会使组织目标崩溃、瓦解。所以，管理者必须通过协调，很好地处理和利用冲突，发挥冲突的积极作用，并使部门之间、人与人之间能够相互

协作、很好地配合。

3. 提高组织效率

协调使组织各部门、各成员都能对自己在完成组织总目标中所需承担的角色、职责以及应提供的配合有明确的认识，组织内所有力量都集中到实现组织目标的轨道上来，各个环节紧密衔接，各项活动和谐进行，各自为政、相互扯皮、不顾组织整体利益的现象就会大大减少，从而极大地提高了组织的效率。

4. 调动组织员工工作积极性

协调促使员工充分发挥主观能动性，发挥员工的聪明才智，实现组织目标。协调得好，就可以实现“1＋1＞2”的效果，就可以让“三个臭皮匠赛过一个诸葛亮”；如果协调得不好，就有可能出现“一个和尚挑水喝，两个和尚抬水喝，三个和尚却没水喝”的问题。

（三）协调的内容

一般来说，组织协调分为对内协调和对外协调两种。

1. 对内协调

对内协调包含组织领导和员工之间的关系协调。通过上情下达、下情上报的方式沟通、协调，使员工关心组织发展，体谅组织难处，与领导上下一心，与组织同呼吸共命运，荣辱与共，共同实现组织目标。对内协调还包含组织内各部门、各员工之间的关系协调。

2. 对外协调

任何一个社会组织的生存和发展，都与外部环境有着千丝万缕的联系，如政府、社区、服务对象等。对外协调包括：

（1）组织和政府的关系协调。组织必须理解政府政策，按照政府决策合理合法地运行。组织的生存和发展必须接受政府的统一监督和管理，更需要政府政策支持。

（2）组织与服务对象的关系协调。服务对象的需求是组织发展变化的根本动力。服务对象和组织的关系犹如“水”和“舟”的关系。

（3）组织与社区的关系协调。社区是共同生活的一定区域，搞好邻里关系，就有良好的外部发展环境。俗话说“远亲不如近邻”，邻里关系和谐，得到邻里的支持和帮助对组织发展非常有利。

二、人际关系

（一）人际关系的含义

人际关系是指人与人之间心理上的关系、心理上的距离。自有人类社会以来，人就有交往上的需要，所以人际关系是个体和人类社会得以存在和发展的基础和保证。也就是说，人际交往将个人与个人、个人与群体相联结并形成相互作用、相互影响、共同发展的网络系统。

人际关系是一种古老的社会现象，也是人类社会中最普遍、最常见的一种关系。现实中很多人都处于人际关系危机的边缘，从而影响了自身的生活与工作。可见，如何建立良好的人际关系在当代社会是一项值得研究的课题。

（二）影响人际关系的因素

人际关系随着社会的发展而发展，也随着交往主体态度的变化而变化，如亲密或疏远、友好或敌视等。而这种变化、发展受多种因素的影响，既有内在因素的影响，也有外在因素的影响。

1. 内在因素

人际关系的内在因素是指人际关系主体本身所具有的影响人际关系的因素，是人际关系发生、发展的基本动力，也是人际交往成功与否的主要原因。内在因素主要包含：

（1）生理因素。如年龄因素，不同年龄阶段的人在不同的历史时期会形成不同的人际交往思维模式和行为规范；同一个人在不同的成长期也会有不同的人际交往方式。再如性别因素，科学研究表明，男女在语言表达、形象思维、记忆力、空间知觉、分析综合等方面的差异也对人际关系有一定的影响。

（2）心理因素。在日常生活中和工作中，心理动力、特征、自我意识、心理障碍等对人际关系和交往产生决定性影响。它们既可能促进良好人际关系的形成，也可能限制人际关系的进一步发展。特别是在社会竞争和压力不断增大的情况下，人的心理承受能力和心理障碍逐渐凸显，导致人际关系问题不断增多。

（3）社会因素。人际关系交往主体自身面对的如社会地位、职业类别、知识层次等因素对人际关系有重要影响。社会地位是人们在社会生活中所处的位置和担任社会角色的总称，而不同位置和角色无疑影响着人们的动机、需要等；不同职业类别的人有不同的重点交往对象（如教师的交往对象是学生和家长）；知识层次相同或相似的人能够比较容易建立和维持良好的人际关系。

2. 外在因素

人际关系的外在因素指人际关系主体之外的影响人际关系的因素，它主要包含：

（1）自然环境因素。早期人际关系的建立完全是自然环境促成的，那时生产力低下，人们为了对付个人无法应对的自然灾害而结成相应的人际关系，就算是发展到现代社会，自然环境对人际关系的影响都不容小视。比如优美的自然环境可以强化人际交往双方热情投入（如热恋中的男女喜欢选择花前月下）。自然环境还影响着人的心理、生理乃至行为模式，生活在南方和北方的人在性格表现、行为处事方式方面都有很大的差异。

（2）习俗礼仪因素。俗话说“百里不同风，千里不同俗”，这是文化背景不同对人际关系产生的影响，主要表现在待人接物的礼节和风俗，而这些礼节和风俗直接影响着人们的态度和行为。由于习俗礼仪差异而导致的不能相互理解、相互接纳、相互赏识，会使人们无法形成良好的人际关系。

(3) 道德和法律规范因素。道德和法律是规范人们社会生活和行为的重要砝码和尺度。法律要求人们在社会生活中依法办事，在形成人际关系时必须遵循法律规范。现代道德要求人们要平等待人、互尊互爱、诚实守信、宽容大度。这些都是建立良好人际关系的基本原则。

(4) 社会制度因素。任何人都必须生活在一定社会关系中，并深受社会关系的影响。剥削阶级社会中的人际关系和社会主义社会中的人际关系是完全不同的。在社会主义市场经济条件下，人际关系是一种平等的人际关系。

(三) 处理人际关系的原则

1. 平等原则

平等原则是指人与人在交往中坚持平等相待的原则，这是建立和发展良好人际关系的基础和前提。马斯诺在人的需要层次论中强调，人有爱和受人尊重的需要，这就是人们对平等的需要。在人际交往中，要学会尊重他人，承认他人的价值，尽可能满足对方合理的需要。

2. 相容原则

相容原则指的是在交往中宽容待人。在人际交往中，如果只固守自己的习惯而不能容忍他人的行为必然会导致人际关系紧张。相容就是谦让，能容人之短；相容就是宽以待人，要自觉做必要的自我调整。

3. 互利原则

互利原则是指交往双方通过物质、精神的交换而满足各自需求的原则。互利原则体现了人际交往最基本的动机，在社会发展和人的自身发展过程中，任何人都需要人与人之间的物质和精神的互相帮助、支持、鼓励、认可和理解。

4. 自律原则

在维系和谐的人际关系时，自律也是非常必要的。也就是说在人际交往中，要严格要求自己，自觉约束自己，即“己所不欲勿施于人”。这也是人际交往中应自觉遵守的原则。

(四) 处理人际关系的技巧

处理好人际关系的关键是要意识到他人的存在，理解他人的感受，既满足自己，又尊重别人。

1. 人际交往的心理秘诀

要想维持良好的人际关系，应在帮助他人的同时，也要适当地给别人一个回报的机会，使对方不至于因内心压力而疏远双方的关系。因为，“过度投资”只会让对方的心灵感到窒息。留有适当的余地，彼此才能更自由地呼吸。

2. 人际交往的心理技巧

(1) 以诚待人。真诚是打开别人心灵的金钥匙，因为真诚的人使人产生安全感，减少心理防备。越是好的人际关系越需要双方暴露一部分自我。也就是把自己真实的想法与人交流。当然，这样做也会冒一定的风险，但是完全把自我包装起来则无法获得别人的信任。真诚是相互的，只有真心对待别人，别人才会真心对待你。

(2) 主动原则。主动表达善意能够使人产生一种被重视的感觉，最好能在最短的时间内记住别人的名字。

(3) 宽以待人。在人际关系中，有时发生矛盾，心存芥蒂，产生隔阂，通常有两种处理方式：一种方法是"冤家路窄"，小肚鸡肠，耿耿于怀；另一种方法是冤家宜解不宜结，"相逢一笑泯恩仇"。当然，在处理人际关系时，后一种态度是值得称道的，也是我们应该选择的。

(4) 善于赞美他人。要用称赞来取代嫉妒之心，确实需要很大的勇气。当你因为提出一项绝妙点子而获得他人嘉奖时，内心是什么滋味，将心比心，无论是认识或不认识的朋友，只要是能提供诤言或是言行足资借镜者，都不要忘了面露微笑地对他们说声"谢谢"。这一行为成为习惯后，不仅是你的事业前途，而且你的人生观都将要改写了。

知识链接

人际关系三维理论

人际关系三维理论是社会心理学家舒茨于 1958 年提出的。舒茨认为，每一个个体在人际互动过程中，都有三种基本的需要，即包容需要、支配需要和情感需要。

包容需要指个体想要与人接触、交往、隶属于某个群体，与他人建立并维持一种满意的相互关系的需要。在个体的成长过程中，若是社会交往的经历过少，父母与孩子之间缺乏正常的交往，儿童与同龄伙伴也缺乏适量的交往，那么，儿童的包容需要就没有得到满足，他们就会与他人形成否定的相互关系，产生焦虑，于是就倾向于形成低社会行为，在行为表现上倾向于内部言语，倾向于摆脱相互作用而与人保持距离，拒绝参加群体活动。如果个体在早期的成长经历中社会交往过多，包容需要得到了过分满足的话，他们又会形成超社会行为，在人际交往中，会过分地寻求与人接触，寻求他人的注意，过分地热衷于参加群体活动。如果个体在早期能够与父母或他人进行有效的适当交往，他们就不会产生焦虑，他们就会形成理想的社会行为，这样的个体会依照具体的情境来决定自己的行为，决定自己是否应该参加或参与群体活动，形成适当的社会行为。

支配需要指个体控制别人或被别人控制的需要，是个体在权力关系上与他人建立或维持满意人际关系的需要。个体在早期生活经历中，若是成长于既有要求又有自由度的民主气氛环境里，个体就会形成既乐于顺从又可以支配的民主型行为倾向。他们能够顺利解决人际关系中与控制有关的问题，能够根据实际情况适当地确定自己的地位和权力范围。如果个体早期生活在高度控制或控制不充分的情境里，他们就倾向于形成专制型或是服从型的行为方式。专制型行为方式的个体，表现为倾向于控制别人，但却绝对反对别人控制自己，他们喜欢拥有最高统治地位，喜欢为别人做出决定。服从型行为方式的个体，表现为过分顺从、依赖别人，完全拒绝支配别人，不愿意对任何事情或他人负责任，在与他人进行交往时，这种人甘愿当配角。

情感需要指个体爱别人或被别人爱的需要，是个体在人际交往中建立并维持与他人亲密情感联系的需要。当个体在早期经验中没有获得爱的满足时，个体就会倾向于形成低个人行为，他们表面上对人友好，但在个人的情感世界深处，却与他人保持距离，总是避免亲密的人际关系。若个体在早期经历中，被过于溺爱，他就会形成超个人行为，如强烈地寻求爱，并总是在任何方面都试图与他人建立和保持情感联系，过分希望自己与别人有亲密的关系。如果在早期生活中经历了适当的关心和爱的个体，则能形成理想的个人行为，他们总能适当地对待自己和他人，能适当地表现自己的情感和接受别人的情感，又不会产生爱的缺失感，他们相信自己会讨人喜爱，而且能够依据具体情况与别人保持一定的距离，也可以与他人建立亲密的关系。

舒茨的人际关系三维理论在解释群体形成与群体分解中提出群体整合原则，即群体形成的过程开始是包容，而后是支配，最后是情感。这种循环不断发生。群体分解的原则则相反，即先是感情不和，继而失控，最后难于包容，导致群体分解。

课堂讨论

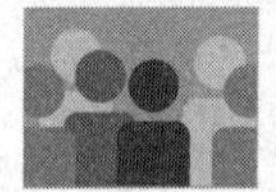

通过学习舒茨的人际关系三维理论，请谈谈：如何搞好寝室同学关系？如何加强班级凝聚力？

本章小结

沟通是信息的发送者凭借一定渠道，将信息、思维和情感等传达给既定对象，并寻求反馈以达到相互理解的过程。它包括信息发送者、信息接收者、信息传递内容、信息传递环境、信息传递渠道等要素。根据不同情况，沟通可以分为多种类型。

沟通双方知识技能、个性、沟通方式、沟通环境和时机等因素会直接影响沟通的效果。通过说、听、答、问四个环节以及辅助语言等多种技巧的合理运用可以实现有效沟通。

协调是对组织系统内各要素进行统筹安排和全面调度，以使各要素之间相互配合、相互支持，共同实现组织目标。通过协调可以使个人目标与组织目标一致，促进组织目标实现；解决冲突，促进协作；提高组织效率；调动组织员工工作积极性。人际关系是人与人之间在相互交往中发生、发展和建立起来的关系，它的变化与发展受到内在和外在因素的影响。建立和发展良好的人际关系要遵循平等、相容、互利和自律等原则。在社会生活中，沟通、协调对和谐人际关系的形成和社会发展具有积极意义。

管理小故事

哪头牛更棒

战国时期，一个喜欢微服私访的官员黄喜，有一次路过田间，正看到有个农夫驾着两头牛在耕地。黄喜大声地问农夫："这两头牛，哪一头更棒?"农夫一言不发，到了地头后才在黄喜耳边小声说："左边那头牛更棒些!"黄喜非常奇怪，问农夫："为什么这么小声地说话。"农夫回答说："如果我大声说这头牛更棒的话，它们能从我们的眼神、手势、声音里分辨出我对它们的评价，那头虽然尽力但不够优秀的牛心里会难过。"

启示：俗话说"说者无意，听者有心"。要想达到有效的沟通效果，在表达的时候一定注意表达方式和技巧，就算是表扬也要充分考虑现场大多数人的情况，批评更要注意技巧，如不能指责性批评，批评时要注意场合等。

技能训练

你会听吗

请你做一个能力测验：如果你的回答是"很少"，给你记 0 分；如果你的回答是"有时"；给你记 1 分，如果你的回答是"是"，给你记 2 分。

1. 我试图从他人的角度看问题。________

2. 我让别人说完想要说的，不会中途将其打断。________

3. 我一个一个细节地听明白。________

4. 当他人进行人身攻击时，我可保持平静。________

5. 我始终专心地听别人讲话。________

6. 我做非语言动作，像点头、微笑、看着对方眼睛等。________

7. 我在乎别人所说的每一句话。________

8. 我听完整个事情的经过后再作评论。________

9. 不管对方的地位高低，我都认真地听。________

10. 当对方感情冲动的时候，我冷静地当一名倾听者。________

如果你的得分是：18～20：优秀听者；16～17：好的听者；14～15：一般听者；10～13：需要提高；0～9：亟待提高。

请举例说明你在日常交往中如何做好"听众"。

同步测试

一、单项选择题

1. 沟通是（　　），即信息的发送者凭借一定渠道，将信息、思维和情感等传达给既定对象，并寻求反馈以达到相互理解的过程。

A. 信息的双向交流　B. 信息的管理　C. 信息的处理　D. 信息的上报

2. 沟通效果表情所占的比重为（　　）。

A. 25%　B. 7%　C. 38%　D. 55%

3. 在沟通中，一个组织的上级向下级通报情况属于（　　）。

A. 上行沟通　B. 下行沟通　C. 平行沟通　D. 非正式沟通

4. "良言一句三冬暖，恶语一言六月寒"主要体现了（　　）的技巧。

A. 说　B. 听　C. 问　D. 答

5. 在倾听过程中，需要从对方话语中听出更深层次意义，属于（　　）。

A. 主动的倾听　B. 移情式倾听　C. 批判式倾听　D. 选择性倾听

6. “你是否参加过……活动？”的提问属于（　　）。

A. 开放式提问　B. 探索式提问　C. 诱导式提问　D. 封闭式提问

7. 站在对方立场理解他的感受的倾听属于（　　）。

A. 主动的倾听　B. 移情式倾听　C. 批判式倾听　D. 选择性倾听

8.（　　）是对组织系统内各要素进行统筹安排和全面调度，以使各要素之间相互配合、相互支持，共同实现组织目标。

A. 沟通　B. 协调　C. 人际交往　D. 交流

9.（　　）是指交往双方通过物质、精神的交换而满足各自需求的原则。

A. 诚信原则　B. 平等原则　C. 互利原则　D. 自律原则

10. 人与动物最大的区别就在于人的（　　）。

A. 社会性　B. 历史性　C. 客观性　D. 可变性

二、多项选择题

1. 美国人类学家爱德华·霍尔博士划分的人际交往距离，主要有（　　）。

A. 公众距离　B. 社交距离　C. 私人距离　D. 亲密距离

2. 从沟通是否存在反馈来看，沟通可以分为（　　）。

A. 单向沟通　B. 正式沟通　C. 双向沟通　D. 非正式沟通

3. 提问方式除了封闭式提问外还有（　　）。

A. 开放式提问　B. 探索式提问　C. 诱导式提问　D. 复合式提问

4. 在正式沟通中，根据信息流向又可以分为（　　）。

A. 上行沟通　B. 下行沟通　C. 内部沟通　D. 平行沟通

5. 影响人际关系的因素主要有（　　）。

A. 内在因素　B. 自身因素　C. 外在因素　D. 环境因素

三、简答题

1. 什么是沟通？如何理解沟通是双向信息交流？

2. 影响沟通效果的主要因素有哪些？

3. 实现有效沟通的基本原则有哪些？

4. 处理人际关系的原则有哪些？

5. 人际交往的距离一般可以分为几种？简单说明如果交流距离把握不当可能引起的后果。

四、案例分析题

未明确答复不等于同意

作为分管公司生产经营副总经理的王军，得知一较大工程项目即将进行招标，就用电话向总经理简单汇报但未能得到明确答复。而王军误以为是默认，因此情急之下组织业务小组投入相关时间和经费跟踪该项目，最终因准备不充分而没有成功。事后，在总经理办公会上陈述相关情况时，总经理认为王军“汇报不详，擅自决策，组织资源运用不当”，并当着其他部门领导的面给予他严厉批评。王军极力反驳，认为是“已经汇报、领导重视不够、故意刁难”。最后闹得不欢而散，导致公司内部人际关系紧张，工作被动，恶性循环，公司业务难以稳定发展。

问题：

1. 上述案例属于哪类沟通类型？

2. 该案例中王军与总经理应如何实现有效沟通？

参考文献

[1] 田玉兰，王豪杰．管理学基础．北京：北京交通大学出版社，2010.

[2] 陈丽金．管理学原理．北京：北京工业大学出版社，2008.

[3] 文征．德鲁克管理思想精粹．北京：中国物资出版社，2008.

[4] 汪雪兴．现代管理学基础．北京：高等教育出版社，2011.

[5] 郭丽，冯主福．管理学基础．北京：化学工业出版社，2009.

[6] 蒋永忠，张颖．管理学基础．北京：清华大学出版社，2007.

[7] 苗雨君，李亚民．管理学——原理、方法、实践、案例．北京：清华大学出版社，2013.

[8] 万佳丽．管理理论与实务．北京：人民邮电出版社，2011.

[9] 丁苹，孙蔚闻．管理学原理与实务．北京：北京交通大学出版社，2012.

[10] 李海峰，张莹．简明管理学教程．北京：科学出版社，2009.

[11] 陈晔．管理学基础．北京：科学出版社，2013.

[12] 张康之，李传军．一般管理学原理．北京：中国人民大学出版社，2005.

[13] 张亚．管理学——原理与实务．北京：北京理工大学出版社，2010.

[14] [美] 安杰洛·基尼齐．认识管理——管什么和怎么管的艺术．北京：世界图书出版公司，2013.

[15] 周三多．管理学．北京：高等教育出版社，2010.

[16] 都国雄，金榜．管理学基础．南京：东南大学出版社，2012.

[17] 孙晓琳．管理学．北京：科学出版社，2006.

[18] 阚雅玲，朱权，游美琴．管理基础与实务．北京：机械工业出版社，2010.

[19] 单凤儒．管理学基础．北京：高等教育出版社，2008.

[20] 迟艳琴，郭景婷．管理学基础．天津：南开大学出版社，2010.

[21] [美] 彼得·德鲁克．管理：使命、责任、实务（实务篇）．北京：机械工业出版社，2009.

[22] [美] 罗伯特·B·西奥迪尼．影响力．沈阳：万卷出版社，2010.

[23] 黄昌华．带好队伍用好人：中层管理者执行力 9 法则．北京：科学出版社，2010.

[24] 曾仕强．领导的方与圆：洞察人性管理的奥秘．广州：广东经济出版社，2010.

[25] 美国管理行政学院．成本控制最佳实务（第二版 上下册）．莫正林，译．北京：

经济科学出版社，2006.

[26] 徐小平，孙庆莉．管理学．北京：科学出版社，2010.

[27] 李立新．管理学．北京：北京理工大学出版社，2011.

[28] 姬定中，葛元月．管理学．北京：科学出版社，2011.

[29] 王心娟，庞学升，崔会保．管理学原理．北京：清华大学出版社，2011.

[30] 陈黎琴，赵恒海．管理学．北京：经济管理出版社，2011.

[31] [美] 斯蒂芬·P·罗宾斯，玛丽·库尔特．管理学（第 11 版）．李原，孙健敏，黄小勇，译．北京：中国人民大学出版社，2012.

[32] 程恒堂．管理学基础．北京：高等教育出版社，2012.

[33] 许云平．管理学原理．北京：石油工业出版社，2012.

[34] 彭于寿．商务沟通．北京：北京大学出版社，2008.

[35] 冯兰．人际关系学．沈阳：辽宁大学出版社，2010.